改正会社法
解説と実務への影響

上田純子・菅原貴与志・松嶋隆弘　編著

```
平成26年改正会社法
（平成27年5月1日施行）
　　　対 応
```

三協法規出版

はしがき

　本書は、平成26年改正会社法に関する実務解説書である。平成26年改正会社法に関しては、すでに類書が数多く公刊されている。それらの中で本書の特色を主張するならば、(1)施行規則等本書刊行時までに公表されている最新情報を織り込んでいること、(2)各章の冒頭に「改正が実務に与える影響」を配置し、多忙な実務家の利用の便に配慮したこと、(3)「会社法改正概要」として、二色刷の会社法典の目次を巻頭に置き、どの部分がどのように変わったかを視覚化したことをあげることができる。

　この「会社法改正概要」をご覧いただければ一目瞭然であるが、今回の改正はパーシャルな改正である。しかも社外取締役の要件の変更、監査等委員会設置会社のように「理念先行」の部分もあれば、濫用的会社分割への対応のように「既存の実務の変更」を目的とした部分もあり、いわば「ごった煮」的な改正法ともいいうる。

　かかる改正法を所与の前提として受け止めつつ、改正後の会社法のグランドデザインを見据え、解釈論を展開していくことは、実務的であると同時に高度にアカデミックな作業であるといえる。

　そこで、我々編者は、本書の執筆者として、円熟した実務法曹に加え、新進気鋭の若手研究者にも積極的に加わっていただくことにした。前途有為のこれら若手研究者に未来の会社法につき思いをめぐらしていただき、その研究の一端を実務に還元していただければという趣旨からである。この点も本書の特徴に加えうるかもしれない。

　本書において述べた予測・解釈が正しいかどうかは、改正法の下における実務が自ずと明らかにしていくと思われるが、我々執筆者一同は、かかる実務からのフィード・バックを受け、引き続き会社法の研究・実務に邁進していくことになる。かかる終わりなき作業の「一里塚」として、本書がなにがしかの意

義を持ちうれば、これに勝る喜びはない。

　改正法の解説書は、いわば「時刻表」であり、待ったなしでスケジュールが進行していく。未解明な点が多い改正法の解説に際し、ともすれば執筆が鈍りがちな執筆者一同を叱咤激励し、ここまでこぎ着けたのは、有賀俊朗氏、佐塚英樹氏、田村早苗氏という有能な編集者のおかげである。執筆者を代表して、ここに厚く御礼申し上げる。

　平成27年2月

編者　上田　純子
　　　菅原貴与志
　　　松嶋　隆弘

目　次

表記について　xvi

文献略称およびURL　xvi

会社法改正概要（平成26年法律第90号）

第1編　総　論

改正の経緯と改正の概要、これからの会社法とは················2
I　はじめに·················2
II　改正の概要と改正の経緯·················2
1. 改正の概要·················2
2. 改正の経緯·················4
III　平成26年改正会社法の整理·················5
1. 理論先行型：これまでの理論上の検討の結果を踏まえ、実務に変革を迫る事項·················5
2. 実務修正型：これまでの実務を修正する改正項目·················7
①否定型·················7
②誘導型·················8
3. 実務追認型：既存の実務をそのまま追認するもの·················9
IV　最後に·················10

第2編　改正会社法の解説

第1章　株式に関する改正·················14
I　株式に関する改正が実務に与える影響（支配株主の異動を

伴う募集株式の発行等を中心に） ································ 14
　1. 募集株式の発行等に関する改正前の枠組みの概要 ············ 14
　2. 改正の経過 ··· 16
　　１ 会社法制の見直しに関する中間試案 ······················ 17
　　２ 各界からの意見 ··· 19
　　３ 要綱および改正法 ·· 20
　3. その他 ·· 21
　　１ 株式の併合 ·· 21
　　２ 仮装払込みによる募集株式の発行等 ····················· 24
　　３ 新株予約権の無償割当てに関する割当通知 ············· 26
　　４ 子会社に関する意思決定への親会社株主の関与 ········ 27
II　支配株主の異動を伴う募集株式の発行等 ························· 27
　1. 改正法の枠組み ··· 27
　　１ 支配株主の異動を伴う募集株式の発行等 ··············· 27
　　２ 支配株主の異動を伴う募集新株予約権の割当て等 ····· 29
　　３ 実務的な問題 ··· 29
III　発行可能株式総数 ··· 32
　1. 公開会社ではない株式会社が公開会社となる場合 ·········· 32
　2. 株式の併合をする場合 ·· 33
　3. 新設合併、新設分割、株式移転により株式会社を設立する場合 ········ 36
　4. 株式消却 ··· 36
IV　株主名簿等の閲覧等の請求の拒絶事由 ························· 38
　1. 問題の所在および改正の経過 ································ 38
　2. 1号・2号拒絶事由の拡大解釈のおそれ ··················· 41
　　１ フタバ産業事件 ··· 41
　　２ アコーディア・ゴルフ事件 ································ 42
　3. 改正の評価と実務への影響 ··································· 43
V　仮装払込みによる募集株式の発行等 ····························· 45
　1. 出資の履行を仮装した募集株式の引受人の責任 ············ 45
　2. 出資の履行を仮装した場合の取締役等の責任 ·············· 47
　3. 出資の履行を仮装した募集株式の引受人による株主の権利の行使 ······ 49

4. 設立時発行株式についての出資の履行等が仮装された場合の規律……50
　　5. 新株予約権に係る払込み等を仮装した場合の責任……………………53
　　6. 刑事罰との関係…………………………………………………………56
　Ⅵ 募集株式が譲渡制限株式である場合等の総数引受契約………………56
　　1. 募集株式が譲渡制限株式である場合の総数引受契約………………56
　　2. 募集新株予約権が譲渡制限新株予約権である場合の総数引受契約……………………………………………………………………58
　Ⅶ 新株予約権無償割当てに関する割当通知………………………………60

第2章　締出しに関する改正……………………………………………65

　Ⅰ キャッシュ・アウトに関する改正が実務に与える影響………………65
　　1. 改正の俯瞰………………………………………………………………65
　　2. 株式等売渡請求制度と特別支配株主…………………………………66
　　3. 解釈上の論点……………………………………………………………66
　　4. 実務に与える影響………………………………………………………67
　Ⅱ 特別支配株主の株式等売渡請求…………………………………………69
　　1. 新しいキャッシュ・アウト制度創設の背景…………………………69
　　　① 総　説…………………………………………………………………69
　　　② 従来のキャッシュ・アウトの手法…………………………………70
　　　③ 新制度の概要…………………………………………………………71
　　2. 株式等売渡請求の手続…………………………………………………73
　　　① 特別支配株主の要件——対象会社の議決権の10分の9以上の取得……………………………………………………………………………73
　　　② 特別支配株主から対象会社に対する通知…………………………74
　　　③ 対象会社の承認………………………………………………………76
　　　④ 売渡株主等に対する通知または公告………………………………78
　　　⑤ 対象会社による開示…………………………………………………80
　　　⑥ 売渡株式等の取得……………………………………………………81
　　3. 売渡株主等の救済手段…………………………………………………83
　　　① 裁判所に対する売買価格の決定の申立て…………………………83

　　　　2 差止請求 ………………………………………………………84
　　　　3 売渡株式等の取得の無効の訴え ……………………………85
　　4. 解釈論上の問題点 …………………………………………………89
　　　　1 他のキャッシュ・アウト手法の利用の可否 ………………90
　　　　2 対象会社の取締役の義務 ……………………………………93
　　　　3 その他の問題点 ………………………………………………97
　　5. おわりに ……………………………………………………………98
Ⅲ　株式買取請求に係る規定の整備等 ……………………………………99
　　1. 株式等の買取りの効力が生ずる時点 ……………………………99
　　　　1 改正前会社法における問題点 ………………………………99
　　　　2 改正法の解説 ………………………………………………100
　　2. 株式買取請求の撤回制限の実効化 ……………………………101
　　　　1 改正前会社法における問題点 ………………………………101
　　　　2 改正法の解説 ………………………………………………101
　　3. 株式買取請求に係る株式等の価格決定前の支払制度 …………102
　　　　1 改正前会社法における問題点 ………………………………102
　　　　2 改正法の解説 ………………………………………………102
　　4. 簡易組織再編、略式組織再編等における株式買取請求 ………103
　　　　1 改正前会社法の問題点 ………………………………………103
　　　　2 改正法の解説 ………………………………………………104
Ⅳ　全部取得条項付種類株式の取得 ………………………………………105
　　1. 改正の背景 ………………………………………………………105
　　2. 改正法の解説 ……………………………………………………106
　　　　1 情報開示の充実に関する制度の新設 ………………………106
　　　　2 取得の価格の決定の申立てに関する規律 …………………108
　　　　3 全部取得条項付株式の取得に関する差止請求 ……………109
Ⅴ　株式の併合により端数となる株式の買取請求 ………………………110
　　1. 改正の背景 ………………………………………………………110
　　2. 改正法の解説 ……………………………………………………111
　　　　1 株式の併合により端数となる株式の買取請求 ……………112
　　　　2 株式の価格決定の手続 ………………………………………116

③ 情報開示の充実に関する制度の新設 …………………………………… 117
　　　④ 株式の併合の差止請求 ………………………………………………… 119

第3章　機関に関する改正1：社外取締役、監査制度 …………… 120

Ⅰ 社外取締役および社外監査役に関する改正が実務に与える影響 ……………………………………………………………………… 120
　1. 企業統治における社外取締役の在り方 ……………………………… 120
　2. 改正の俯瞰 ………………………………………………………………… 121
　　　① 社外要件の改正 ………………………………………………………… 121
　　　② 社外取締役を置いていない場合の理由の開示 …………………… 122
　　　③ 責任限定契約を締結できる取締役・監査役の範囲 ……………… 122
　3. 解釈上の論点 ……………………………………………………………… 123
　4. 実務に与える影響 ………………………………………………………… 124
　　　① 社外要件の改正の影響 ………………………………………………… 124
　　　② 社外取締役を置いていない場合の理由の開示 …………………… 125
　　　③ 責任限定契約を締結できる取締役・監査役の範囲 ……………… 126

Ⅱ 監査制度に関する改正が実務に与える影響 …………………………… 126
　1. はじめに …………………………………………………………………… 126
　2. 監査等委員会設置会社の概要 ………………………………………… 127
　　　① 定　義 …………………………………………………………………… 127
　　　② 構　成 …………………………………………………………………… 127
　　　③ 選解任および任期 ……………………………………………………… 127
　　　④ 監査等委員会の権限 …………………………………………………… 127
　　　⑤ 勧奨措置 ………………………………………………………………… 128
　3. 監査等委員会設置会社における監査等委員会の構造：監査役会設置会社における監査役会、指名委員会等設置会社における監査委員会と対比して ……………………………………………………………… 128
　4. 検　討 ……………………………………………………………………… 128
　　　① 会社法の意図 …………………………………………………………… 128
　　　② 監査制度の実効性への疑問とその原因 …………………………… 129

|3| 委員会型が採用されない要因 ································· 129
|4| 終わりに ··· 132
III 社外取締役および社外監査役の要件 ························· 132
1. 規律の概要 ··· 132
2. 社外取締役の現在要件 ··· 133
|1| 自社および子会社における非業務執行性 ················ 133
|2| 親会社等の関係者 ·· 134
|3| 兄弟会社の関係者 ·· 135
|4| 取締役等の近親者 ·· 136
|5| 取引先の関係者の非要件化 ··································· 137
3. 社外取締役の過去要件 ··· 137
|1| 非業務執行性の対象期間の限定 ····························· 137
|2| 冷却期間に関する追加要件 ··································· 138
4. 社外監査役の要件 ··· 138
5. 経過措置 ·· 140
IV 社外取締役を置いていない場合の理由の開示 ············ 140
1. 改正法における規律の概要 ·· 140
2. 適用時期 ·· 141
3. 法務省令の規定 ·· 141
|1| 株主総会参考書類の記載事項 ································ 141
|2| 事業報告の記載事項 ·· 142
4. 理由説明の基準時と法的性質 ····································· 143
5. 「相当でない理由」の内容 ··· 144
6. 総会説明・事業報告・株主総会参考書類の異同 ·········· 144
7. 説明義務違反の効果 ·· 145
|1| 総会説明の場合 ··· 145
|2| 事業報告の場合 ··· 146
|3| 株主総会参考書類の場合 ······································· 146
8. 社外取締役の義務化の動向 ·· 147
V 監査等委員会設置会社制度の創設 ······························· 147
1. 総　論 ··· 147

2. 監査等委員会設置会社および監査等委員の機関·················149
　　　　①監査等委員会設置会社の機関設計·····························149
　　　　②監査等委員会の組織構成···150
　　　　③監査等委員の任期···150
　　　　④監査等委員の資格と役割···151
　　3. 監査等委員である取締役の選解任および報酬等の決定の手続·········152
　　　　①監査等委員である取締役の選解任手続·····················152
　　　　②監査等委員の報酬等···154
　　4. 監査等委員会および各監査等委員の職務と権限··············155
　　　　①監査等委員会の職務・権限·····································155
　　　　②監査等委員の職務・権限···159
　　5. 監査等委員会の運営··160
　　6. 監査等委員会設置会社の取締役会の権限等···················162
　　　　①監査等委員会設置会社の職務···································162
　　　　②監査等委員会設置会社の取締役会の権限··················163
　　7. その他··166
　Ⅵ　会計監査人の選任等に関する議案の内容の決定···············167
　Ⅶ　監査役の監査の範囲に関する登記···································168

第4章　機関に関する改正2：株主代表訴訟·······················169

　Ⅰ　株主代表訴訟に関する改正が実務に与える影響···············169
　　1. 多重代表訴訟制度··169
　　　　①会社法制の見直しに関する中間試案··························169
　　　　②各界の意見···177
　　　　③要綱および改正法···178
　　2. 組織再編行為によって株主でなくなった者による責任追及等の訴え·······180
　Ⅱ　株主代表訴訟の原告適格の拡大等···································183
　　1. 旧株主による責任追及等の訴え····································183
　　　　①旧株主による責任追及等の訴えの制度の創設············183

目次　xi

- ② 責任追及等の訴えを提起できる旧株主……184
- ③ 責任追及等の訴えの対象となる責任……186
- ④ 濫用的な提訴の制限……187
- ⑤ 訴え提起までの手続……187
- ⑥ 実務への影響……188
2. 最終完全親会社等の株主による責任追及の訴え……189
  - ① 多重代表訴訟制度（特定責任追及の訴え）の創設……189
  - ② 特定責任追及の訴えを提起することができる株主……190
  - ③ 特定責任追及の訴えの対象となる取締役等の責任……193
  - ④ 濫用的な提訴の禁止……196
  - ⑤ 特定責任追及の訴えに至る手続（提訴請求）……197
  - ⑥ 実務への影響……198
3. 適格旧株主および最終完全親会社等の株主による訴訟参加……199
  - ① 株主等または株式会社等の訴訟参加……199
  - ② 株式会社等の株主でない場合の訴訟参加……200
  - ③ 訴訟参加と監査役等の同意……200
  - ④ その他訴訟参加のための手続……201
4. 完全親会社等または最終完全親会社等による責任追及等の訴えの提起における会社の代表……201
5. 適格旧株主等の権利の行使に関する利益供与の禁止……202
6. 責任の一部免除に係る手続の特則……202
  - ① 責任の免除（総株主の同意による免除）……202
  - ② 責任の一部免除……203
  - ③ 取締役等による免除に関する定款の定め……203
  - ④ 責任限定契約……204
7. その他の規定の整備……204

III 取締役および監査役の責任の一部免除……205
1. 改正内容……205
  - ① 最低責任限度額の役員等の区分……205
  - ② 責任限定契約……205
2. 取締役の責任……206

　　　　1 会社に対する責任 206
　　　　2 第三者に対する責任 207
　　3. 責任の一部免除 208
　　　　1 概　要 208
　　　　2 株主総会の特別決議による一部免除 209
　　　　3 定款授権による取締役の決定（取締役会の決議）による一部免除
　　　　　　......211
　　　　4 定款の定めに基づく責任限定契約の締結 212
　　4. 実務への影響 213
　　　　1 最低責任限度額に関する経過措置との関係 213
　　　　2 責任限定契約に関する定款変更の必要性 214
　Ⅳ　企業集団の業務の適正を確保するために必要な体制の整備 214
　　1. 改正の内容 214
　　2. 改正の趣旨 215
　　3. 内部統制システムの整備についての決定義務 216
　　4. 取締役の善管注意義務と企業集団の内部統制システム 216
　　5. 子会社の監督義務の法定化が見送られたこととの関係 218

第5章　機関に関する改正3：その他 220

株主総会等の決議の取消しの訴えの原告適格 220
　　1. 株主総会等の決議の取消しの訴えの原告適格 220
　　2. 平成17年改正前商法の下での規制と解釈 221
　　3. 株主総会決議により株主資格を喪失した者の原告適格 222
　　　　1 裁判例の状況 222
　　　　2 学説の状況 223
　　　　3 平成26年改正会社法831条1項後段 224

第6章　企業再編に関する改正 225

Ⅰ　企業再編に関する改正が実務に与える影響 225

1. はじめに……………………………………………………………225
2. 親会社による子会社の株式等の譲渡……………………………225
   1 平成26年会社法改正のポイント……………………………225
   2 平成26年改正法の下における事業譲渡の概要……………226
   3 実務に与える影響……………………………………………230
3. 組織再編の差止めおよび無効の訴え……………………………231
   1 はじめに………………………………………………………231
   2 組織再編の差止請求の概要…………………………………232
   3 検討：組織再編の無効との関連……………………………233
4. 詐害分割……………………………………………………………233
   1 詐害分割に関するこれまでの議論…………………………233
   2 改正のポイント………………………………………………236

II 子会社等および親会社等の定義の創設……………………236
1. 子会社等の定義……………………………………………………236
   1 子会社の定義…………………………………………………237
   2 議決権割合の算定……………………………………………238
   3 会社以外の者がその経営を支配している法人……………239
2. 親会社等の定義……………………………………………………239
   1 親会社…………………………………………………………240
   2 株式会社の経営を支配している者（法人であるものを除く）……240

III 親会社による子会社の株式等の譲渡………………………241
1. 子会社の株式または持分の譲渡に係る規制……………………241
2. 規制の沿革…………………………………………………………241
   1 解釈論とその限界……………………………………………242
   2 立法による解決………………………………………………243
3. 要　件………………………………………………………………244
4. 具体的な適用場面…………………………………………………245

IV 会社分割等における債権者の保護…………………………246
1. 総　論………………………………………………………………246
   1 会社分割の意義………………………………………………246
   2 会社分割の効果………………………………………………247

  2. 改正1〜詐害的な会社分割における債権者の保護〜……………248
   ① 詐害的な会社分割の発生……………………………………248
   ② 裁判例による救済手段………………………………………250
   ③ 改正の趣旨……………………………………………………252
  3. 改正2〜分割会社に知れていない債権者の保護〜……………256
   ① 旧法の問題点…………………………………………………256
   ② 改正の趣旨……………………………………………………257
Ⅴ 組織再編の差止請求………………………………………………258
  ① はじめに………………………………………………………258
  ② 条　文…………………………………………………………258
  ③ 本差止請求の対象となる組織再編…………………………260
  ④ 組織再編の差止請求の当事者………………………………260
  ⑤ 差止事由………………………………………………………262
  ⑥ 差止請求の時期………………………………………………267
  ⑦ 差止めの方法…………………………………………………268
  ⑧ 差止めの効果…………………………………………………269
  ⑨ 組織再編の差止請求と無効の訴え…………………………271
  ⑩ 実務への影響…………………………………………………271
Ⅵ いわゆる人的分割における準備金の計上の廃止………………272
  1. 改正の要点…………………………………………………………272
  2. いわゆる人的分割について………………………………………273
  3. 条　文………………………………………………………………274
   ① 剰余金の配当による人的分割………………………………274
   ② 全部取得条項付種類株式の取得による人的分割…………276

■表記について

・本文中、参照条に法令名のないものは会社法をさし、平成26年改正に関する比較論述箇所等では、便宜のため条番号の前に「改正前」「改正法」等と付した。
・会社法施行規則は「施行規則」と表す。

■文献略称および参考URL

中間試案
  法務省民事局参事官室（平成23年12月）「会社法制の見直しに関する中間試案」平成23年12月7日法制審議会会社法制部会
  http://www.moj.go.jp/content/000082647.pdf

中間補足
  法務省民事局参事官室（平成23年12月）「会社法制の見直しに関する中間試案の補足説明」
  http://www.moj.go.jp/content/000082648.pdf
  商事法務1952号（2011年）

議事録○回〔平00.00.00〕
  法務省法制審議会会社法制部会第○回会議議事録〔平成00年00月00日開催〕
  http://www.moj.go.jp/shingi1/shingi03500005.html

見直し要綱
  法務省法制審議会「会社法制の見直しに関する要綱」
  http://www.moj.go.jp/content/000102013.pdf

相澤・立案解説
  相澤哲編「立案担当者による新・会社法の解説」別冊商事法務295号（2006年）

岩原・要綱案解説〔Ⅰ〕〜〔Ⅵ〕
  岩原紳作「会社法制の見直しに関する要綱案」の解説
   〔Ⅰ〕⇒商事法務1975号、〔Ⅱ〕⇒商事法務1976号、〔Ⅲ〕⇒商事

法務1977号、〔Ⅳ〕⇒商事法務1978号、〔Ⅴ〕⇒商事法務1979号、〔Ⅵ〕⇒商事法務1980号（いずれも2012年）

岩原ほか・座談会〔上〕〔下〕

岩原紳作＝坂本三郎＝三島一弥＝斎藤誠＝仁科秀隆「座談会　改正会社法の意義と今後の課題」

〔上〕⇒商事法務2040号（2014年）、〔下〕⇒商事法務2042号（2014年）

江頭・株式会社法

江頭憲治郎『株式会社法〔第5版〕』(有斐閣、2014年)

江頭・コンメンタール

江頭憲治郎編『会社法コンメンタール』

①⇒〈1〉総則・設立(1)（商事法務、2008年）、⑥⇒〈6〉新株予約権（商事法務、2009年）

落合・会社〈8〉〈12〉

落合誠一編『会社法コンメンタール』

〈8〉⇒〈8〉機関(2)（商事法務、2009年）、〈12〉⇒〈12〉定款の変更・事業の譲渡等・解散・清算(1)（商事法務・2009年）

神田・会社

神田秀樹『会社法〈第16版〉』弘文堂、2014年

神田・コンメンタール〈5-3〉

神田秀樹編『会社法コンメンタール〈5〉株式(3)』（商事法務、2013年）

坂本ほか・分析〔上〕〔中〕〔下〕

坂本三郎ほか「『会社法制の見直しに関する中間試案』に対する各界意見の分析」

〔上〕⇒商事法務1963号、〔中〕⇒商事法務1964号、〔下〕⇒商事法務1965号（いずれも2012年）

坂本ほか・平26改正解説〔Ⅲ〕～〔Ⅵ〕

坂本三郎ほか「平成26年改正会社法の解説」

〔Ⅲ〕⇒商事法務2043号、〔Ⅳ〕⇒商事法務2044号、〔Ⅴ〕⇒商事法務2045号、〔Ⅵ〕⇒商事法務2046号（いずれも2014年）

篠原＝藤田・買取請求

篠原倫太郎＝藤田知也「キャッシュ・アウトおよび組織再編における

株式買取請求等」商事法務1959号（2012年）
森本・コンメンタール〈18〉
　　　森本滋編『会社法コンメンタール〈18〉組織変更、合併、会社分割、株式交換等(2)』（商事法務、2010年）
森本・キャッシュアウト
　　　森本大介「株式等売渡制度を利用したキャッシュ・アウト制度の新設」ビジネス法務2014年11月号
山下・コンメンタール〈**2-2**〉〈**3-1**〉〈**4-2**〉
　　　山下友信編『会社法コンメンタール』
　　　〈2-2〉⇒〈2〉設立(2)（商事法務、2014年）、〈3-1〉⇒〈3〉株式(1)（商事法務、2013年）、〈4-2〉⇒〈4〉株式(2)（商事法務、2009年）
山本・**M＆A**
　　　山本爲三郎「M＆Aに関する少数株主と会社債権者の保護」江頭憲治郎編『株式会社法大系』（商事法務、2013年）

■平成 26 年法律第 90 号　会社法改正概要

① 本改正により新設された章・節・款・目・条については赤字で示した。なお、新設条については条数のみを示した。
② 改正該当条・条文見出し・項・号（ただし、号未満の列記記号は省略した）を赤字で示した。なお、非改正条について、また改正該当条中の改正されない項・号についてはこれをまとめ［同］と表記した。
③ 条番号左に、本文の解説該当頁を示した。

第 1 編　総則
　　第 1 章　通則
　　　　第 1 条　［同］
121,124, 　　第 2 条（定義）
125,132- 　　　　第 1 号〜第 3 号　［同］
139,147- 　　　　第 3 号の 2 ◆本号追加
149,180, 　　　　第 4 号　［同］
236-240 　　　　第 4 号の 2 ◆本号追加
　　　　　　第 5 号〜第 11 号　［同］
　　　　　　第 11 号の 2 ◆本号追加
　　　　　　第 12 号◆本号改正
　　　　　　第 13 号〜第 14 号　［同］
　　　　　　第 15 号◆本号改正
　　　　　　第 16 号◆本号改正
　　　　　　第 17 号〜第 34 号　［同］
　　　　第 3 条〜第 5 条　［同］
　　第 2 章　会社の商号
　　　　第 6 条〜第 9 条　［同］
　　第 3 章　会社の使用人等
　　　第 1 節　会社の使用人
　　　　　第 10 条〜第 15 条　［同］
　　　第 2 節　会社の代理商
　　　　　第 16 条〜第 20 条　［同］
　　第 4 章　事業の譲渡をした場合の競業の禁止等
　　　　第 21 条〜第 23 条　［同］
255 　　第 23 条の 2（詐害事業譲渡に係る譲受会社に対する債務の履行の請求）◆本条追加

255──第24条（商人との間での事業の譲渡又は譲受け）
　　第1項◆本項改正
　　第2項◆本項改正

第2編　株式会社

　第1章　設立
　　第1節　総則
　　　第25条　［同］
　　第2節　定款の作成
　　　第26条〜第31条　［同］
　　第3節　出資
　　　第32条　［同］
　　　第33条（定款の記載又は記録事項に関する検査役の選任）
　　　　第1項〜第10項　［同］
　　　　第11項
　　　　　第1号・第2号　［同］
　　　　　第3号◆本号改正
　　　　　第4号・第5号　［同］
　　　第34条〜第37条　［同］
　　第4節　設立時役員等の選任及び解任
　　　第38条（設立時役員等の選任）
　　　　第1項　［同］
　　　　第2項◆本項追加
　　　　第3項◆本項改正／第2項を第3項とする
　　　　　第1号〜第3号　［同］
　　　　第4項◆第3項改正／第3項を第4項とする
　　　第39条
　　　　第1項・第2項　［同］
　　　　第3項◆本項追加
　　　　第4項◆第3項改正／第3項を第4項とする
　　　第40条（設立時役員等の選任の方法）
　　　　第1項〜第3項　［同］
　　　　第4項◆本項追加
　　　　第5項◆第4項改正／第4項を第5項とする
　　　第41条（設立時役員等の選任の方法の特則）
　　　　第1項◆本項改正
　　　　第2項・第3項　［同］
　　　第42条（設立時役員等の解任）　◆本条改正
　　　第43条（設立時役員等の解任の方法）

第1項◆本項改正
第2項・第3項　［同］
第4項◆本項追加
第5項◆第4項改正／第4項を第5項とする

第44条（設立時取締役等の解任の方法の特則）
第1項◆本項改正
第2項◆本項改正
第3項・第4項　［同］
第5項◆本項改正

第45条（設立時役員等の選任又は解任の効力についての特則）
第1項
　第1号◆本号改正
　第2号◆本号追加
　第3号◆第2号を第3号とする
　第4号◆第3号を第4号とする
　第5号◆第4号を第5号とする
第2項　［同］

第5節　設立時取締役等による調査
第46条
第1項・第2項　［同］
第3項◆本項改正

第6節　設立時代表取締役等の選定等
第47条（設立時代表取締役の選定等）
第1項◆本項改正
第2項・第3項　［同］

第48条（設立時委員の選定等）
第1項◆本項改正
　第1号～第3号　［同］
　第2項・第3項　［同］

第7節　株式会社の成立
第49条・第51条　［同］

第8節　発起人等の責任等◆節名改正
第52条　［同］

50-52　**第52条の2**（出資の履行を仮装した場合の責任等）◆本条追加

第53条・第54条　［同］
第55条（責任の免除）◆本条改正
第56条　［同］

第9節　募集による設立
第1款　設立時発行株式を引き受ける者の募集

第 57 条～第 64 条　［同］
　第 2 款　創立総会等
　　　第 65 条～第 84 条　［同］
　　　第 85 条（種類創立総会の招集及び決議）
　　　　第 1 項◆本項改正
　　　　第 2 項・第 3 項　［同］
　　　第 86 条　［同］
　第 3 款　設立に関する事項の報告
　　　第 87 条　［同］
　第 4 款　設立時取締役等の選任及び解任
　　　第 88 条（設立時取締役等の選任）
　　　　第 1 項　［同］
　　　　第 2 項◆本項追加
　　　第 89 条（累積投票による設立時取締役の選任）
　　　　第 1 項◆本項改正
　　　　2 項～第 5 項　［同］
　　　第 90 条（種類創立総会の決議による設立時取締役等の選任）
　　　　第 1 項◆本項改正
　　　　第 2 項　［同］
　　　第 91 条（設立時取締役等の解任）
　　　第 92 条
　　　　第 1 項・第 2 項　［同］
　　　　第 3 項◆本項追加
　　　　第 4 項◆第 3 項改正／第 3 項を第 4 項とする
　第 5 款　設立時取締役等による調査
　　　第 93 条・第 94 条　［同］
　第 6 款　定款の変更
　　　第 95 条～第 101 条　［同］
　第 7 款　設立手続等の特則等
　　　第 102 条（設立手続等の特則）
　　　　第 1 項・第 2 項　［同］
　　　　第 3 項◆本項追加
　　　　第 4 項◆本項追加
　　　　第 5 項◆第 3 項を第 5 項とする
　　　　第 6 項◆第 4 項を第 6 項とする
　　　第 102 条の 2（払込みを仮装した設立時募集株式の引受人の責任）
　　　　◆本条追加
　　　第 103 条（発起人の責任等）
　　　　第 1 項　［同］

　　　　第2項◆本項追加
　　　　第3項◆本項追加
　　　　第4項◆第2項改正／第2項を第4項とする
　第2章　株式
　　第1節　総則
　　　第104条〜第107条　［同］
　　　第108条（異なる種類の株式）
　　　　第1項◆本項但書改正
　　　　　第1号〜第7号　［同］
　　　　　第8号◆本号改正
　　　　　第9号◆本号改正
　　　　第2項　［同］
　　　　　第1号〜第9号　［同］
　　　　第3項　［同］
　　　第109条〜第112条　［同］

31-33　　第113条（発行可能株式総数）
　　　　第1項・第2項　［同］
　　　　第3項◆本項改正
　　　　　第1号◆本号追加
　　　　　第2号◆本号追加
　　　　第4項◆本項改正

　　　第114条（発行可能種類株式総数）
　　　　第1項　［同］
　　　　第2項
　　　　　第1号・第2号　［同］
　　　　　第3号◆本号改正
　　　第115条　［同］

101　　　第116条（反対株主の株式買取請求）
　　　　第1項〜第5項　［同］
　　　　第6項◆本項追加
　　　　第7項◆第6項を第7項とする
　　　　第8項◆第7項を第8項とする
　　　　第9項◆本項追加

100,101,103　第117条（株式の価格の決定等）
　　　　第1項・第2項　［同］
　　　　第3項◆本項改正
　　　　第4項　［同］
　　　　第5項◆本項追加
　　　　第6項◆第5項改正／第5項を第6項とする

改正会社法　104条〜117条

　　　　　　　　第 7 項◆第 6 項を第 7 項とする
102　　　　第 118 条（新株予約権買取請求）
　　　　　　　　第 1 項～第 5 項　［同］
　　　　　　　　第 6 項◆本項追加
　　　　　　　　第 7 項◆本項追加
　　　　　　　　第 8 項◆第 6 項を第 8 項とする
　　　　　　　　第 9 項◆第 7 項を第 9 項とする
　　　　　　　　第 10 項◆本項追加
100,102　　第 119 条（新株予約券の価格の決定等）
　　　　　　　　第 1 項・第 2 項　［同］
　　　　　　　　第 3 項◆本項改正
　　　　　　　　第 4 項　［同］
　　　　　　　　第 5 項◆本項追加
　　　　　　　　第 6 項◆第 5 項改正／第 5 項を第 6 項とする
　　　　　　　　第 7 項◆第 6 項を第 7 項とする
　　　　　　　　第 8 項◆第 7 項改正／第 7 項を第 8 項とする
179　　　　第 120 条（株主等の権利の行使に関する利益の供与）　◆見出し改正
　　　　　　　　第 1 項◆本項改正
　　　　　　　　第 2 項・第 3 項　［同］
　　　　　　　　第 4 項◆本項改正
　　　　　　　　第 5 項　［同］
　　　　　第 2 節　株主名簿
　　　　　　　第 121 条　［同］
　　　　　　　第 122 条（株主名簿記載事項を記載した書面の交付等）
　　　　　　　　第 1 項　［同］
　　　　　　　　第 2 項◆本項改正
　　　　　　　　第 3 項・第 4 項　［同］
　　　　　　　第 123 条・第 124 条　［同］
37-44　　　第 125 条（株主名簿の備置き及び閲覧等）
　　　　　　　　第 1 項・第 2 項　［同］
　　　　　　　　第 3 項
　　　　　　　　　第 1 号・第 2 号　［同］
　　　　　　　　　第 3 号◆第 3 号を削る／第 4 号を第 3 号とする
　　　　　　　　　第 4 号◆第 5 号を第 4 号とする
　　　　　　　　第 4 項・第 5 項　［同］
　　　　　　　第 126 条　［同］
　　　　　第 3 節　株式の譲渡等
　　　　　　第 1 款　株式の譲渡

第 127 条〜第 135 条　［同］
第 2 款　株式の譲渡に係る承認手続
　第 136 条〜第 145 条　［同］
第 3 款　株式の質入れ
　第 146 条〜第 148 条　［同］
　第 149 条（株主名簿の記載事項を記載した書面の交付等）
　　第 1 項　［同］
　　第 2 項◆本項改正
　　第 3 項・第 4 項　［同］
　第 150 条　［同］
　第 151 条（株式の質入れの効果）
　　第 1 項　［同］
　　第 2 項◆本項追加
　第 152 条
　　第 1 項◆本項改正
　　第 2 項◆本項改正
　　第 3 項◆本項改正
　第 153 条
　　第 1 項◆本項改正
　　第 2 項・第 3 項　［同］
　第 154 条
　　第 1 項◆本項改正
　　第 2 項◆本項改正
　　　第 1 号◆本号追加
　　　第 2 号◆本号追加
　　　第 3 号◆本号追加
　　　第 4 号◆本号追加
　　　第 5 号◆本号追加
　　第 3 項◆本項追加
第 4 款　信託財産に属する株式についての対抗要件等
　第 154 条の 2　［同］
第 4 節　株式会社による自己の株式の取得
第 1 款　総則
　第 155 条　［同］
第 2 款　株主との合意による取得
　第 1 目　総則
　　第 156 条〜第 159 条　［同］
　第 2 目　特定の株主からの取得
　　第 160 条〜第 164 条　［同］

改正会社法　127 条〜164 条

　　　　　　　第3目　市場取引等による株式の取得
　　　　　　　第165条　［同］
　　　　　　第3款　取得請求権付株式及び取得条項付株式の取得
　　　　　　　第1目　取得請求権付株式の取得の請求
　　　　　　　第166条・第167条　［同］
　　　　　　　第2目　取得条項付株式の取得
　　　　　　　第168条〜第170条　［同］
　　　　　　第4款　全部取得条項付種類株式の取得
　　　　　　　第171条（全部取得条項付種類株式の取得に関する決定）

68,107 ─── 第171条の2（全部取得条項付種類株式の取得対価等に関する書面等の備置き及び閲覧等）◆本条追加

68,69,110 ─── 第171条の3（全部取得条項付種類株式の取得をやめることの請求）◆本条追加

108,109 ─── 第172条（裁判所に対する価格の決定の申立て）
　　　　　　　　第1項◆本項改正
　　　　　　　　　第1号・第2号　［同］
　　　　　　　　第2項◆本項追加
　　　　　　　　第3項◆本項追加
　　　　　　　　第4項◆第2項を第4項とする
　　　　　　　　第5項◆本項追加

109 ─── 第173条（効力の発生）
　　　　　　　　第1項　［同］
　　　　　　　　第2項◆本項改正
　　　　　　　　　第1号〜第4号　［同］

68,107,108 ─── 第173条の2（全部取得条項付種類株式の取得に関する書面等の備置き及び閲覧等）◆本条追加

　　　　　　第5款　相続人等に対する売渡しの請求
　　　　　　　第174条〜第177条　［同］
　　　　　　第6款　株式の消却
　　　　　　　第178条　［同］
　　　　　　第4節の2　特別支配株主の株式等売渡請求◆本節追加

66,68,69, ─── 第179条（株式等売渡請求）◆本条改正
73-76

74,75 ─── 第179条の2（株式等売渡請求の方法）◆本条追加

66-69,76, ─── 第179条の3（対象会社の承認）◆本条追加
77,93-97

66,69, ─── 第179条の4（売渡株主等に対する通知等）◆本条追加
78-80

80,81 ─── 第179条の5（株式等売渡請求に関する書面等の備置き及び閲覧

	等）◆本条追加
78,79	第 179 条の 6（株式等売渡請求の撤回）◆本条追加
69,84,85	第 179 条の 7（売渡株式等の取得をやめることの請求）◆本条追加
66,68, 81,82	第 179 条の 8（売買価格の決定の申立て）◆本条追加
81	第 179 条の 9（売渡株式等の取得）◆本条追加
80	第 179 条の 10（売渡株式等の取得に関する書面等の備置き及び閲覧等）◆本条追加

　　第 5 節　株式の併合等
　　　第 1 款　株式の併合

22,23, 33-35	第 180 条（株式の併合）
	第 1 項　［同］
	第 2 項
	第 1 号　［同］
	第 2 号◆本号改正
	第 3 号　［同］
	第 4 号◆本号追加
	第 3 項◆本項追加
	第 4 項◆第 3 項改正／第 3 項を第 4 項とする
22	第 181 条（株主に対する通知等）
	第 1 項◆本項改正
	第 2 項　［同］
22	第 182 条（効力の発生）
	第 1 項◆本項改正
	第 2 項◆本項追加
22,112,118	第 182 条の 2（株式の併合に関する事項に関する書面等の備置き及び閲覧等）◆本条追加
22,69,119	第 182 条の 3（株式の併合をやめることの請求）◆本条追加
22,113-115	第 182 条の 4（反対株主の株式買取請求）◆本条追加
22,114,116	第 182 条の 5（株式の価格の決定等）◆本条追加
22,118	第 182 条の 6（株式の併合に関する書面等の備置き及び閲覧等）◆本条追加

　　　第 2 款　株式の分割
　　　　第 183 条～第 187 条　［同］
　　第 6 節　単元株式数
　　　第 1 款　総則
　　　　第 188 条～第 191 条　［同］
　　　第 2 款　単元未満株主の買取請求
　　　　第 192 条・第 193 条　［同］

　　　　第 3 款　単元未満株主の売渡請求
　　　　　第 194 条　［同］
　　　　第 4 款　単元株式数の変更等
　　　　　第 195 条　［同］
　　　第 7 節　株主に対する通知の省略等
　　　　　第 196 条〜第 198 条　［同］
　　　第 8 節　募集株式の発行等
　　　　第 1 款　募集事項の決定等
　　　　　第 199 条〜第 202 条　［同］
　　　　第 2 款　募集株式の割当て
　　　　　第 203 条・第 204 条　［同］

27,28,　　第 205 条（募集株式の申込み及び割当てに関する特則）
56-58　　　　第 1 項　［同］
　　　　　　　第 2 項◆本項追加
　　　　　　第 206 条（募集株式の引受け）
　　　　　　　第 1 号　［同］
　　　　　　　第 2 号◆本号改正

20,21,　　第 206 条の 2（公開会社における募集株式の割当て等の特則）◆
27-29　　　　本条追加
　　　　　第 3 款　金銭以外の財産の出資
　　　　　　第 207 条
　　　　　　　第 1 項〜第 7 項　［同］
　　　　　　　第 8 項◆本項改正
　　　　　　　第 9 項・第 10 項　［同］
　　　　　第 4 款　出資の履行等
　　　　　　第 208 条　［同］

25,48,49　　第 209 条（株主となる時期等）◆見出し改正
　　　　　　　第 1 項　［同］
　　　　　　　第 2 項◆本項追加
　　　　　　　第 3 項◆本項追加
　　　　　第 5 款　募集株式の発行等をやめることの請求
　　　　　　第 210 条　［同］
　　　　　第 6 款　募集に係る責任等
　　　　　　第 211 条（引受けの無効又は取消しの制限）
　　　　　　　第 1 項◆本項改正
　　　　　　　第 2 項◆本項改正
　　　　　　第 212 条（不公正な払込金額で株式を引き受けた者等の責任）
　　　　　　　第 1 項
　　　　　　　　第 1 号◆本号改正

　　　　第2号◆本号改正
　　　　第2項◆本項改正
　　　第213条（出資された財産等の価額が不足する場合の取締役等の責任）
　　　　第1項
　　　　　第1号◆本号改正
　　　　　第2号　［同］
　　　　　第3号◆本号改正
　　　　第2項～第4項　［同］
25,44-47 ─── 第213条の2（出資の履行を仮装した募集株式の引受人の責任）
　　　　◆本条追加
25,47,48 ─── 第213条の3（出資の履行を仮装した場合の取締役等の責任）◆
　　　　本条追加
　　第9節　株券
　　第1款　総則
　　　第214条・第215条　［同］
　　　第216条（株券の記載事項）　◆本条改正
　　　　第1号～第4号　［同］
　　　第217条・第218条　［同］
　　第2款　株券の提出等
　　　第219条（株券の提出に関する公告等）
　　　　第1項◆本項改正
　　　　　第1号～第4号　［同］
　　　　　第4号の2◆本号追加
　　　　　第5号～第8号　［同］
　　　　第2項◆本項改正
　　　　　第1号◆本号追加
　　　　　第2号◆本号追加
　　　　　第3号◆本号追加
　　　　　第4号◆本号追加
　　　　　第5号◆本号追加
　　　　　第6号◆本号追加
　　　　第3項◆本項改正
　　　　第4項◆本項追加
　　　第220条（株券の提出をすることができない場合）
　　　　第1項　［同］
　　　　第2項◆本項改正
　　　　第3項　［同］
　　第3款　株券喪失登録

改正会社法　213条〜220条

　　　　第 221 条〜第 232 条　　［同］
　　　　第 233 条（適用除外）　◆本条改正
　　第 10 節　雑則
　　　　第 234 条・第 235 条　　［同］
第 3 章　新株予約権
　第 1 節　総則
　　　第 236 条・第 237 条　　［同］
　第 2 節　新株予約権の発行
　　第 1 款　募集事項の決定等
　　　第 238 条（募集事項の決定）
　　　　第 1 項
　　　　　第 1 号〜第 6 号　　［同］
　　　　　第 7 号　◆本号改正
　　　　第 2 項〜第 5 項　　［同］
　　　第 239 条〜第 241 条　　［同］
　　第 2 款　募集新株予約権の割当て
　　　第 242 条・第 243 条　　［同］
58-60　　第 244 条（募集新株予約権の申込み及び割当てに関する特則）
　　　　　第 1 項・第 2 項　　［同］
　　　　　第 3 項　◆本項追加
20,21,28,29　　第 244 条の 2（公開会社における募集新株予約権の割当て等の特
　　　　　則）　◆本条追加
　　　　第 245 条（新株予約権者となる日）
　　　　　第 1 項
　　　　　　第 1 号　　［同］
　　　　　　第 2 号　◆本号改正
　　　　　第 2 項　　［同］
　　第 3 款　募集新株予約権に係る払込み
　　　　第 246 条　　［同］
　　第 4 款　募集新株予約権の発行をやめることの請求
　　　　第 247 条　　［同］
　　第 5 款　雑則
　　　　第 248 条　　［同］
　第 3 節　新株予約権原簿
　　　第 249 条　　［同］
　　　第 250 条（新株予約権原簿記載事項を記載した書面の交付等）
　　　　第 1 項　　［同］
　　　　第 2 項　◆本項改正
　　　　第 3 項・第 4 項　　［同］

　　　　　　　　　第251条　［同］
37-40 ─── 　　第252条（新株予約権原簿の備置き及び閲覧等）
　　　　　　　　　　第1項・第2項　［同］
　　　　　　　　　　第3項
　　　　　　　　　　　第1号・第2号　［同］
　　　　　　　　　　　第3号◆第3号を削る／第4号を第3号とする
　　　　　　　　　　　第4号◆第5号を第4号とする
　　　　　　　　　　第4項・第5項　［同］
　　　　　　　　　第253条　［同］
　　　　　　　第4節　新株予約権の譲渡等
　　　　　　　第1款　新株予約権の譲渡
　　　　　　　　第254条〜第261条　［同］
　　　　　　　第2款　新株予約権の譲渡の制限
　　　　　　　　第262条〜第266条　［同］
　　　　　　　第3款　新株予約権の買入れ
　　　　　　　　第267条〜第269条　［同］
　　　　　　　　第270条（新株予約権原簿の記載事項を記載した書面の交付等）
　　　　　　　　　第1項　［同］
　　　　　　　　　第2項◆本項改正
　　　　　　　　　第3項・第4項　［同］
　　　　　　　　第271条　［同］
　　　　　　　　第272条（新株予約権の買入れの効果）
　　　　　　　　　第1項・第2項　［同］
　　　　　　　　　第3項◆本項改正
　　　　　　　　　　第1号◆本号追加
　　　　　　　　　　第2号◆本号追加
　　　　　　　　　　第3号◆本号追加
　　　　　　　　　第4項◆本項追加
　　　　　　　　　第5項◆第4項を第5項とする
　　　　　　　第4款　信託財産に属する新株予約権についての対抗要件等
　　　　　　　　第272条の2　［同］
　　　　　　　第5節　株式会社による自己の新株予約権の取得
　　　　　　　第1款　募集事項の定めに基づく新株予約権の取得
　　　　　　　　第273条〜第275条　［同］
　　　　　　　第2款　新株予約権の消却
　　　　　　　　第276条　［同］
　　　　　　　第6節　新株予約権無償割当て
　　　　　　　　第277条・第278条　［同］
25,26,60-64 ─── 第279条（新株予約権無償割当ての効力の発生等）

　　　　　第1項　［同］
　　　　　第2項◆本項改正
　　　　　第3項◆本項追加
　　　第7節　新株予約権の行使
　　　第1款　総則
　　　　第280条・第281条　［同］
25──　第282条（株主となる時期等）◆見出し改正
　　　　　第1項　［同］
　　　　　第2項◆本項追加
　　　　　第3項◆本項追加
　　　　第283条　［同］
　　　第2款　金銭以外の財産の出資
　　　　第284条　［同］
　　　第3款　責任
　　　　第285条（不公正な払込金額で新株予約権を引き受けた者等の責任）
　　　　　第1項
　　　　　　第1号◆本号改正
　　　　　　第2号　［同］
　　　　　　第3号◆本号改正
　　　　　第2項　［同］
　　　　第286条（出資された財産等の価額が不足する場合の取締役等の責任）
　　　　　第1項
　　　　　　第1号◆本号改正
　　　　　　第2号　［同］
　　　　　　第3号◆本号改正
　　　　　第2項～第4項　［同］
25,52-55──　第286条の2（新株予約権に係る払込み等を仮装した新株予約権者等の責任）◆本条追加
25──　第286条の3（新株予約権に係る払込み等を仮装した場合の取締役等の責任）◆本条追加
　　　第4款　雑則
　　　　第287条　［同］
　　　第8節　新株予約権に係る証券
　　　第1款　新株予約権証券
　　　　第288条　［同］
　　　　第289条（新株予約権証券の記載事項）◆本文改正
　　　　　第1号・第2号　［同］

第290条～第291条　［同］
第2款　新株予約権付社債券
　第292条　［同］
第3款　新株予約権証券等の提出
　第293条（新株予約権証券の提出に関する公告等）
　　第1項◆本項改正
　　　第1号◆本号追加
　　　第1号の2◆第1号を第1号の2とする
　　　第2号～第4号　［同］
　　　第5号◆本号改正
　　　第6号・第7号　［同］
　　第2項◆本項改正
　　　第1号◆本号追加
　　　第2号◆本号追加
　　　第3号◆本号追加
　　　第4号◆本号追加
　　　第5号◆本号追加
　　　第6号◆本号追加
　　　第7号◆本号追加
　　　第8号◆本号追加
　　第3項◆本項改正
　　第4項◆本項追加
　　第5項◆第4項改正／第4項を第5項とする
　第294条（無記名式の新株予約権証券等が提出されない場合）
　　第1項◆本項改正
　　第2項　［同］
　　第3項◆本項改正
　　第4項　［同］
　　第5項◆本項改正
　　第6項　［同］
第4章　機関
　第1節　株主総会及び種類株主総会
　　第1款　株主総会
　　　第295条～第308条　［同］
15,23 ── 　第309条（株主総会の決議）
　　　　第1項　［同］
　　　　第2項
　　　　　第1号～第4号　［同］
　　　　　第5号◆本号改正

　　　　　　第 6 号◆本号改正
　　　　　　第 7 号◆本号改正
　　　　　　第 8 号〜第 12 号　［同］
　　　　　第 3 項〜第 5 項　［同］
　　　　第 310 条〜第 320 条　［同］
　　　第 2 款　種類株主総会
　　　　第 321 条（種類株主総会の権限）
　　　　第 322 条（ある種類の種類株主に損害を及ぼすおそれがある場合の種類株主総会）
　　　　　第 1 項
　　　　　　第 1 号　［同］
　　　　　　第 1 号の 2◆本号追加
　　　　　　第 2 号〜第 13 号　［同］
　　　　　第 2 項〜第 4 項　［同］
　　　　第 323 条（種類株主総会の決議を必要とする旨の定めがある場合）
　　　　◆本条改正
　　　　第 324 条・第 325 条　［同］
　　　第 2 節　株主総会以外の機関の設置

149　　　第 326 条（株主総会以外の機関の設置）
　　　　　第 1 項　［同］
　　　　　第 2 項◆本項改正

149　　　第 327 条（取締役会等の設置義務等）
　　　　　第 1 項
　　　　　　第 1 号・第 2 号　［同］
　　　　　　第 3 号◆本号改正
　　　　　　第 4 号◆本号追加
　　　　　第 2 項◆本項改正
　　　　　第 3 項◆本項改正
　　　　　第 4 項◆本項改正
　　　　　第 5 項◆本項改正
　　　　　第 6 項◆本項追加

122,140,　第 327 条の 2（社外取締役を置いていない場合の理由の開示）◆
143,145,147　本条追加
　　　　第 328 条（大会社における監査役等の設置義務）
　　　　　第 1 項◆本項改正
　　　　　第 2 項　［同］
　　　第 3 節　役員及び会計監査人の選任及び解任
　　　　第 1 款　選任

152　　　第 329 条（選任）

第1項　［同］
　　第2項◆本項追加
　　第3項◆第2項改正／第2項を第3項とする
　第330条　［同］
150,151　第331条（取締役の資格等）
　　第1項・第2項　［同］
　　第3項◆本項追加
　　第4項◆第3項改正／第3項を第4項とする
　　第5項◆第4項を第5項とする
　　第6項◆本項追加
150　第332条（取締役の任期）
　　第1項　［同］
　　第2項◆本項改正
　　第3項◆本項追加
　　第4項◆本項追加
　　第5項◆本項追加
　　第6項◆第3項改正／第3項を第6項とする
　　第7項◆第4項改正／第4項を第7項とする
　　　第1号◆本号改正
　　　第2号◆本号改正
　　　第3号◆本号改正
　第333条　［同］
　第334条（会計参与の任期）
　　第1項◆本項改正
　　第2項　［同］
　第335条　［同］
　第336条（監査役の任期）
　　第1項～第3項　［同］
　　第4項
　　　第1号　［同］
　　　第2号◆本号改正
　　　第3号・第4号　［同］
　第337条・第338条　［同］
　第2款　解任
　第339条　［同］
　第340条（監査役等による会計監査人の解任）
　　第1項～第4項　［同］
　　第5項◆本項追加
　　第6項◆第5項改正／第5項を第6項とする

改正会社法　330条〜340条

第3款　選任及び解任の手続に関する特則

第341条　[同]

第342条（累積投票による取締役の選任）

　第1項◆本項改正

　第2項～第6項　[同]

第342条の2（監査等委員である取締役等の選任等についての意見の陳述）◆本条追加

第343条　[同]

第344条（会計監査人の選任等に関する議案の内容の決定）◆本条改正

第344条の2（監査等委員である取締役の選任に関する監査等委員会の同意等）◆本条追加

第345条　[同]

第346条（役員等に欠員を生じた場合の措置）

　第1項◆本項改正

　第2項～第6項　[同]

　第7項◆本項追加

　第8項◆第7項改正／第7項を第8項とする

第347条（種類株主総会における取締役又は監査役の選任等）

　第1項◆本項改正

　第2項　[同]

第4節　取締役

214-219　　第348条（業務の執行）

　第1項・第2項　[同]

　第3項

　　第1号～第3号　[同]

　　第4号◆本号改正

　　第5号　[同]

　第4項　[同]

第349条～第356条　[同]

第357条（取締役の報告義務）

　第1項・第2項　[同]

　第3項◆本項追加

第358条・第359条　[同]

第360条（株主による取締役の行為の差止め）

　第1項・第2項　[同]

　第3項◆本項改正

第361条（取締役の報酬等）

　第1項　[同]

　　　　第 2 項 ◆本項追加
　　　　第 3 項 ◆本項追加
　　　　第 4 項 ◆第 2 項改正／第 2 項を第 4 項とする
　　　　第 5 項 ◆本項追加
　　　　第 6 項 ◆本項追加
　　第 5 節　取締役会
　　第 1 款　　権限等

214-219 ── 第 362 条（取締役会の権限等）
　　　　第 1 項～第 3 項　［同］
　　　　第 4 項
　　　　　第 1 号～第 5 号　［同］
　　　　　第 6 号 ◆本号改正
　　　　　第 7 号　［同］
　　　　第 5 項　［同］
　　　　第 363 条～第 365 条　［同］
　　第 2 款　　運営
　　　　第 366 条　［同］
　　　　第 367 条（株主による招集の請求）
　　　　　第 1 項 ◆本項改正
　　　　　第 2 項～第 4 項　［同］
　　　　第 368 条～第 370 条　［同］
　　　　第 371 条（議事録等）
　　　　　第 1 項・第 2 項　［同］
　　　　　第 3 項 ◆本項改正
　　　　　第 4 項～第 6 項　［同］
　　　　第 372 条（取締役会への報告の省略）
　　　　　第 1 項・第 2 項　［同］
　　　　　第 3 項 ◆本項改正
　　　　第 373 条（特別取締役による取締役会の決議）
　　　　　第 1 項 ◆本項改正
　　　　　　第 1 号・第 2 号　［同］
　　　　　第 2 項 ◆本項改正
　　　　　第 3 項　［同］
　　　　　第 4 項 ◆本項改正
　　第 6 節　会計参与
　　　　第 374 条（会計参与の権限）
　　　　　第 1 項～第 5 項　［同］
　　　　　第 6 項 ◆本項改正
　　　　第 375 条（会計参与の報告義務）

第1項・第2項　［同］
　　　第3項◆本項追加
　　　第4項◆第3項改正／第3項を第4項とする
　　第376条（取締役会への出席）
　　第377条（株主総会における意見の陳述）
　　　第1項　［同］
　　　第2項◆本項改正
　　第378条〜第380条　［同］
　第7節　監査役
　　第381条〜第385条　［同］
　　第386条（監査役設置会社と取締役との間の訴えにおける会社の代表等）　◆見出し改正
　　　第1項◆本項改正
　　　　第1号◆本号追加
　　　　第2号◆本号追加
　　　　第3号◆本号追加
　　　第2項
　　　　第1号◆本号改正
　　　　第2号◆本号改正
　　　　第3号◆本号追加
　　　　第4号◆本号追加
　　第387条〜第389条　［同］
　第8節　監査役会
　第1款　権限等
　　第390条　［同］
　第2款　運営
　　第391条〜第395条　［同］
　第9節　会計監査人
　　第396条（会計監査人の権限等）
　　　第1項〜第5項　［同］
　　　第6項◆本項改正
　　第397条（監査役に対する報告）
　　　第1項〜第3項　［同］
　　　第4項◆本項追加
　　　第5項◆第4項改正／第4項を第5項とする
　　第398条（定時株主総会における会計監査人の意見の陳述）
　　　第1項〜第3項　［同］
　　　第4項◆本項追加
　　　第5項◆第4項改正／第4項を第5項とする

第399条（会計監査人の報酬等の決定に関する監査役の関与）
　第1項・第2項　[同]
　第3項◆本項追加
　第4項◆第3項改正／第3項を第4項とする
第9節の2（監査等委員会）◆本節追加
第1款　権限等◆本款追加
　第399条の2（監査等委員会の権限等）◆本条追加
　第399条の3（監査等委員会による調査）◆本条追加
　第399条の4（取締役会への報告義務）◆本条追加
　第399条の5（株主総会に対する報告義務）◆本条追加
　第399条の6（監査等委員による取締役の行為の差止め）◆本条追加
　第399条の7（監査等委員会設置会社と取締役との間の訴えにおける会社の代表等）◆本条追加
第2款　運営◆本款追加
　第399条の8（招集権者）◆本条追加
　第399条の9（招集手続等）◆本条追加
　第399条の10（監査等委員会の決議）◆本条追加
　第399条の11（議事録）◆本条追加
　第399条の12（監査等委員会への報告の省略）◆本条追加
第3款　監査等委員会設置会社の取締役会の権限等◆本款追加
　第399条の13（監査等委員会設置会社の取締役会の権限）◆本条追加
　第399条の14（監査等委員会による取締役会の招集）◆本条追加
第10節　指名委員会等及び執行役◆節名改正
第1款　委員の選定、執行役の選任等
　第400条（委員の選定等）
　　第1項◆本項改正
　　第2項・第3項　[同]
　　第4項◆本項改正
　第401条（委員の解職等）
　　第1項～第3項　[同]
　　第4項◆本項改正
　第402条（執行役の選任等）
　　第1項◆本項改正
　　第2項　[同]
　　第3項◆本項改正
　　第4項　[同]

147,148

151,214

153

改正会社法　399条〜402条

　　　　第5項◆本項改正
　　　　第6項・第7項　［同］
　　　　第8項◆本項改正
155 ── 第403条（執行役の解任等）
　　　　第1項　［同］
　　　　第2項◆本項改正
　　　　第3項　［同］
　　第2款　指名委員会等の権限等◆款名改正
　　　　第404条（指名委員会等の権限等）◆見出し改正
　　　　第1項・第2項　［同］
　　　　第3項◆本項改正
　　　　第4項◆本項改正
　　　　　第1号～第3号　［同］
　　　　第405条（監査委員会による調査）
　　　　第1項◆本項改正
　　　　第2項◆本項改正
　　　　第3項・第4項　［同］
　　　第406条　［同］
　　　　第407条（監査委員による執行役等の行為の差止め）
　　　　第1項◆本項改正
　　　　第2項　［同］
　　　　第408条（指名委員会等設置会社と執行役又は取締役との間の訴えにおける会社の代表等）◆見出し改正
　　　　第1項◆本項改正
　　　　　第1号◆本号改正
　　　　　第2号　［同］
　　　　第2項◆本項改正
　　　　第3項◆本項追加
　　　　第4項◆本項追加
　　　　　第1号◆本号追加
　　　　　第2号◆本号追加
　　　　第5項◆第3項改正／第3項を第5項とする
　　　　　第1号◆本号改正
　　　　　第2号◆本号改正
　　　　　第3号◆本号追加
　　　　　第4号◆本号追加
　　　第409条　［同］
　　第3款　指名委員会等の運営◆款名改正
　　　　第410条（招集権者）◆本条改正

第411条（招集手続等）
第1項◆本項改正
第2項・第3項　［同］
第412条（指名委員会等の決議）◆見出し改正
第1項◆本項改正
第2項　［同］
第3項◆本項改正
第4項　［同］
第5項◆本項改正
第413条（議事録）
第1項◆本項改正
第2項◆本項改正
　　第1号・第2号　［同］
第3項◆本項改正
第4項◆本項改正
第5項◆本項改正
第414条（指名委員会等への報告の省略）◆見出し改正／本条改正
第4款　指名委員会等設置会社の取締役の権限等◆款名改正
第415条（指名委員会等設置会社の取締役の権限等）◆見出し改正／本条改正
第416条（指名委員会等設置会社の取締役会の権限）◆見出し改正
第1項◆本項改正
　第1号◆本号改正
　第2号　［同］
第2項◆本項改正
第3項◆本項改正
第4項◆本項改正
　第1号〜第9号　［同］
　第10号◆本号改正
　第11号〜第14号　［同］
　第15号◆本号改正
　第16号◆本号改正
　第17号◆本号改正
　第18号◆本号改正
　第19号◆本号改正
　第20号　［同］
第417条（指名委員会等設置会社の取締役会の運営）◆見出し改正

　　　　第1項◆本項改正
　　　　第2項　［同］
　　　　第3項◆本項改正
　　　　第4項・第5項　［同］
　　第5款　執行役の権限等
　　　第418条（執行役の権限）
　　　　　第1号◆本号改正
　　　　　第2号◆本号改正
　　　第419条（執行役の監査委員に対する報告義務等）
　　　　第1項◆本項改正
　　　　第2項　［同］
　　　　第3項◆本項改正
　　　第420条（代表執行役）
　　　第421条（表見代表執行役）◆本条改正
　　　第422条（株主による執行役の行為の差止め）
　　　　第1項◆本項改正
　　　　第2項◆本項改正
　　第11節　役員等の損害賠償責任

206,208 ── 第423条（役員等の株式会社に対する損害賠償責任）
　　　　第1項・第2項　［同］
　　　　第3項
　　　　　第1号・第2号　［同］
　　　　　第3号◆本号改正
　　　　第4項◆本項追加
　　　第424条　［同］

122,176, ── 第425条（責任の一部免除）
203,205, 　　第1項◆本項改正
209-211 　　　第1号◆本号改正
　　　　　第2号　［同］
　　　　第2項◆本項改正
　　　　　第1号～第3号　［同］
　　　　第3項◆本項改正
　　　　　第1号　［同］
　　　　　第2号◆本号追加
　　　　　第3号◆第2号改正／第2号を第3号とする
　　　　第4項・第5項　［同］

122,176, ── 第426条（取締役等による免除に関する定款の定め）
186,187, 　　第1項◆本項改正
203,204 　　第2項◆本項改正

　　　　　　　第3項・第4項　［同］
　　　　　　　第5項◆本項追加
　　　　　　　第6項◆本項追加
　　　　　　　第7項◆第5項改正／第5項を第7項とする
　　　　　　　第8項◆第6項改正／第6項を第8項とする
122,176,　　第427条（責任限定契約）
204-206,　　　第1項◆本項改正
212,213　　　第2項◆本項改正
　　　　　　　第3項◆本項改正
　　　　　　　第4項◆本項改正
　　　　　　　　第1号・第2号　［同］
　　　　　　　　第3号◆本号改正
　　　　　　　第5項◆本項改正
　　　　　　第428条　［同］
207　　　第429条（役員等の第三者に対する損害賠償責任）
　　　　　　　第1項
　　　　　　　第2項
　　　　　　　　第1号・第2号　［同］
　　　　　　　　第3号◆本号改正
　　　　　　　　第4号　［同］
　　　　　　第430条　［同］
　　　　　第5章　計算等
　　　　　　第1節　会計の原則
　　　　　　　第431条　［同］
　　　　　　第2節　会計帳簿等
　　　　　　　第1款　会計帳簿
　　　　　　　　第432条～第434条　［同］
　　　　　　　第2款　計算書類等
　　　　　　　　第435条　［同］
　　　　　　　　第436条（計算書類等の監査等）
　　　　　　　　　第1項　［同］
　　　　　　　　　第2項
　　　　　　　　　　第1号◆本号改正
　　　　　　　　　　第2号◆本号改正
　　　　　　　　　第3項　［同］
　　　　　　　　第437条～第440条　［同］
　　　　　　　　第441条（臨時計算書類）
　　　　　　　　　第1項　［同］
　　　　　　　　　第2項◆本項改正

　　　　第3項・第4項　［同］
　　　第442条・第443条　［同］
　　第3款　連結計算書類
　　　第444条
　　　　第1項～第3項　［同］
　　　　第4項◆本項改正
　　　　第5項～第7項　［同］
　第3節　資本金の額等
　　第1款　総則
　　　第445条・第446条　［同］
　　第2款　資本金の額の減少等
　　　第1目　資本金の額の減少等
　　　第447条～第449条　［同］
　　　第2目　資本金の額の増加等
　　　第450条～第451条　［同］
　　　第3目　剰余金についてのその他の処分
　　　第452条　［同］
　第4節　剰余金の配当
　　　第453条～第458条　［同］
　第5節　授与金の配当等を決定する機関の特則
　　　第459条（剰余金の配当等を取締役会が決定する旨の定款の定め）
　　　　第1項◆本項改正
　　　　　第1号～第4号　［同］
　　　　第2項・第3項　［同］
　　　第460条　［同］
　第6節　剰余金の配当等に関する責任
　　　第461条　［同］
　　　第462条（剰余金の配当等に関する責任）
　　　　第1項◆本項改正
　　　　　第1号◆本号改正
　　　　　第2号～第6号　［同］
　　　　第2項・第3項　［同］
　　　第463条　［同］
23,115──第464条（買取請求に応じて株式を取得した場合の責任）
　　　　第1項◆本項改正
　　　　第2項　［同］
　　　第465条　［同］
　第6章　定款の変更
　　　第466条　［同］

第7章　事業の譲渡等

151,241-246　── 第467条（事業譲渡等の承認等）
　　　　　　　　第1項
　　　　　　　　　第1号・第2号　［同］
　　　　　　　　　第2号の2◆本号追加
　　　　　　　　　第3号〜第5号　［同］
　　　　　　　　第2項　［同］
　　　　　　　第468条　［同］

101,104,105　── 第469条（反対株主の株式買取請求）
　　　　　　　　第1項◆本項改正
　　　　　　　　　第1号◆本号追加
　　　　　　　　　第2号◆本号追加
　　　　　　　　第2項
　　　　　　　　　第1号　［同］
　　　　　　　　　第2号◆本号改正
　　　　　　　　第3項◆本項改正
　　　　　　　　第4項・第5項　［同］
　　　　　　　　第6項◆本項追加
　　　　　　　　第7項◆第6項を第7項とする
　　　　　　　　第8項◆第7項を第8項とする
　　　　　　　　第9項◆本項追加

100,101,103　── 第470条（株式の価格の決定等）
　　　　　　　　第1項・第2項　［同］
　　　　　　　　第3項◆本項改正
　　　　　　　　第4項　［同］
　　　　　　　　第5項◆本項追加
　　　　　　　　第6項◆第5項改正／第5項を第6項とする
　　　　　　　　第7項◆第6項を第7項とする

　第8章　解散
　　　第471条〜第474条　［同］

　第9章　清算
　　第1節　総則
　　　第1款　清算の開始
　　　　　第475条・第476条　［同］
　　　第2款　清算株式会社の機関
　　　　第1目　株主総会以外の機関の設置
　　　　　第477条
　　　　　　第1項〜第4項　［同］
　　　　　　第5項◆本項追加

第6項◆第5項改正／第5項を第6項とする
　　　第7項◆第6項を第7項とする
　第2目　清算人の就任及び解任並びに監査役の退任
　第478条（清算人の就任）
　　　第1項〜第4項　［同］
　　　第5項◆本項追加
　　　第6項◆第5項改正／第5項を第6項とする
　　　第7項◆本項追加
　　　第8項◆第6項改正／第6項を第8項とする
　第479条・第480条　［同］
　第3目　清算人の職務等
　第481条　［同］
　第482条（業務の執行）
　　　第1項〜第3項　［同］
　　　第4項◆本項改正
　第483条〜第488条　［同］
　第4目　清算人会
　第489条　［同］
　第490条（清算人会の運営）
　　　第1項〜第3項　［同］
　　　第4項◆本項改正
　　　第5項◆本項改正
　　　第6項　［同］
　第5目　取締役等に関する規定の適用
　第491条　［同］
第3款　財産目録等
　第492条〜第498条　［同］
第4款　債務の弁済等
　第499条〜第503条　［同］
第5款　残余財産の分配
　第504条〜第506条　［同］
第6款　清算事務の終了等
　第507条　［同］
第7款　帳簿資料の保存
　第508条　［同］
第8款　適用除外等
　第509条
　　　第1項　［同］
　　　第2項◆本項追加

　　　　第3項◆第2項を第3項とする
　　第2節　特別清算
　　第1款　特別清算の開始
　　　　第510条〜第518条の2　［同］
　　第2款　裁判所による監督及び調査
　　　　第519条〜第522条　［同］
　　第3款　清算人
　　　　第523条〜第526条　［同］
　　第4款　監督委員
　　　　第527条〜第532条　［同］
　　第5款　調査委員
　　　　第533条・第534条　［同］
　　第6款　清算株式会社の行為の制限等
　　　　第535条　［同］
　　　　第536条（事業の譲渡の制限等）
　　　　　第1項
　　　　　　第1号・第2号　［同］
　　　　　　第3号◆本号追加
　　　　　第2項・第3項　［同］
　　　　第537条〜第539条　［同］
　　第7款　清算の監督上必要な処分等
　　　　第540条〜第545条　［同］
　　第8款　債権者集会
　　　　第546条〜第562条　［同］
　　第9款　協定
　　　　第563条〜第572条　［同］
　　第10款　特別清算の終了
　　　　第573条・第574条　［同］

第3編　持分会社

　　第1章　設立
　　　　第575条〜第579条　［同］
　　第2章　社員
　　　第1節　社員の責任等
　　　　第580条〜第584条　［同］
　　　第2節　持分の譲渡等
　　　　第585条〜第587条　［同］
　　　第3節　誤認行為の責任
　　　　第588条・第589条　［同］

第3章　管理
　第1節　総則
　　　第590条〜第592条　［同］
　第2節　業務を執行する社員
　　　第593条〜第602条　［同］
　第3節　業務を執行する社員の職務を代行する者
　　　第603条　［同］
第4章　社員の加入及び退社
　第1節　社員の加入
　　　第604条・第605条　［同］
　第2節　社員の退社
　　　第606条〜第613条　［同］
第5章　計算等
　第1節　会計の原則
　　　第614条　［同］
　第2節　会計帳簿
　　　第615条・第616条　［同］
　第3節　計算書類
　　　第617条〜第619条　［同］
　第4節　資本金の額の減少
　　　第620条　［同］
　第5節　利益の配当
　　　第621条〜第623条　［同］
　第6節　出資の払戻し
　　　第624条　［同］
　第7節　合同会社の計算等に関する特則
　　第1款　計算書類の閲覧に関する特則
　　　第625条　［同］
　　第2款　資本金の額の減少に関する特則
　　　第626条・第627条　［同］
　　第3款　利益の配当に関する特則
　　　第628条〜第631条　［同］
　　第4款　出資の払戻しに関する特則
　　　第632条〜第634条　［同］
　　第5款　退社に伴う持分の払戻しに関する特則
　　　第635条・第636条　［同］
第6章　定款の変更
　　　第637条〜第640条　［同］
第7章　解散

　　　　第641条～第643条　［同］
　第8章　清算
　　第1節　清算の開始
　　　　第644条・第645条　［同］
　　第2節　清算人
　　　　第646条～第657条　［同］
　　第3節　財産目録等
　　　　第658条・第659条　［同］
　　第4節　債務の弁済等
　　　　第660条～第665条　［同］
　　第5節　残余財産の分配
　　　　第666条　［同］
　　第6節　清算事務の終了等
　　　　第667条　［同］
　　第7節　任意清算
　　　　第668条～第671条　［同］
　　第8節　帳簿資料の保存
　　　　第672条　［同］
　　第9節　社員の責任の消滅時効
　　　　第673条　［同］
　　第10節　適用除外等
　　　　第674条・第675条　［同］

第4編　社債
　第1章　総則
　　　第676条～第695条　［同］
　　　第695条の2（信託財産に属する社債についての対抗要件等）
　　　　第1項◆本項改正
　　　　第2項◆本項改正
　　　　第3項・第4項　［同］
　　　第696条～第701条　［同］
　第2章　社債管理者
　　　　第702条～第714条　［同］
　第3章　社債権者集会
　　　　第715条～第742条　［同］

第5編　組織変更、合併、会社分割、株式交換及び株式移転
　第1章　組織変更
　　第1節　通則

第 743 条　［同］
第 2 節　株式会社の組織変更
　第 744 条・第 745 条　［同］
第 3 節　持分会社の組織変更
　第 746 条（持分会社の組織変更計画）
　　第 1 項　［同］
　　第 2 項◆本項追加
　第 747 条（持分会社の組織変更の効力の発生等）
　　第 1 項　［同］
　　第 2 項◆本項改正
　　第 3 項◆本項改正
　　第 4 項◆本項改正
　　　第 1 号◆本号改正
　　　第 2 号◆本号改正
　　　第 3 号◆本号改正
　　第 5 項　［同］
第 2 章　合併
　第 1 節　通則
　　第 748 条　［同］
　第 2 節　吸収合併
　　第 1 款　株式会社が存続する吸収合併
　　　第 749 条・第 750 条　［同］
　　第 2 款　持分会社が存続する吸収合併
　　　第 751 条・第 752 条　［同］
　第 3 節　新設合併
　　第 1 款　株式会社を設立する新設合併
　　　第 753 条（株式会社を設立する新設合併契約）
　　　　第 1 項　［同］
　　　　第 2 項◆本項追加
　　　　第 3 項◆第 2 項改正／第 2 項を第 3 項とする
　　　　　第 1 号・第 2 号　［同］
　　　　第 4 項◆第 3 項を第 4 項とする
　　　　第 5 項◆第 4 項を第 5 項とする
　　　第 754 条　［同］
　　第 2 款　持分会社を設立する新設合併
　　　第 755 条・第 756 条　［同］
第 3 章　会社分割
　第 1 節　吸収分割
　　第 1 款　通則

第757条　［同］
第2款　株式会社に権利義務を承継させる吸収分割
　第758条　［同］
　第759条（株式会社に権利義務を承継させる吸収分割の効力の発生等）
　　第1項　［同］
　　第2項◆本項改正
　　第3項◆本項改正
　　第4項◆本項追加
　　第5項◆本項追加
　　第6項◆本項追加
　　第7項◆本項追加
　　第8項◆第4項を第8項とする
　　　第1号〜第4号　［同］
　　第9項◆第5項を第9項とする
　　第10項◆第6項を第10項とする
第3款　持分会社に権利義務を承継させる吸収分割
　第760条　［同］
　第761条（持分会社に権利義務を承継させる吸収分割の効力の発生等）
　　第1項　［同］
　　第2項◆本項改正
　　第3項◆本項改正
　　第4項◆本項追加
　　第5項◆本項追加
　　第6項◆本項追加
　　第7項◆本項追加
　　第8項◆第4項を第8項とする
　　第9項◆第5項を第9項とする
　　第10項◆第6項を第10項とする
第2節　新設分割
　第1款　通則
　　第762条　［同］
　第2款　株式会社を設立する新設分割
　　第763条（株式会社を設立する新設分割計画）
　　　第1項　［同］
　　　第2項◆本項追加
　　第764条（株式会社を設立する新設分割の効力の発生等）
　　　第1項　［同］

252-255, 257
252-255, 257
252-255, 257

　　　　　　　第 2 項◆本項改正
　　　　　　　第 3 項◆本項改正
　　　　　　　第 4 項◆本項追加
　　　　　　　第 5 項◆本項追加
　　　　　　　第 6 項◆本項追加
　　　　　　　第 7 項◆本項追加
　　　　　　　第 8 項◆第 4 項改正／第 4 項を第 8 項とする
　　　　　　　第 9 項◆第 5 項を第 9 項とする
　　　　　　　　第 1 号◆本号改正
　　　　　　　　第 2 号◆本号改正
　　　　　　　　第 3 号◆本号改正
　　　　　　　第 10 項◆第 6 項改正／第 6 項を第 10 項とする
　　　　　　　第 11 項◆第 7 項改正／第 7 項を第 11 項とする
　　　　　第 3 款　持分会社を設立する新設分割
　　　　　　第 765 条　［同］
252-255,　　第 766 条（持分会社を設立する新設分割の効力の発生等）
257　　　　　第 1 項　［同］
　　　　　　　第 2 項◆本項改正
　　　　　　　第 3 項◆本項改正
　　　　　　　第 4 項◆本項追加
　　　　　　　第 5 項◆本項追加
　　　　　　　第 6 項◆本項追加
　　　　　　　第 7 項◆本項追加
　　　　　　　第 8 項◆第 4 項を第 8 項とする
　　　　　　　第 9 項◆第 5 項を第 9 項とする
　　　　　　　第 10 項◆第 6 項を第 10 項とする
　　　第 4 章　株式交換及び株式移転
　　　　第 1 節　株式交換
　　　　　第 1 款　通則
　　　　　　第 767 条　［同］
　　　　　第 2 款　株式会社に発行済株式を取得させる株式交換
　　　　　　第 768 条・第 769 条　［同］
　　　　　第 3 款　合同会社に発行済株式を取得させる株式交換
　　　　　　第 770 条・第 771 条　［同］
　　　　第 2 節　株式移転
　　　　　　第 772 条　［同］
　　　　　　第 773 条（株式移転計画）
　　　　　　　第 1 項　［同］
　　　　　　　第 2 項◆本項追加

　　　　　第 3 項◆第 2 項改正／第 2 項を第 3 項とする
　　　　　　第 1 号・第 2 号　［同］
　　　　　第 4 項◆第 3 項を第 4 項とする
　　　　　第 5 項◆第 4 項を第 5 項とする
　　　　第 774 条　［同］
　　第 5 章　組織変更、合併、会社分割、株式交換及び株式移転の手続
　　　第 1 節　組織変更の手続
　　　　第 1 款　株式会社の手続
　　　　　第 775 条・第 776 条　［同］
102 ── 第 777 条（新株予約権買取請求）
　　　　　第 1 項～第 5 項　［同］
　　　　　第 6 項◆本項追加
　　　　　第 7 項◆本項追加
　　　　　第 8 項◆第 6 項を第 8 項とする
　　　　　第 9 項◆第 7 項を第 9 項とする
　　　　　第 10 項◆本項追加
103 ── 第 778 条（新株予約権の価格の決定等）
　　　　　第 1 項・第 2 項　［同］
　　　　　第 3 項◆本項改正
　　　　　第 4 項　［同］
　　　　　第 5 項◆本項追加
　　　　　第 6 項◆第 5 項を第 6 項とする
　　　　　第 7 項◆第 6 項を第 7 項とする
　　　　　第 8 項◆第 7 項を第 8 項とする
　　　　第 779 条・第 780 条　［同］
　　　　第 2 款　持分会社の手続
　　　　　第 781 条　［同］
　　　第 2 節　吸収合併等の手続
　　　　第 1 款　吸収合併消滅会社、吸収分割会社及び株式交換完全子会社の手続
　　　　　第 1 目　株式会社の手続
　　　　　　第 782 条　［同］
　　　　　　第 783 条（吸収合併契約等の承認等）
　　　　　　　第 1 項　［同］
　　　　　　　第 2 項◆本項改正
　　　　　　　第 3 項・第 4 項　［同］
　　　　　　　第 5 項◆本項改正
　　　　　　　第 6 項　［同］
175 ── 第 784 条（吸収合併契約等の承認を要しない場合）

改正会社法　774 条〜784 条

　　　　　　　　第1項　［同］
　　　　　　　　第2項◆第2項を削る／第3項改正／第3項を第2項とする
258 ───── 第784条の2（吸収合併等をやめることの請求）◆本条追加
101,105 ── 第785条（反対株主の式買取請求）
　　　　　　　　第1項
　　　　　　　　　第1号　［同］
　　　　　　　　　第2号◆本号改正
　　　　　　　　第2項
　　　　　　　　　第1号　［同］
　　　　　　　　　第2号◆本号改正
　　　　　　　　第3項◆本項改正
　　　　　　　　第4項・第5項　［同］
　　　　　　　　第6項◆本項追加
　　　　　　　　第7項◆第6項を第7項とする
　　　　　　　　第8項◆第7項を第8項とする
　　　　　　　　第9項◆本項追加
100,103 ── 第786条（株式の価格の決定等）
　　　　　　　　第1項・第2項　［同］
　　　　　　　　第3項◆本項改正
　　　　　　　　第4項　［同］
　　　　　　　　第5項◆本項追加
　　　　　　　　第6項◆第5項改正／第5項を第6項とする
　　　　　　　　第7項◆第6項を第7項とする
102 ───── 第787条（新株予約権買取請求）
　　　　　　　　第1項～第5項　［同］
　　　　　　　　第6項◆本項追加
　　　　　　　　第7項◆本項追加
　　　　　　　　第8項◆第6項を第8項とする
　　　　　　　　第9項◆第7項を第9項とする
　　　　　　　　第10項◆本項追加
101,103 ── 第788条（新株予約券の価格の決定等）
　　　　　　　　第1項・第2項　［同］
　　　　　　　　第3項◆本項改正
　　　　　　　　第4項　［同］
　　　　　　　　第5項◆本項追加
　　　　　　　　第6項◆第5項改正（各号を削る）／第5項を第6項とする
　　　　　　　　第7項◆第6項を第7項とする
　　　　　　　　第8項◆第7項を第8項とする
　　　　　　　　第789条～第791条　［同］

改正会社法　784条の2～791条

272	第792条（剰余金の配当等に関する特則）◆本文改正
	第1号・第2号　［同］
	第2目　持分会社の手続
	第793条　［同］
	第2款　吸収合併存続会社、吸収分割承継会社及び株式交換完全親会社の手続
	第1目　株式会社の手続
	第794条・第795条　［同］
18,103	第796条（吸収合併契約等の承認を要しない場合等）
	第1項　［同］
	第2項◆第3項改正／第2項を削り第3項を第2項とする
	第1号・第2号　［同］
	第3項◆第4項改正／第4項を第3項とする
258	第796条の2（吸収合併等をやめることの請求）◆本条追加
101,103,105	第797条（反対株主の株式買取請求）
	第1項◆本項但書追加
	第2項
	第1号　［同］
	第2号◆本号改正
	第3項◆本項改正
	第4項・第5項　［同］
	第6項◆本項追加
	第7項◆第6項を第7項とする
	第8項◆第7項を第8項とする
	第9項◆本項追加
103	第798条（株式の価格の決定等）
	第1項・第2項　［同］
	第3項◆本項改正
	第4項　［同］
	第5項◆本項追加
	第6項◆第5項改正／第5項を第6項とする
	第7項◆第6項を第7項とする
	第799条～第801条　［同］
	第2目　持分会社の手続
	第802条　［同］
	第3節　新設合併等の手続
	第1款　新設合併消滅会社、新設分割会社及び株式移転完全子会社の手続
	第1目　株式会社の手続

第803条　［同］
第804条（新設合併契約等の承認）
　　第1項・第2項　［同］
　　第3項◆本項改正
　　第4項・第5項　［同］
第805条　［同］

258　　第805条の2（新設合併等をやめることの請求）◆本条追加
101　　第806条（反対株主の株式買取請求）
　　第1項
　　　　第1号　［同］
　　　　第2号◆本号改正
　　第2項〜第5項　［同］
　　第6項◆本項追加
　　第7項◆第6項を第7項とする
　　第8項◆第7項を第8項とする
　　第9項◆本項追加

100,103　　第807条（株式の価格の決定等）
　　第1項・第2項　［同］
　　第3項◆本項改正
　　第4項　［同］
　　第5項◆本項追加
　　第6項◆第5項改正／第5項を第6項とする
　　第7項◆第6項を第7項とする

102　　第808条（新株予約権買取請求）
　　第1項
　　　　第1号　［同］
　　　　第2号◆本号改正
　　　　第3号　［同］
　　第2項〜第5項　［同］
　　第6項◆本項追加
　　第7項◆本項追加
　　第8項◆第6項を第8項とする
　　第9項◆第7項を第9項とする
　　第10項◆本項追加

101,103　　第809条（新株予約権の価格の決定等）
　　第1項・第2項　［同］
　　第3項◆本項改正
　　第4項　［同］
　　第5項◆本項追加

　　　　　第 6 項◆第 5 項改正（各号を削る）／第 5 項を第 6 項とする
　　　　　第 7 項◆第 6 項を第 7 項とする
　　　　　第 8 項◆第 7 項を第 8 項とする
　　　　第 810 条（債権者の異議）
　　　　　第 1 項
　　　　　　第 1 号　［同］
　　　　　　第 2 号◆本号改正
　　　　　　第 3 号　［同］
　　　　　第 2 項～第 5 項　［同］
　　　　第 811 条　［同］
272　　第 812 条（剰余金の配当等に関する特則）◆本文改正
　　　　　　第 1 号◆本号改正
　　　　　　第 2 号◆本号改正
　　　　第 2 目　持分会社の手続
　　　　第 813 条
　　　　　第 1 項　［同］
　　　　　第 2 項◆本項改正
　　　第 2 款　新設合併設立会社、新設分割設立会社及び株式移転設立完全親会社の手続
　　　　第 1 目　株式会社の手続
34　　　第 814 条（株式会社の設立の特則）
　　　　　第 1 項◆本項改正
　　　　　第 2 項　［同］
　　　　第 815 条　［同］
　　　　第 2 目　持分会社の手続
　　　　第 816 条　［同］

第 6 編　外国会社

　　　　第 817 条～第 823 条　［同］

第 7 編　雑則

　　　　第 1 章　会社の解散命令等
　　　　第 1 節　会社の解散命令
　　　　　第 824 条～第 826 条　［同］
　　　　第 2 節　外国会社の取引継続禁止又は営業所閉鎖の命令
　　　　　第 827 条　［同］
　　　　第 2 章　訴訟
　　　　第 1 節　会社の組織に関する訴え
　　　　　第 828 条（会社の組織に関する行為の無効の訴え）

	第 1 項　［同］
	第 2 項
	第 1 号◆本号改正
	第 2 号〜第 11 号　［同］
	第 12 号◆本号改正
	第 829 条・第 830 条　［同］
220-224	第 831 条（株主総会等の決議の取消しの訴え）
	第 1 項◆本項改正
	第 1 号〜第 3 号　［同］
	第 2 項　［同］
	第 832 条〜第 846 条　［同］
	第 1 節の 2　売渡株式等の取得の無効の訴え◆本節追加
67,69	第 846 条の 2（売渡株式等の取得の無効の訴え）◆本条追加
85-88	
69,85	第 846 条の 3（被告）◆本条追加
69,85	第 846 条の 4（訴えの管轄）◆本条追加
69,86,87	第 846 条の 5（担保提供命令）◆本条追加
69,86,87	第 846 条の 6（弁論等の必要的併合）◆本条追加
69,85,86	第 846 条の 7（認容判決の効力が及ぶ者の範囲）◆本条追加
69,85,86	第 846 条の 8（無効の判決の効力）◆本条追加
69,86,87	第 846 条の 9（原告が敗訴した場合の損害賠償責任）◆本条追加
	第 2 節　株式会社における責任追及等の訴え
24,171,173, 176,179,180	第 847 条（株主による責任追及等の訴え）◆見出し改正
	第 1 項◆本項改正
	第 2 項・第 3 項　［同］
	第 4 項◆本項改正
	第 5 項　［同］◆（第 6 項から第 8 項を削る）
181,183-187	第 847 条の 2（旧株主による責任追及等の訴え）◆本条追加
176,179, 180,189-199	第 847 条の 3（最終完全親会社等の株主による特定責任追及の訴え）◆本条追加
179	第 847 条の 4（責任追及等の訴えに係る訴訟費用等）◆本条追加
	第 848 条（訴えの管轄）◆本条改正
176,179, 199-201, 205	第 849 条（訴訟参加）
	第 1 項◆本項改正
	第 2 項◆本項追加
	第 3 項◆第 2 項改正／第 2 項を第 3 項とする
	第 1 号　［同］
	第 2 号◆本号追加
	第 3 号◆第 2 号改正／第 2 号を第 3 号とする

改正会社法　829 条〜849 条

　　　　　第4項◆第3項改正／第3項を第4項とする
　　　　　第5項◆第4項改正／第4項を第5項とする
　　　　　第6項◆本項追加
　　　　　第7項◆本項追加
　　　　　第8項◆本項追加
　　　　　第9項◆第5項改正／第5項を第9項とする
　　　　　第10項◆本項追加
　　　　　第11項◆本項追加

205 ───── 第850条（和解）
　　　　　第1項◆本項改正
　　　　　第2項◆本項改正
　　　　　第3項◆本項改正
　　　　　第4項◆本項改正

180,181,205 ───── 第851条（株主でなくなった者の訴訟追行）
　　　　　第1項
　　　　　　第1号◆本号改正
　　　　　　第2号　［同］
　　　　　第2項・第3項　［同］

179,205 ───── 第852条（費用等の請求）
　　　　　第1項◆本項改正
　　　　　第2項◆本項改正
　　　　　第3項◆本項改正

179,205 ───── 第853条（再審の訴え）
　　　　　第1項◆本項改正
　　　　　　第1号◆本号追加
　　　　　　第2号◆本号追加
　　　　　　第3号◆本号追加
　　　　　第2項　［同］
　　　第3節　株式会社の役員の解任の訴え
　　　　　第854条（株式会社の役員の解任の訴え）
　　　　　　第1項・第2項　［同］
　　　　　　第3項◆本項改正
　　　　　　第4項　［同］
　　　　　第855条・第856条　［同］
　　　第4節　特別清算に関する訴え
　　　　　第857条・第858条　［同］
　　　第5節　持分会社の社員の除名に訴え等
　　　　　第859条〜第862条　［同］
　　　第6節　清算持分会社の財産処分の取消しの訴え

改正会社法　850条〜862条

第863条・第864条　［同］
　第7節　社債発行会社の弁済等の取消しの訴え
　　第865条～第867条　［同］
第3章　非訟
　第1節　総則
　　第868条（非訟事件の管轄）
　　　第1項◆本項改正
　　　第2項　［同］
　　　第3項◆本項追加
　　　第4項◆第3項を第4項とする
　　　第5項◆第4項を第5項とする
　　　第6項◆第5項を第6項とする
　　第869条　［同］
　　第870条（陳述の聴取）
　　　第1項
　　　　第1号◆本号改正
　　　　第2号～第11号　［同］
　　　第2項
　　　　第1号　［同］
　　　　第2号◆本号改正
　　　　第3号・第4号　［同］
　　　　第5号◆本号追加
　　　　第6号◆第5号を第6号とする
　　第870条の2～第876条　［同］
　第2節　新株発行の無効判決後の払戻金増減の手続に関する特則
　　第877条・第878条　［同］
　第3節　特別清算の手続に関する特則
　　第1款　通則
　　　第879条～第887条　［同］
　　第2款　特別清算の開始の手続に関する特則
　　　第888条～第891条　［同］
　　第3款　特別清算の実行の手続に関する特則
　　　第892条～第901条　［同］
　　第4款　特別清算の終了の手続に関する特則
　　　第902条　［同］
　第4節　外国会社の清算の手続に関する特則
　　第903条　［同］
　第5節　会社の解散命令等の手続に関する特則
　　第904条～第906条　［同］

第4章　登記
　第1節　総則
　　第907条～第910条　［同］
　第2節　会社の登記
　第1款　本店の所在地における登記
　　第911条（株式会社の設立の登記）
　　　第1項
　　　　第1号◆本号改正
　　　　第2号　［同］
　　　第2項　［同］
　　　第3項
　　　　第1号～第12号　［同］
　　　　第13号◆本号改正
　　　　第14号◆本号改正
　　　　第15号・第16号　［同］
　　　　第17号◆本号改正
　　　　第18号～第21号　［同］
　　　　第22号◆本号追加
　　　　第23号◆第22号改正／第22号を第23号とする
　　　　第24号◆第23号を第24号とする
　　　　第25号◆第25号を削る／第24号改正／第24号を第25号とする
　　　　第26号◆第26号を削る／第27号を第26号とする
　　　　第27号◆第28号を第27号とする
　　　　第28号◆第29号を第28号とする
　　　　第29号◆第30号改正／第30号を第29号とする
　　第912条～第916条　［同］
　　第917条（職務執行停止の仮処分等の登記）
　　　第1号◆本号改正
　　　第2号～第4号　［同］
　　第918条～第929条　［同］
　第2款　支店の所在地における登記
　　第930条～第932条　［同］
　第3節　外国会社の登記
　　第933条～第936条　［同］
　第4節　登記の嘱託
　　第937条（裁判による登記の嘱託）
　　　第1項
　　　　第1号　［同］

平成26年改正概要

改正会社法　907条～937条

　　　　　　第 2 号 ◆ 本号改正
　　　　　　第 3 号　［同］
　　　　　　第 2 項～第 4 項　［同］
　　　　　第 938 条　［同］
　　　第 5 章　公告
　　　　第 1 節　総則
　　　　　第 939 条・第 940 条　［同］
　　　　第 2 節　電子公告調査機関
　　　　　第 941 条～第 959 条　［同］
第 8 編　罰則
　　　　　第 960 条（取締役等の特別背任罪）
　　　　　　第 1 項
　　　　　　　第 1 号～第 4 号　［同］
　　　　　　　第 5 号 ◆ 本号改正
　　　　　　　第 6 号～第 8 号　［同］
　　　　　　第 2 項　［同］
　　　　　第 961 条～第 965 条　［同］
　　　　　第 966 条（株式の超過発行の罪）
　　　　　　第 1 号～第 4 号　［同］
　　　　　　第 5 号 ◆ 本号改正
　　　　　第 967 条　［同］
202 ── 第 968 条（株主等の権利の行使に関する贈収賄罪）
　　　　　　第 1 項
　　　　　　　第 1 号　［同］
　　　　　　　第 2 号 ◆ 本号改正
　　　　　　　第 3 号　［同］
　　　　　　　第 4 号 ◆ 本号改正
　　　　　　　第 5 号 ◆ 本号改正
　　　　　　第 2 項　［同］
　　　　　第 969 条　［同］
179,202 ── 第 970 条（株主等の権利の行使に関する利益供与の罪）　◆ 見出し改正
　　　　　　第 1 項 ◆ 本項改正
　　　　　　第 2 項　［同］
　　　　　　第 3 項 ◆ 本項改正
　　　　　　第 4 項～第 6 項　［同］
　　　　　第 971 条～第 975 条　［同］
　　　　　第 976 条（過料に処すべき行為）

改正会社法　938 条～976 条

第 1 号～第 5 号　［同］
　　第 6 号◆本号改正
　　第 7 号◆本号改正
　　第 8 号◆本号改正
　　第 9 号～第 19 号　［同］
　　第 19 号の 2◆本号追加
　　第 20 号　［同］
　　第 21 号◆本号改正
　　第 22 号◆本号改正
　　第 23 号～第 35 号　［同］
第 977 条～第 979 条　［同］

附則　（略）

第1編

総論

改正の経緯と改正の概要、これからの会社法とは

I はじめに

　政府は、平成25年11月29日「会社法の一部を改正する法律案」および「会社法の一部を改正する法律の施行に伴う関係法律の整備等に関する法律案」を閣議決定し、第185回国会に提出した。前記各法案は、翌平成26年4月25日に衆議院で、同年6月20日に参議院でそれぞれ可決され、同日に成立した（平成26年法律第90号、以下「平成26年改正会社法」という）。「平成26年改正会社法」の施行日は、公布日から1年6か月内の政令指定日とされているところ、平成27年5月1日が施行日と決定された（平成27年政令16号）。

II 改正の概要と改正の経緯

1. 改正の概要

　平成26年改正会社法は、①企業統治の在り方、②親子会社に関する規律の整備、③その他という3つの、一見すると相互に関連性がない独立の項目から構成される。各項目内の細目は以下のとおりである。本書は、下記項目を、会社法の体系順に並べ直している（参考までに、次頁表の右の列に、本書第2編との対照を示してある）。

①	企業統治の在り方		
(1)	取締役会の監督機能	❶監査等委員会設置会社	3章Ⅴ
		❷社外取締役を置いていない理由の開示	3章Ⅳ
		❸社外取締役、社外監査役の要件	3章Ⅲ
		❹取締役・監査役の責任の一部免除	4章Ⅲ
(2)	会計監査人の選解任等に関する議案の内容の決定		3章Ⅵ
(3)	資金調達に関する規律	❶支配株主の異動を伴う募集株式の発行等	1章Ⅱ
		❷仮装払込みによる募集株式の発行等	1章Ⅴ
		❸新株予約権無償割当てに関する割当通知	1章Ⅶ
②	親子会社に関する規律の整備		
(1)	親会社株主の保護等	❶多重代表訴訟	4章Ⅱ
		❷企業集団の業務の適正を確保するために必要な体制の整備（結合企業における内部統制）	4章Ⅳ
		❸株式会社が株式交換等をした場合における株主代表訴訟	4章Ⅳ
		❹親会社による子会社の株式等の譲渡	6章Ⅲ
(2)	キャッシュ・アウト	❶特別支配株主の株式等売渡請求	2章Ⅱ
		❷全部取得条項付種類株式の取得	2章Ⅳ
		❸株式の併合により端数となる株式の買取請求	2章Ⅴ
		❹株主総会等の決議の取消しの訴えの原告適格	5章1.
(3)	組織再編における株式買取請求権等	❶株式買取請求権に係る株式等の買取りの効力が生ずる時等	2章Ⅲ
		❷株式買取請求権に係る株式等に係る価格決定前の支払制度	2章Ⅲ
		❸簡易組織再編、略式組織再編における株式買取請求	2章Ⅲ
(4)	組織再編の差止請求		6章Ⅴ
(5)	会社分割等における債権者の保護	❶詐害的な会社分割等における債権者の保護	6章Ⅳ
		❷分割会社に知れていない債権者の保護	6章Ⅳ
③	その他		1章Ⅳなど

2. 改正の経緯

　平成26年改正会社法の特色を一言でいえば、平成17年に制定された会社法典のオーバーホールということに尽きるであろう。会社法典は、平成17年改正前商法の中身を全面的に改めた文字どおりの大法典であるが、制度も機械と同様、放っておくとサビつくので定期的なメンテナンスが必要である。会社法制定後約10年弱経過したこの時期に、定期的な補修修繕をしておくことは、資本主義のインフラである会社制度を規律する会社法典の性質からして、必要であり、（中身の適否につき議論はありうるとしても）時宜に適った改正であると評価できよう。これまでの歴史を振り返ってみても、会社法は定期的に改正されており、特に平成に入ってからは、猫の目のように改正がたて続いた[1]。むしろ10年弱もの間改正がなかったことのほうが驚きといってよいかもしれない。

　とはいえ、平成26年改正会社法の3本柱のうちの2つである「企業統治のあり方」「親子会社に関する規律の整備」は、いずれもその中の一部の項目が、会社法制定前から議論がなされてきたテーマである（もう1つのテーマである「その他」は、文字どおり「その他」であるから、説明を割愛する）。

　まず前者であるが、「コーポレート・ガバナンス」の強化自体は、かねてから実務界が強く求めるところであった。たとえば、平成21年3月26日には、日本監査役協会コーポレート・ガバナンスに関する有識者懇談会「上場会社に関するコーポレート・ガバナンス上の諸問題について」[2]が、平成21年4月14日には、日本経済団体連合会「より良いコーポレート・ガバナンスをめざして（主要論点の中間整理）」[3]が、平成21年6月17日には、金融審議会金融分科会「我が国金融・資本市場の国際化に関するスタディグループ」報告[4]および企業統治研究会「企業統治研究会報告書」[5]が、平成21年6月18日には、日本取締役協会「独立取締役（社外取締役）制度に関する中間提言」[6]が、それ

---

1) 改正史については、稲葉威雄＝尾崎安央編『改正史から読み解く会社法の論点』（中央経済社、2008年）が詳しい。
2) http://www.fsa.go.jp/singi/singi_kinyu/s_group/siryou/20090423/02.pdf
3) https://www.keidanren.or.jp/japanese/policy/2009/038.pdf
4) http://www.fsa.go.jp/singi/singi_kinyu/tosin/20090617-1/01.pdf
5) http://www.meti.go.jp/report/downloadfiles/g90617b01j.pdf
6) http://www.jacd.jp/news/odid/090618_01report.pdf

それ公表され、いずれもコーポレート・ガバナンスの強化を高らかに謳っている。その議論の中から、社外取締役の独立性、モニタリングシステムの確立が取り出され、換骨奪胎の上、前者が社外取締役の社外要件の変更、後者が監査等委員会設置会社となり、今回の改正に至ったものである。

次に後者であるが、平成9年の独禁法改正・純粋持株会社解禁以来の懸案といってもよい。現に、国会の付帯決議において複数回、検討が要請されており、問題点の洗出しも行われていたが[7]、包括的立法としては未だ実現に至っていなかった。

III　平成26年改正会社法の整理

平成26年改正会社法の中身を眺めてみると、一見「ごった煮」な中身を有する改正のようであるが（事実、それはそのとおりなのであるが）、個々の項目における理論と実務の関係をみていくと、両者の対応関係は様々であり、いずれも理論と実務の微妙な緊張関係の結果、導入されたものであることがわかる。

1. 理論先行型：これまでの理論上の検討の結果を踏まえ、実務に変革を迫る事項

まず第1に、これまでの理論上の検討の結果を踏まえ、実務に変革を迫る事項がある。「理論先行型」ということができるかもしれない。ここでは3つをあげることができるように思う。

その例として、まず、公開会社において支配株主の異動を伴う募集株式の発行がなされる場合の特則をあげることができよう。かかる募集株式の発行は、合併等に準じる会社の組織再編であり、これを取締役会のみで決定すべきではないとの指摘はかねてからなされてきた。かかる指摘を受け、平成26年改正会社法は、公開会社において支配株主の異動を伴う募集株式の発行がなされる場合であり、総株主（株主総会において議決権を行使することができない株主を除

---

7) 平成10年7月8日法務省民事局参事官室「親子会社法制等に関する問題点」。

く）の議決権の10分の1（これを下回る割合を定款で定めた場合にあっては、その割合）以上の議決権を有する株主が、通知・公告の日から2週間以内に特定引受人による募集株式の引受けに反対する旨を会社に対し通知したときは、会社は、会社法206条の2第1項に規定する期日の前日までに、株主総会の決議によって、当該特定引受人に対する募集株式の割当てまたは当該特定引受人との間の総額引受にかかる契約の承認を受けなければならないものとした（206条の2第4項本文）[8][9][10]。その限度で割当自由の原則は制約されていることになるわけだが、今後は、それにとどまらず、不公正発行の差止事由（210条2号）の判断にも影響が出てくるかもしれない。

第2に多重代表訴訟をあげたい。平成26年改正会社法は、最終完全親会社等の総株主の議決権または発行済株式の1パーセント以上を有する株主は、特定責任（発起人等の責任の原因となった事実が生じた日において、最終完全親会社等およびその完全子会社等における当該株式会社の帳簿価額が当該最終完全親会社等の総資産額の5分の1を超える場合における当該発起人等の責任：847条の3第4項）にかかる責任追及の訴えの提起を請求することができるものとした（847条の3第1項）。要は、100パーセント親子関係がある甲乙両会社があるとき（甲が親会社、乙が子会社とする）、甲の株主Aが乙の取締役に対し、代表訴訟を提起することができるということであり、これを多重代表訴訟という。これまでは、訴訟係属中に組織再編が行われ、結果として、親会社株主が子会社取締役を代表訴訟として訴える形になった場合（いわば「後発的」多重代表訴訟）につき、株主の当事者適格が失われないと規定するのみで（851条）、「原始的」多重代表訴訟が許容されるかについて規定が置かれていなかった。そして、ごく一部の学説は、改正前においても、かかる「原始的」多重代表訴訟が許容されると主張してきたが、多くは、本来認められて然るべきであるが、いかんせん当時の現行法の下では、立法論の問題であるとして、否定的であった。今回、Aの株式保

---

[8] ただ、会社の財産の状況が著しく悪化している場合で、会社の事業の継続のため緊急の必要があるときは、通知・公告がなされた場合であっても、株主総会決議は要求されない。事業再生による資金注入等企業救済の場面における緊急性に配慮したものである（206条の2第4項但書）。
[9] 決議要件は普通決議であるが、定足数につき特則が置かれている（206条の2第5項）。
[10] 関連して、平成26年会社法は、親会社による子会社の株式等の譲渡についても、これを組織変更に準じる効果が生じるとして、事業譲渡と同様の規制を施し、株主総会の特別決議を要求することにした（467条1項2号の2）。

有要件と追及する責任額のそれぞれにつき、一定のハードルを設けた上で、かかる「原始的」多重代表訴訟を許容したものであり、前記の「立法論」がまさに実現したこととなる。

第3に、組織再編の差止請求をあげよう。すなわち、平成26年改正会社法は、組織再編に際しての法令定款によって不利益を受けるおそれがある組織再編当事会社の株主を請求者とし、組織再編当事会社を請求の相手方とし、法令定款違反を差止事由とする組織再編の差止請求を許容した（784条の2、796条の2、805条の2）。改正前においては、いわゆる略式組織再編の場合においてのみ差止請求が許容されていたにすぎなかったが、平成26年改正会社法の下においては、広く組織再編全般に広げられている（ただし、事業譲渡との場合には、規定が置かれていない）。

2. 実務修正型：これまでの実務を修正する改正項目

1 否定型

理論先行型の亜類型として、理論的な精査に基づき、これまで行われてきた実務を否定したり、実務に修正を迫る項目があり、これを「実務修正型」としておこう。これは、現在の実務をあえて立法で否定しようとするもの（否定型）と、現在の実務を一定の方向に誘導しようとするもの（誘導型）に大別できる。否定型の代表例は、なんといっても、いわゆる「詐害分割」（濫用的会社分割ともいう。債務超過状態にある会社が、専ら、（一部の）既存債権者から債務者の一般財産・事業キャッシュフロー等を隔離することを目的として、当該既存債権者の同意を得ることなく行う会社分割のこと[11]）である。詐害分割について、裁判例・学説は、法人格否認の法理、詐害行為取消権（民法424条）、商号続用規制の類推適用等種々の解釈論的工夫を凝らしてきたところ、最判平成24年10月12日（民集66巻10号3311頁）は、株式会社を設立する新設分割がされた場合において、新たに設立する株式会社にその債権に係る債務が承継されず、新設分割について異議を述べることもできない新設分割をする株式会社の債権者は、詐害行為

---

[11] 粟澤方智＝櫻庭広樹「濫用的会社分割の当事会社に対する会社更生手続の債権者申立ての検討」金融法務事情1915号（2011年）76頁。

取消権（民法424条）を行使して新設分割を取り消すことができる旨判示し、詐害行為取消権を用いることができる旨明言した。平成26年改正会社法は、分割会社が残存債権者を害することを知って会社分割をした場合には、残存債権者は、承継会社等に対して、承継した財産の価額を限度として、債務の履行を請求することができることとした（759条4項本文、761条4項本文、764条4項）。ただし吸収分割の場合には、吸収分割の効力が生じた時における吸収分割承継会社の善意が免責事由とされている（759条4項但書、761条4項但書）。この改正は、前記最判の趣旨を条文化したものとまとめることができる。

　これまで、詐害分割の手法を「事業再生の切り札」として推奨する実務書があり、裁判例の多くは、かかる推奨に依拠したスキームであった。平成26年改正会社法は、直接的には、確立した判例法を条文に取り込んだものであるが、実質的には、前記の「推奨」をする実務を立法においてあえて否定したという意味をもつものである。理論的検討に基づき、実務に変革を求めるものであるという点で、理論先行型と共通するが、実務にない新たな制度を導入する理論先行型と異なり、詐害分割が実務上横行しているという現状が存在しており、かかる実務を否定する結果、変革を迫るものであり、あえて1亜類型として分けてみた。

2　誘導型

　誘導型の例として、監査等委員会設置会社の創設と社外取締役に関する改正をあげることができる。

　まず前者について述べるに、平成26年改正会社法は、監査役会設置型（監査役会設置会社）と委員会型（このたび「指名委員会等設置会社」と改称した）との「ハイブリッド」な形態として、「監査等委員会設置会社」なる株式会社形態を創設した。監査役制度は、憲法の三権分立にも準えられる「チェック・アンド・バランス型」のガバナンス構造において司法権に相当する機能を担わんとするものであるが、かかる監査役については、取締役の選解任権を有していないこと、適法性監査に限定されがちであること等から、その実効性に限界があることが指摘されている。他方、米国流のモニタリング型のガバナンス構造を有する指名委員会等設置会社については、平成14年商法改正において導入されて以降、10年が経過するも、未だ十分に普及するに至っておらず、近時では、

その構造の「硬直性」が批判されるに至っている。かかる状況の下、実務では、監査役会設置会社をベースにしつつ、任意の「委員会」を設け、事実上の簡易なモニタリングシステムの運用を始めるに至っている。

　一部の会社であるが、すでに先行する実務が存在しており、監査等委員会設置会社はかかる実務を立法が採用した面があること、平成26年改正会社法は、それにとどまらず監査等委員会設置会社への移行を促進すべく、一定の勧奨措置を設けていること[12]に鑑みると、既存の実務を修正し、かつそちらへ誘導していると理解することができる。

　第2に、社外取締役に関する改正であるが、平成26年改正会社法は、社外取締役の要件を変更した上で（2条15号）[13]、事業年度の末日において監査役会設置会社（公開会社であり、かつ、大会社であるものに限る）であって金融商品取引法24条1項の規定によりその発行する株式について有価証券報告書を内閣総理大臣に提出しなければならないものが社外取締役を置いていない場合には、取締役は、当該事業年度に関する定時株主総会において、社外取締役を置くことが相当でない理由を説明しなければならないこととした（327条の2）。社外取締役の設置強制については、モニタリング型への移行と相まって大いに議論を呼んだが、最終的に立法として結実しなかった。その代替として、平成26年改正会社法は、社外取締役を置くことが相当でない理由（通常考えられない）の開示を強制することにより、間接的ながら、社外取締役を置く方向へと実務を誘導しているのである。

3．実務追認型：既存の実務をそのまま追認するもの

　第3に、既存の実務をそのまま追認する改正項目があり、「実務追認型」と呼んでおこう[14]。その例として、このたび新設された特別支配株主の株式等

---

12) 会社法は、監査等委員会設置会社への移行を誘導するため、手厚い勧奨措置をとっている。これらは、監査役会設置会社、指名委員会等設置会社にはみられないものである。
　第1に、監査等委員会設置会社は、取締役会の決議によって重要な業務執行（399条の13第5項各号に掲げる事項を除く）の決定の全部または一部を取締役に委任することができる旨を定款で定めることができる（399条の13第6項）。第2に、利益相反取引に関し特則が置かれ、取締役（監査等委員を除く）との利益相反取引につき、監査等委員の承認を受けた場合には、取締役の任務懈怠推定の規定は適用されない（423条4項）。
13) これは社外取締役の「独立」性を確保しようとする改正である。

売渡請求をあげたい。すなわち、株式会社の特別支配株主[15]は、当該株式会社の株主（当該株式会社および当該特別支配株主を除く）の全員に対し、その有する当該株式会社の株式の全部を当該特別支配株主に売り渡すことを請求することができ、これを特別支配株主の株式等売渡請求という。特別支配株主の株式等売渡請求は、平成26年改正会社法において新設された制度であるので、一見すると、「理論先行」型のようにみえる。しかし、この制度は、これまで全部取得条項付種類株式を活用してなされる「締出し（キャッシュ・アウト）」の実務を前提に[16]、それを率直な形で条文として著したものであり、既存の実務を追認し、法的根拠を与えるものとみるのがむしろ正当と思われる。

IV　最後に

　以上のとおり、平成26年改正会社法は、会社法制定後10年間の実務の動向を精査の上、あるものは否定し、あるものは取り入れる、またあるものは新たに今回導入し、導入にあたっては一定の方向性をさし示すという取捨選択を巧妙に行っていることがわかる。これにより、たとえば詐害分割のような制度の不備から生じる現象はある程度是正されよう。

　ただ、新たな立法がなされれば、かならずその立法の隙間を利用する輩は生じるものである。平成17年会社法制定後、本来100パーセント減資を念頭に置いた全部取得条項付種類株式が、債務超過という要件を要求していないところから非公開化、締出しの実務が生じ、新設分割の債権者異議手続の不備から、詐害分割に関する実務が発生した。平成26年改正会社法の下においても、そ

---

14) ただ、見方次第で、どの項目がどの類型に属するかは変わりうる。たとえば、詐害分割に関する立法は、前掲最判平成24年10月12日という「実務をそのまま追認」したとみれば、「否定型」でなく「実務追認型」と分類することも可能である。
15) 特別支配株主とは、株式会社の総株主の議決権の10分の9（これを上回る割合を当該株式会社の定款で定めた場合にあっては、その割合）以上を当該株式会社以外の者および当該者が発行済株式の全部を有する株式会社その他これに準ずるものとして法務省令で定める法人（特別支配株主完全子法人）が有している場合における当該者をいう（法179条1項、施行規則33条の4）。
16) 締出しは、非公開化（ゴーイング・プライベート）の実務の一環としてなされる。非公開化については、明石一秀＝松嶋隆弘＝吉見聡＝大塚和成編『非公開化の法務・税務』（税務経理協会、2013年）を参照。

れと同様な現象は生じてこよう。加えて、平成17年改正後に発生した締出しの実務と詐害分割の実務のうち、前者は許容され、後者は否定されるといった対照的な結論になった。それと同様に、平成26年改正会社法で生じる実務も、あるものは許容され、あるものは否定されていくことになろう。その予測をあらかじめ行うことは困難であるが、大事なのは、予測よりも、実務の現状に絶えず目を配り、定期的に法典をメンテナンスしていくという作業であるように思われる。その意味では、会社法は、永遠に未完成な法典といっても過言ではない。

第 2 編

改正会社法の解説

第1章　株式に関する改正

I 株式に関する改正が実務に与える影響
（支配株主の異動を伴う募集株式の発行等を中心に）

　本章では、株式に関する改正を支配株主の異動を伴う募集株式の発行等を中心に取り上げる。実際界における不透明な大規模第三者割当増資等を通じて既存株主の利益が損なわれ、わが国の資本市場に対する内外投資家からの批判が集中し、会社法制見直しの発端の一つともなった[1]ことを考えると、支配株主の異動を伴う募集株式の発行等に関する特則の導入は、今回の改正の核の一つであったともいえよう。まず、本節では、改正の経過[2]に紙面を割きながら、改正の背景、問題の所在、改正の際の諸論点、およびその議論に焦点を当てる。改正法の内容の詳細については、本章第Ⅱ節以下で扱う。

1．募集株式の発行等に関する改正前の枠組みの概要

　平成17年会社法（平成17年7月26日法律86号）は、募集株式および募集新株予約権の発行に関する規制を整理し、公開会社（2条5号参照）とそうでない会社（以下「非公開会社」という）とのメリハリをつけた。すなわち、大まかにいえば、募集株式の発行と自己株式の処分とを同一の規制に服させ（募集株式の発行「等」）、株主に割当てを受ける権利を与えない場合には、募集事項の決定

---

1) 岩原・要綱案解説〔Ⅱ〕6頁、野村修也「資金調達に関する改正」ジュリスト1472号（2014年）25頁、その具体的事例として26頁注2参照。
2) なお、全般的な改正の経緯については、坂本ほか・平26改正解説〔Ⅰ〕28～31頁参照。

について、原則的には株主総会特別決議を要することとし（199条3項、238条2項、309条2項5号・6号）、公開会社には特則を設けて、有利発行の場合を除き（201条1項、240条1項）これを取締役会決議をもって決定するものとし（201条1項）、他方、非公開会社にあっても株主総会特別決議（309条2項5号・6号）による取締役または取締役会への募集事項の決定の委任を可能として（200条）、機動的な資金調達の要請に配慮した。株主に割当てを受ける権利を与えて募集する場合には、募集事項の決定に加えて割当てを受ける権利を与える旨と引受けの申込期日に関する決定を、公開会社では取締役会で、非公開会社のうち定款に取締役または取締役会の決議による決定を可能とする旨の定めがあれば、当該定められた機関によって、そのような定款の定めがない場合には株主総会特別決議によって行う（202条、241条、309条2項5号・6号）。この場合には、既存株主に平等に引受けの機会が与えられるため有利発行規制は及ばない。株式発行無効の訴えの提訴期間も公開会社と非公開会社とで異なり、前者では効力発生日から起算して6か月、後者では1年以内とされている（828条1項2号〜4号）。このような会社法での枠組みにおける公開会社と非公開会社の別異の取扱いは、株式発行無効の訴えにおける無効事由に関する判例の解釈にも影響を与えている[3]。なお、上記の基本的な規律の枠組みについては、募集新株予約権の発行の場合もほぼ同様である。既存株主への無償割当てのような特殊な発行形態については、決定事項、決定手続、および、効力の発生に関する定めが別途置かれている（185条以下、277条以下）。

　ちなみに、金融商品取引所の規則を紐解くと、すでに今般の会社法改正に先んじて、支配権異動を伴う募集株式等（募集株式（相当する外国法令規定により割り当てる株式を含む）と募集新株予約権（処分する自己新株予約権、相当する外国の法令規定により割り当てる新株予約権を含む）をいう（東証有価証券上場規程2条84号および同84号の2））の第三者割当てへの手当ては一定程度なされている。すなわち、上場会社が第三者割当てによる募集株式等の割当てを行い議決権比率が25パーセント以上となる場合または当該割当ておよび当該割当てに係る募集株式等の転換または行使により支配株主が異動する見込みがある場合は、原

---

3) 最判平成24年4月24日民集66巻6号2908頁（平成17年改正前商法下の事案であるが、会社法が施行された後に株式発行無効の訴えが提起されているので、適用法は会社法となる（会社法の施行に伴う関係法律の整備等に関する法律111条1項参照））。

則として、①経営者から一定程度独立した者による当該割当ての必要性および相当性に関する意見の入手、または、②当該割当てに係る株主総会決議などによる株主の意思確認、のいずれかの手続が当該発行上場会社に求められる（同規程432条）。ただし、当該割当ての緊急性がきわめて高い場合には上記手続は免除される。取引所規則では基準議決権比率は25パーセントとされている一方、支配株主の異動に伴って要求される手続は株主の意思確認に限られておらず、但書も緩やかに解釈されているため、この手続要件に反した実例は過去にないとされる（戸嶋浩二＝園田観希央「資金調達に関する規律の見直し」商事法務1957号（2012年）15頁）。また、本則市場の上場廃止事由の一つとして、第三者割当てにより支配株主が異動した場合において、3年以内に支配株主との取引の健全性が著しく毀損されていると取引所が認めるとき（同規程601条1項9号の2）が掲げられている。支配権が異動した日の属する事業年度の末日が経過した後および当該末日の翌日から1年を経過するごとに各事業年度における支配株主との取引状況等について記載した書面を取引所に提出するとともに、上場会社は、取引所から当該取引状況について照会があった場合にはただちに照会事項について正確に報告しなければならず、かかる報告は前記上場廃止事由該当性の判断に用いられる（東証有価証券上場規程施行規則601条9項3号～5号）。

2. 改正の経過

　平成22年2月24日の法制審議会第162回会議における法務大臣からの諮問（諮問第91号）を受け、法制審議会内に会社法制部会（部会長・岩原紳作東京大学教授。以下「部会」という）が設置されて始まった会社法の改正作業は、平成26年6月20日の改正法の成立および同27日の公布へと結実したが、そこでは企業統治や親子会社法制に関する見直しが中心とされ、資金調達に関する企業統治の在り方も俎上にのぼった。ここでは、まず、改正作業の進展の過程を時系列に追うこととする[4]。

1　会社法制の見直しに関する中間試案

　平成23年12月7日に開催された第16回部会会議において取りまとめられた会社法制の見直しに関する中間試案（以下「試案」という）では、資金調達の場面における企業統治の在り方として、支配株主の異動を伴う募集株式の発行等や募集新株予約権の発行に関する新たな規制の導入[5]の要否に関し3つの案、A案、B案およびC案[6]が示された。このような議論が取り上げられた背景には、支配株主の異動については、経営者ではなく株主が決定すべきであるとの考えがある（中間補足17～18頁）。たとえば、敵対的M&Aの局面において、取締役会決議による決定でもってポイズン・ピル（募集新株予約権の第三者割当て）を発動した事例につき、その必要性・相当性の判断に会社法上の機関権限分配秩序の観点が取り込まれたことはよく知られている[7]。

　このうち、A案とB案は、現行の規律の見直しを図り、株主の意思を問う形とするものであった。A案は、支配株主の異動を伴う（引受人が株式等の割当てを受けることにより総株主の議決権の過半数を有することとなるような）第三者割当てによる募集株式の発行等については、原則として株主総会の普通決議を要するとしたうえで、取締役会が当該募集株式の発行等による資金調達の必要性、緊急性等を勘案して特に必要と認めるときは、株主総会の決議を省略することができる旨を定款で定めることができるとする[8]。公開会社がこのような定款

---

[4] 法制審議会会社法制部会会議（第1回～第24回）の記録は法務省のウェブサイトで公開されている（http://www.moj.go.jp/shingi1/shingi03500005.html）。なお、改正の経緯については、野村修也＝奥山健志編『平成26年改正会社法』（有斐閣、2014年）2頁以下、坂本三郎編『一問一答 平成26年改正会社法』（商事法務、2014年）2頁以下、太田洋＝髙木弘明編『平成26年会社法改正と実務対応』（商事法務、2014年）2頁以下、等。

[5] なお、取得請求権付株式や取得条項付株式の取得によってもその発行の結果支配株主が異動する可能性が生じるが、その発行のためには定款の定めが必要であり、株主総会の特別決議が必然的に伴うことから、改正の対象とはされていない（岩原・要綱案解説〔Ⅱ〕9頁）。

[6] 余談ではあるが、A案、B案……の序列は、内容が現行法から離れている順（すなわち、A案が最も現行法から離れている）である（神作裕之「法制審議会会社法制部会での議論の経緯と中間試案の内容」商事法務1961号（2012年）6頁）。

[7] 東京高決平成17年3月23日判時1899号56頁参照。

[8] 資金調達の緊急性が高い場合における柔軟な対応は経済界からの要望に対応したものである（戸嶋＝園田・前掲「資金調達に関する規律の見直し」14頁参照）。もっとも、中間試案段階での文言「特に必要と認めるとき」のあいまいさが実務上の利用を困難にするとの懸念が表明されていた（同上15頁）。

の定めに基づき株主総会の決議を省略しようとする場合には、一定の期間内に株主に対し異議を述べることができる旨を通知または公告しなければならず、総株主の議決権の100分の3以上の議決権を有する株主がこの期間内に異議を述べた場合には、株主総会の決議の省略は認められないとしていた。このような枠組みは、取締役(会)による役員等の責任の一部免除に関する426条の規律を参考にしたものとされる（中間補足18頁）。異議催告期間については、試案では一定期間とされているのみであった。この点については、426条3項では1か月を下ることができない旨が定められているが、資金調達の緊急性への配慮から、公開会社が株主に対し通知または公告をした後2週間以内とするなどの他の選択肢の可能性も示されていた（同上）。所定の議決権割合を有する株主が異議を述べた場合になされる株主総会の決議が普通決議とされているのは、支配株主の異動を伴う第三者割当てによる募集株式の発行等に関する決議は、会社の経営を支配する者を決定するという点で取締役選任決議と類似する面があるため（329条1項、341条）、定足数に関しても同様の定めを置くべきかについては、試案の段階では引続きの検討課題であった。

　B案は、支配株主の異動を伴う第三者割当てによる募集株式の発行等について、4分の1を超える議決権を有する株主が一定期間内に当該募集株式の発行等に反対する旨の通知をした場合には、株主総会の普通決議を要するものとしていた。これは、簡易組織再編の要件を満たす組織再編について、一定数以上の議決権を有する株主が反対通知をした場合には、株主総会が開催されれば議案が否決される可能性があることを理由に、株主総会の決議を要するものとされていること（改正前796条4項）を参考に、これと同趣旨の規律を設けるものであった（中間補足19頁）。株主総会の決議の引き金となる反対の通知をする株主の議決権数が4分の1とされているのは、上記趣旨からは株主総会が開催されれば普通決議の成立が阻止されうるような数とするのが合理的であるためであるが（同上）、この点については、定款に普通決議の要件に関する別段の定めがある場合にも対応できるよう、改正前会社法796条4項のようにその算定方法を法務省令で定めるなどの選択肢も視野に入れられていた（同上）。株主による反対の旨の通知期間については、公開会社が株主に対し通知または公告をした後2週間以内とすることなどが検討されていたようである（同上）。この時点では、第三者割当てによる募集新株予約権の発行等の取扱いについては

引続き検討課題とする旨が注記されていた。C案は、改正前の規律を見直さないとするものである。資金調達の緊急性が高い場合の柔軟な対応の確保を優先する趣旨からである（中間補足18頁）。

次に、公開会社は、支配株主の異動を伴う募集株式の発行等に際しては、払込期日または払込期間の初日の2週間前までに、株主に対し、①当該募集株式の発行等により総株主の議決権の過半数を有することとなる引受人（特定引受人）の氏名または名称および住所、②当該募集株式の発行等により当該特定引受人が有することとなる議決権の数を通知（公告をもって代えることができる）しなければならない旨が提案された。株主への開示事項をこの二つに限るべきかについては、引続き検討課題とされた[9]。会社法上、公開会社が取締役会の決議によって第三者割当てによる募集株式の発行等を行う場合には、払込期日または払込期間の初日の2週間前までに、募集事項を株主に通知または公告しなければならないとされているものの（199条1項、201条3項）、改正前には、募集株式の割当てに関する事項については、そのような規律は設けられていなかった。そこで、A案、B案のいずれを採用するかに関わらず、第三者割当てによる募集株式の発行等により支配株主の異動が生じる場合には、差止請求権の行使（210条）や株主総会での議決権等の行使に関する判断資料として割当てに関する事項が開示される必要があるとして、上記の提案に至ったものである。なお、試案では、有価証券届出書（金商法5条1項）等の内容として上記と同等の事項が開示されている場合については通知等の義務を免除することもまた注記されていた。

2　各界からの意見

試案に関するパブリック・コメント手続および個別の意見照会に応じて、団体119通、個人72通の合計191通の意見が寄せられた（坂本ほか・分析〔上〕4頁）。いずれの案を採用するかについては、意見が分かれたが、比較的多数であったのは規律を設けるべきとするA案またはB案で、A案への賛成理由は、

---

[9] そのほか、③当該募集株式の発行等に際して当該引受人に割り当てられる募集株式に係る議決権の数、④当該募集株式の発行等についての取締役会の判断の内容、⑤社外取締役を置く会社において、④の事項についての社外取締役の意見が取締役会の判断の内容と異なる場合には、当該意見、および、⑥当該募集株式の発行等についての監査役または監査委員会の意見、が他に検討されうる通知事項として注記に列挙されていた。

①支配株主の異動は株主が決すべき、②支配株主の異動は既存株主の利益に与える影響が大きい等で、但書の「特に必要と認めるとき」要件は不要とするものと当該要件があれば株主総会決議の省略を認めるべき等に分かれた。B案へは、①企業活動の機動性と支配者の変更の重要性から、②簡易組織再編との類似性から、賛成するものがあったとされる。他の特筆すべき意見として、支配株主の異動を伴わなくとも一定規模以上の第三者割当には株主の承認を必要とすべきとするものや株主総会の決議要件を特別決議とすべきとするものなどがあった。

支配株主の異動を伴う募集株式の発行に関する情報開示については、ほとんどの意見が賛成であり、さらに、募集新株予約権についても同様の規律を設けるべき、あるいは、規律の対象を第三者割当ての場合一般に広げるべき、との積極的意見がみられた（坂本ほか・分析〔中〕18頁）。

③ 要綱および改正法

平成24年8月1日、部会において「会社法制の見直しに関する要綱案」が決定され、さらに同年9月7日、法制審議会総会において「会社法制の見直しに関する要綱」が採択された。支配株主の異動を伴う募集株式の発行等および募集新株予約権の割当て等に係る特則は、試案のA案とB案の折衷的な形で創設されることとなった。A案によると、定款で株主総会決議省略の旨の定めがあり当該第三者割当てに必要性・緊急性が認められても、100分の3の議決権を有する株主の反対があれば原則に立ち返り株主総会普通決議が必要になる。他方、B案では原則として株主総会決議を要しないが、4分の1という大きい割合の議決権を有する株主の反対があれば必要性・緊急性があっても常に株主総会普通決議が必要となる。部会では、必要性・緊急性が認められれば取締役会で決定できる制度のほうが好ましく（したがってA案でもB案でもなく）、また、ほとんどの株主が反対を唱えていない場合に常に株主総会を必要とすることもないとの理由から、反対の議決権の閾値を10分の1、すなわち、A案とB案の折衷点に設定することとされた（岩原・要綱案解説〔Ⅱ〕7頁）。株主総会の決議要件は、試案のとおり役員の選任決議の場合と同様である。また、支配株主の変動を伴う募集株式の発行等に係る通知の制度も試案の内容[10]が踏襲された。

次に募集新株予約権についても同様の規律を設けるかに関しては、試案では

検討事項である旨が注記されていたが（中間試案第1部第3・1(1)の注2）、募集新株予約権の割当てによっても、同様に支配株主の異動の可能性が生じるため、部会では異論なく導入の方向でまとまった（岩原・要綱案解説〔Ⅱ〕9頁）。

改正法では、必要性・緊急性を理由とする適用免除に関する要綱の文言「当該公開会社の存立を維持するため」は「当該公開会社の事業の継続のため」と改められた（206条の2第4項但書、244条の2第5項但書）ほか、本特則の対象となる総株主の議決権の2分の1を超える引受人になるかどうかの算定について、引受人の子会社等が有することとなる議決権数も算入する旨が明記された（206条の2第1項1号、244条の2第1項1号）[11]。これらを含め、改正内容の詳細については、後述第Ⅱ節に譲る。

3. その他

ガバナンスに直結しうる株式に関する改正としては、上記の公開会社における支配株主の異動を伴う場合の特則がまずあげられうるが、そのほか株式の併合、仮装払込みによる募集株式の発行等、および、新株予約権の無償割当てにおける割当通知に関する改正も焦点であった。これらの改正に関してもここで一瞥しておくこととしたい。改正の経過やその内容等の詳細については、本章第Ⅲ節、第Ⅴ節〜第Ⅶ節を参照されたい。

1 株式の併合

試案において株式の併合が資金調達におけるガバナンス事項に分類されているのは、第三者割当てによる募集株式の発行等と組み合わせて株式併合が行われる場合に株主の利益を害するおそれが大きいとの指摘に基づくものである（中間補足24頁）。

従来会社法は、株式の併合の際の端数の処理について、併合によって生じる

---

[10] 改正後の会社法施行規則においては、通知事項として試案段階で検討されうべきとされていた4項目に加え、募集株式の引受人全員が当該募集株式を引き受けた場合の総株主の議決権数が掲げられているほか、公募増資の際の総数引受けの場合には当該総数引受契約に関する取締役会の判断およびその理由や監査役、監査等委員会または監査委員会の意見が通知事項となる旨が明文化されている（42条の2第1号〜7号）。

[11] 改正後の規定は、改正法の施行日前に募集事項の決定がなされた募集株式の発行等や募集新株予約権の割当てには適用されない（改正附則12条、13条1項）。

1株未満の端数は金銭交付によることとし、端数の合計数に相当する数の株式の売却等によって得られた代金が端数に応じて株主に交付されることとしている（235条、234条）。試案では、当該金銭交付の制度に加え、反対株主による株式買取請求権の制度を創設した。株式の併合の場合には、分割等の場合以上に端数が生じやすく、多数の端数を売却等することにより市場価格が下落し、あるいは売却先の確保が困難となるなど、端数について適切な対価が交付されないおそれがあることに鑑み、本制度を創設することによって株主に公正な対価を確保する手段を充実させる趣旨からである（中間補足21頁）。試案では、「単元株式数に併合の割合を乗じて得た数が整数となるものを除く」とされていたほか、併合の割合が一定割合（たとえば、10分の1）[12]を上回る割合である株式の併合につき端数の買取請求権を認めないこととするかどうかについて、なお検討することが注記されていたが、これは、制度の創設に伴う買取代金の確保による会社の資金負担、価格決定に係る時間的・手段的負担等の負の側面に対応するものであった。すなわち、前者の単元株式数に併合の割合を乗じて得た数が整数となる場合に端数が生じうるのは単元未満株式に限られるため、この場合に株式の併合により端数となる株式を有する株主に与える影響は小さいと考えられる。他方、後者の併合割合が大きい場合にも端数が生じる可能性は小さくなると考えられるため別途検討の余地を残すものである（中間補足21～22頁）。この改正提案は、併合割合に制限をかける点を除き、その後要綱で採択され、改正に至った（180条、181条、182条、182条の2、182条の3、182条の4、182条の5、182条の6）。

　なお、部会では買取請求権を行使しうる株主を反対株主に限定しないとの意見もあったようであるが、これが採用されなかったのは、①株主のキャッシュ・アウトの手段として併合が用いられる場合には買取請求の対象となる株主が多くなり、手続が煩瑣となるほか、自己株式取得に関する分配可能額規制

---

[12] 結局、最終的には改正に至らなかったが、10分の1という基準値は下記のモックの株式併合事例を参考にしたものではないかとの指摘があった（戸嶋＝園田・前掲注8の20頁）。イベント会社である株式会社モックは、東京証券取引所マザーズ上場会社であったが、「流通市場に混乱をもたらすおそれがある」ため東京証券取引所が異例の公表措置をとったにもかかわらず、平成19年10月に10対1の株式の併合を行い（その後新株予約権の第三者割当てを行う予定であった）、総株主の約80％の株式が端数となり株主としての地位を失った。同社は、2009年5月に端数を処分することができないまま時価総額基準を満たさないことを理由に上場廃止となり、その後破産した。

が及ばないため債権者保護に欠けることとなるおそれがあること、また、②株式の併合に反対する機会をもちつつあえて反対しなかった株主まで保護する必要があるか疑問なしとしないこと、などを理由とする（中間補足22頁）。一部のみの買取請求は認められず、また、請求しなかった端数となる株主の端数の処理は会社法235条に則って行われる。

　買取手続の大まかな流れとしては、①会社による、株主総会会日から2週間前か株主への通知・公告日（後記②参照）のいずれか早い日から起算して株式の併合の効力発生日後6か月を経過する日までの間の会社の本店における書面等の開示、②効力発生日の20日前の日までの株主に対する通知または公告、③買取請求（効力発生日の20日前の日から効力発生日の前日まで）、④買取請求株主の買取申込みの撤回への会社の承諾、⑤請求株主と会社との間で買取価格の協議が調った場合の会社による支払い（効力発生日から60日以内）、⑥効力発生日から30日以内に買取価格の協議が調わない場合の請求株主または会社からの裁判所に対する価格決定申立て（⑤の支払期限満了後については6分の年利が発生）、および、⑦会社による、効力発生日（実際には開示書面等の作成時）から6か月間の会社の本店における書面等(効力発生日後遅滞なく作成）の開示、となる。株式の買取りは効力発生日に効力を生じ、分配可能額規制（461条1項；分配可能額超か否かの判断の基準日は効力発生日）は適用されないが、請求株主に対し支払った金銭の額が当該支払日における分配可能額を超える場合には、会社法464条と同様の業務執行者に当該超過額の支払義務を負わせる枠組みが採用されている。

　次に、株式の併合を行った場合の発行可能株式総数に関する規律の見直しも行われた。すなわち、株式併合の際の株主総会特別決議（180条2項、309条2項4号）による決定事項に効力発生日における発行可能株式総数を追加し（180条2項4号）、公開会社においては、当該発行可能株式総数は株式併合が効力を生じた時における発行済株式総数の4倍を超えることができない旨（同条3項）および発行可能株式総数に関する定款の定めは、株主総会において決定される、効力発生日における発行可能株式総数に、効力発生日をもってみなし変更される旨（182条2項）の規定を新設した。効力発生日における発行可能株式総数は、効力発生時の発行済株式総数からその4倍の数までの範囲内で、株主総会において自由に定めることができる[13]。

2 仮装払込みによる募集株式の発行等

平成17年改正前商法は、取締役の引受担保責任(平成17年改正前商法280条ノ13、会社設立時の同趣旨の規定として、同法192条)を定めていたが、会社法では削除された。また、同様に発起設立や新株発行に際し払込金保管証明制度が廃止されたため、会社が経営者の関係者等に第三者割当てによる新株発行を行い、新株の払込金を払込取扱銀行の預金口座に入金記帳して発行済株式に係る変更登記(会社法911条3項9号、915条1項・2項)を行い、その旨を東京証券取引所のTDnet(適時開示情報伝達システム)で公表後ただちに払込金を引き出し、当該新株を市場で売却して利益を得るといった不公正ファイナンスが横行し問題となっていた(岩原・要綱案解説〔Ⅱ〕10頁)。

旧法では上記引受担保責任があることを理由に、見せ金による払込みがなされた場合であっても、株式発行の効力自体は影響を受けず有効と解されていた(最判平成9年1月28日民集51巻1号71頁参照)ため、同規定がなくなった会社法の下では、仮装払込みによって株式が発行された場合の株式発行の効力については必ずしも明らかでなかったといえる。仮にその効力を有効と解すれば、募集株式の発行等がなされたにもかかわらず仮装払込みによりその価値に見合うだけの財産が拠出されていないことになり[14]、他方、無効と解しても、当該株式がいったん市場を通じて流通してしまえば無効株式として特定することは困難であり、仮装払込みによって当該株式を引き受けた者は払い込むべき金額との差額を事実上利得し、その負担は既存株主に転嫁されることになる。部会では、このような既存株主から仮装払込みによる引受人への価値の移転に対し、改正前の会社法において十分な救済はないと考えられたため(戸嶋=園田・前掲「資金調達に関する規律の見直し」36頁)、仮装払込みに関与した引受人および取締役の責任を見直すこととした。すなわち、①仮装払込みにより募集株式を引き受けた者については、払込期日または払込期間経過後も払込みの義務を負うこと、および、当該義務については、責任追及等の訴え(847条1項)の対象と

---

13) 改正規定は、施行日前に株式の併合の決議をするための株主総会の招集手続が開始された場合における当該株式の併合については、適用されない(改正附則11条)。
14) 本文に後述するように、仮装払込みを無効と解すると仮装払込みをした引受人は失権するので、そもそも当該仮装払込みによる引受人の失権株式の帰属が不明となる。

すること、ならびに、②仮装払込みに関与した取締役または執行役について、会社に対し、連帯して仮装した払込金額に相当する額を支払う義務を負うこととし、当該責任は、仮装をした取締役または執行役を除き、過失責任とすること、であった。

①については、次のような考慮がなされた。すなわち、仮装払込みの払込みとしての効力は否定されるとの見解[15]をとった場合、会社法上は出資の履行がなされなかったものとして、仮装払込みによって株式を引き受けた引受人は引き受けた株式について失権し（208条5項）、払込期日または払込期間を経過してしまえば払込義務も免れうるものと解される。しかしながら、募集株式発行等の効力は否定されない、あるいは否定されたとしても上述のように事実上既存株主から引受人への価値の移転が起こりうる場合があるため、払込期日または払込期間経過後も引続き引受人に払込義務を負わせることとしたものである。②については、次のような考慮に基づく。すなわち、まず、仮装払込みに関与した取締役や執行役は、仮装払込みによる募集株式の発行等に責任を負うべきである。このような責任規定には予防効果も期待されよう。また、引受人が仮装払込みにおける払込義務を果たしえない事情を抱えている場合も想定されうる（中間補足26頁）。

もっとも、取締役や執行役の支払義務は、平成17年改正前商法下の引受担保責任とは異なり、仮装払込みに関与したことへの帰責性に基づく特別の法定責任として、仮装払込みの金額に相当する額を支払わせるものである。

募集株式の払込みが仮装された場合には、払込金額の払込みまたは給付を仮装した引受人は、原則として払込金額の全額を支払う義務を負う（213条の2）。この義務は総株主の同意により免除されうる（同条2項）。さらに、仮装に関与した取締役等も同様の支払義務を負うものとされている（213条の3）。取締役等は職務を怠らなかったことを証明することによって免責されうるが、自ら仮

---

15) 最判昭和38年12月6日民集17巻12号1633頁（会社設立の際の仮装払込みに関する事例）。学説上は、見せ金についても、株式の払込みが他人からの借入金によってなされることや会社成立後ほどなくして代表取締役等が払込金を引き出すことは通常ありうることであり、一応金員の移動による現実の払込みがなされているのであるから、原則として有効であって、発起人らに最初から払込みの意思がなく、設立手続全体が脱法行為と認められる場合に限って無効となるという見解もある（石井照久=鴻常夫『会社法（第1巻）』（勁草書房、1977年）123頁、田中誠二『三全訂会社法詳論（上）』（勁草書房、1994年）245～246頁など）。

装を行った取締役等は免責されない（同条1項但書）。これらの義務が履行されるまでの間、募集株式の引受人および当該募集株式の悪意・重過失の譲受人は、出資の履行を仮装した募集株式について株主の権利を行使することができない（209条2項・3項）。もっとも、新株発行不存在と評価されるような仮装払込み（東京高判平成22年9月29日判例集未登載（弥永真生「判批」ジュリスト1413号（2010年）54頁））には、これらの規定は対応しないというのが部会の意思のようである（議事録21回〔平24.6.13〕46頁〔岩原委員長発言、藤田幹事発言、坂本幹事発言〕）。同様の規律は、新株予約権の払込み等に関しても設けられており、新株予約権を行使した新株予約権者または当該新株予約権の悪意・重過失の譲受人において新株予約権引受けまたはその行使に係る払込みまたは給付に仮装があった場合が対象となる（286条の2、286条の3、なお、かかる新株予約権者または譲受人の権利行使制限につき、282条）[16]。

③ 新株予約権の無償割当てに関する割当通知

　試案では、新株予約権無償割当てに関する株主および登録株式質権者への割当通知（279条2項）は、新株予約権無償割当てがその効力を生ずる日後遅滞なく、かつ、新株予約権の行使期間の末日の2週間前までにしなければならないものとする、とされていた（中間試案第1部第3-4）。近時、新株予約権の無償割当てを用いた資金調達（ライツ・オファリング）を完了するのに必要な期間を短縮するために、割当通知の在り方を見直すべきとの指摘がなされていた（西村高等法務研究所編『会社法制の見直しの視点』（商事法務、2012年）186頁以下）。ライツ・オファリングにおいては、発行から権利行使期間満了日までの期間が長いほど、株価変動のリスクにさらされる危険性が高くなり、資金調達に支障を来す可能性があるからである。試案が「効力発生日後遅滞なく」としているのは、割当通知の株主および登録株式質権者への周知機能の重要性に鑑みたものであるが、他方、改正前279条2項が定めていた「権利行使期間の初日の2週間前まで」を「新株予約権の行使期間の末日の2週間前まで」に変更している

---

16) 改正規定は、施行日前に認証を受けた定款に係る株式会社の設立に際して発行する株式、施行日前に募集事項の決定があった募集株式・募集新株予約権または施行日前に発行された募集新株予約権以外の新株予約権については、適用されない（改正附則6条、12条、13条）。

のは、新株予約権行使の準備をする時間的余裕を与えるという通知のもう一つの側面に、よりふさわしい時点設定をしたものである（中間補足27頁）。要綱では試案が採用され、さらに改正では要綱を採用しつつ行使期間の末日が通知の日から２週間経過日前に到来するときに配慮し、その場合には行使期間を延長する旨を明文化した（279条3項）[17]。

4 子会社に関する意思決定への親会社株主の関与

部会では子会社が組織再編や第三者割当増資による募集株式の発行等を行う場合等の一定の意思決定をする場合にも親会社株主の保護の観点から親会社の株主総会を通じた意思決定への関与が必要なのかどうかの議論もなされたようである。これに対しては、子会社の株主総会における親会社による議決権行使等に問題があれば親会社株主は親会社の取締役の責任を追及することができること、また、子会社の重要な意思決定に親会社の株主総会の承認を受けることとすると、経営の機動性を阻害しうること、などの反対論があり早い段階から見送られたようである（中間補足36～37頁）。むろん、子会社の意思決定いかんでは親会社が損害を被ることもありうるので、親会社株主は子会社の意思決定に利害関係を有しないではないが（だからこそ今般の改正では後述する多重代表訴訟制度などに目が向けられたのではあるが）、そもそも別法人である親会社の株主であって当該会社の株主でない者がその意思決定に関わりうる正当性や理論的根拠などを詰める必要はあろう。

II 支配株主の異動を伴う募集株式の発行等

1．改正法の枠組み

1 支配株主の異動を伴う募集株式の発行等

改正法206条の2は、その第1項において、公開会社に対し、特定引受人が

---

[17] 改正条文は、施行日前に新株予約権無償割当てに関する事項の決定があった場合における当該新株予約権無償割当てについては、適用されない（改正附則14条）。

当該公開会社の親会社等である場合または株主に株式の割当てを受ける権利を与えた場合（202条参照）を除き、②「募集株式の引受人の全員が株主となった場合の総議決権数」に対し、①「特定引受人が、その子会社等が有することとなる分をも含め、その引き受けた募集株式の株主となった場合に有することとなる議決権数」の割合が2分の1を超える場合には、当該募集株式の払込期日または払込期間の初日の2週間前までに、当該特定引受人の氏名または名称、および住所、当該特定引受人についての①の数その他法務省令（施行規則42条の2第1号〜7号）で定める事項を株主に対し通知しなければならない旨を規定している。当該通知は、公告をもって代えることができる（206条の2第2項）。上記の株主に対し通知すべき事項を含む有価証券届出書を払込期日または払込期間の初日の2週間前までに提出した会社その他法務省令で定める事由（施行規則42条の3）を有する会社については、かかる通知義務は免除される。以上が支配権異動を伴う第三者割当増資に関する株主に対する情報開示の側面での改正である。

次に、議決権を行使することができる株主の議決権の10分の1以上の議決権を有する株主が上記の通知または公告の日から2週間以内に特定引受人およびその子会社等による募集株式の引受けに反対する旨を会社に対し通知したときは、当該会社は、上記の期日（払込期日または払込期間の初日）の前日までに、株主総会の決議によって、当該特定引受人に対する募集株式の割当てまたは当該特定引受人との間の総数引受契約（205条1項）の承認を受けなければならない（206条の2第4項）。反対の通知の行使に係る議決権基準である総株主の議決権の10分の1は、定款でもってそれを下回る割合とすることもできる。また、上記の株主総会の決議は普通決議で足りるが、役員の選任決議と同様の定足数要件が定められており、議決権を行使することができる株主の議決権の3分の1以上の出席を要する。決議要件である出席議決権の過半数の賛成は、他の決議要件と同様に、定款でもってそれを上回る割合を定めることができる（同条5項）。

株主総会の決議は原則として同条4項に定める資格を有する株主が反対した場合には必要となるが、当該会社の財産の状況が著しく悪化している場合において、当該会社の事業の継続のため緊急の必要があるときは、例外的に不要、すなわち、取締役会の決議のみで募集株式の発行等を進めることができる。

2 支配株主の異動を伴う募集新株予約権の割当て等

　募集新株予約権の割当て等に関しても、ほぼ同様の規律が設けられている。すなわち、公開会社は、特定引受人が当該公開会社の親会社等である場合または株主に新株予約権の割当てを受ける権利を与えた場合（241条参照）を除き、募集新株予約権の割当てを受けた申込者または総数引受契約を締結した者（いずれもその子会社等を含む）（特定引受人）の引き受けた募集新株予約権に関して株式（交付株式）が交付された場合に①当該交付株式の最も多い議決権の数（新株予約権の割当ての段階では当該新株予約権が行使されるかどうかわからないので、行使の可能性の最大値を基準にしたものと思われる）が②当該交付株式に係る最も多い総株主の議決権の数の2分の1を超える場合には、割当日の2週間前までに、株主に対し、当該特定引受人の氏名または住所、当該特定引受人の①の数その他法務省令（施行規則55条の2）で定める事項を通知しなければならない（会社法244条の2第1項）。上記の交付株式とは、募集新株予約権の目的である株式、取得条項付新株予約権の取得対価として交付される当該会社の株式、その他法務省令（施行規則55条の3）で定められる株式をいう（会社法244条の2第2項）。上記の通知は公告でもって代替することができる（同条3項）。割当日の2週間前までに、上記の株主に対し通知すべき事項を含む有価証券届出書を提出している会社等一定の除外事由を有する会社にあっては、通知を要しない（同条4項）。

　議決権を行使することができる株主の議決権の10分の1を有する株主が上記の通知または公告の日から2週間以内に特定引受人の募集新株予約権の引受けに反対する旨の通知を会社に対し行ったときは、会社は割当日の前日までに、株主総会の決議によって当該募集新株予約権の割当てまたは当該特定引受人との総数引受契約の承認を受けなければならない（同条5項）。決議要件は、上記の支配株主の異動を伴う募集株式の発行等の場合と同様である（同条6項）。最後に、当該会社の財産の状況が著しく悪化している場合において、当該会社の事業の継続のため緊急の必要がある場合には株主総会決議を要しないとされているのも、上記の募集株式の発行等の場合と同じである（同条5項但書）。

3 実務的な問題

　それほど頻繁にあるわけではないであろうが、上場会社等株主数の多い会社

が支配株主の異動を伴う第三者割当増資を行おうとすると、株主の反対に備えて、株主総会開催へスムーズに移行できるように、通知または公告の日と払込期日または期間の間を相当期間あける（慎重を期すのであれば、株主総会の開催へとスムーズに移行できるよう取締役会における募集事項の決定と同時に株主総会のための基準日公告を行っておく）必要が出てくるかもしれない（石井裕介ほか座談会「会社法制の見直しの考え方」商事法務1978号（2012年）30頁）。

証券会社が公募増資に際して買取引受けを行う場合には、会社法206条の2第3項および244の2第4項の有価証券届出書を提出している場合かその他株主の保護に欠けるおそれがない場合にあたり、株主への通知は免除されるかもしれないが、総議決権の10分の1を有する株主が反対の通知をした場合には同様に株主総会の承認決議を要することとなる（204条の2第4項、244条の2第5項）。この点につき、部会では、公募の場合にも、支配権の異動に利用されないことが担保されているとまではいいがたく、また、規律を受けうる基準議決権が過半数と高めに設定されていることから公募実務を不当に阻害するとはいえないと考えられたようである（岩原・要綱案解説〔Ⅱ〕7頁）。

支配株主の異動を伴う募集株式等の発行で但書の場合に該当せず、株主からの反対の通知がなされたにもかかわらず株主総会決議がなされなければ、株主からの差止請求が可能である（210条1号）。したがって、株主総会決議が免除されうる「緊急の必要性」要件の充足は、裁判所において判断されることとなる（岩原・要綱案解説〔Ⅱ〕7頁）。

この場合の「緊急の必要性」の判断については、単に資金調達が緊急に必要というのみでは足りず、当該募集株式の発行等ができなければ、会社が破綻するおそれがきわめて高い場合をさすものとされ、上記した金融商品取引所の上場規程にいう「緊急性が極めて高い場合」の判断と本質的な差はないとされる（石井ほか・前掲座談会28頁）。もっとも、緊急の必要性を理由に会社が取締役会の判断のみで支配権異動を伴う募集株式等の発行手続を進めてしまい、株主が差止仮処分を求めるような場合には、会社は資金調達ができなければ倒産するおそれが高いことを示した疎明資料[18]を裁判所に提出する必要があろう（石井ほか・前掲座談会28頁）。

さらに、差止めがなされず、支配株主の異動を伴う募集株式の発行等がなされ効力が生じた場合に、かかる募集株式の発行等に関し株式の発行等に関する

無効の訴えの無効事由となりうるかどうかも問題となる（828条1項2号〜4号参照）（差止仮処分がなされたにもかかわらず募集株式の発行等がなされ効力が生じた場合には、株式の発行等に関する無効の訴えの無効事由となると考えられる（最判平成5年12月16日民集47巻10号5423頁参照））。

　まず、通知等の公示手続はなされていたものの株主総会の承認決議を欠く場合については、会社は「緊急の必要性」の主張・立証を行うこととなるが、かかる主張が認められない場合に無効事由と構成しうるかである。通知事項が所定の期間内に正しく株主に開示されていれば株主に差止めの機会が保障されていたとして無効事由とはならないという解釈も成り立ちえよう。他方、この支配株主の異動を伴う発行等に固有の問題も考慮に入れる必要がある。所定の通知等があったとしても、株主には当該発行等に総議決権の10分の1以上の反対があったか否かを制度上知らされる機会がないため差止事由の存在を通常は察知しえず、また、株主から反対の通知が払込期日や割当日に近接する時点でなされた場合には、事実上差止めの機会を逸することとなる。これらの点を考慮に入れるならば、たとえ会社によって通知等の手続が正しく履践されていたとしても、客観的緊急の必要性がないのに株主総会の決議を欠いた発行等は差止めの機会が確保されていないとして無効事由と構成すべきであろう。発行等会社は公開会社ではあるものの、このように解しても、特定引受人の手にとどまることの多い株式等について取引の安全を考慮する必要性はそれほど大きくないように思われる（久保田安彦「第三者割当て」商事法務2041号（2014年）29〜30頁。ただし、有価証券届出書提出会社に関する考察である）。

　通知等の公示手続を欠く場合には、仮に募集事項に関する通知または公告（201条3項・4項、240条2項・3項）はなされていたとしても、支配権の異動を伴う発行等であることまでは必ずしも株主に知らされないため、株主が反対の通知を行う機会を逸する可能性があり、そのことによって株主総会の決議がなされずに株式の発行等の効力が生じてしまった場合には無効事由として主張できると考えられる（最判平成9年1月28日民集51巻1号71頁参照）。公示された情報に虚偽がある場合も、同様に考えられる（久保田・前掲「第三者割当て」29頁）。

18）具体的には、会社代表者が作成した状況の説明書や会社の財務情報を示す資料等を裁判所に提出することとなると思われる（石井ほか・座談会「会社法制の見直しの考え方」28頁）。

III 発行可能株式総数

1. 公開会社ではない株式会社が公開会社となる場合

　公開会社ではない株式会社が定款を変更して公開会社となる場合には、当該定款の変更後の発行可能株式総数は、当該定款の変更が効力を生じた時における発行済株式の総数の4倍を超えることができない（113条3項2号）。

　発行可能株式総数とは、株式会社が発行することができる株式の総数のことである（37条1項）。設立時発行株式の総数は、設立しようとする株式会社が非公開会社である場合を除き、発行可能株式総数の4分の1を下ることができない（同条3項）。昭和25年商法改正は、資金調達の機動性を高めるため取締役会に新株発行の権限を与え、会社の発行予定株式数のうち設立時に発行されなかった株式は、会社が取締役会の決議を得ることにより随時発行できると規定したが（昭和25年改正商法166条2項）、これが会社法37条3項まで引き継がれた。設立時発行株式総数が発行予定株式数の4分の1を下回ってはならないとされていることは、会社は発行予定株式数のすべてを設立時に発行する必要はないが、株主保護の見地から取締役会に過大な新株発行の権限を与えないようにする歯止めの意味を有している（山下・コンメンタール<2-2>63頁〔鈴木千佳子〕）。この設立時の規制と平仄を合わせ、公開会社が定款を変更して発行可能株式総数を増加する場合においても、発行可能株式総数は発行済株式の4倍を超えてはならないと規定されている（以下、「4倍規制」という）（113条3項1号）。もっとも、平成13年商法改正以降、4倍規制は非公開会社には適用が除外されていた。非公開会社では募集株式の発行は株主総会の特別決議を要するため、取締役会が新株発行の権限を濫用するおそれが少ないと考えられたからである（山下・コンメンタール<3-1>179頁〔鈴木千佳子〕）。

　平成17年会社法の下では、発行済株式総数が発行可能株式総数の4分の1未満である非公開会社が定款変更により公開会社となる場合について、規制は何ら存在していなかった。立法者は発行済株式総数および発行可能株式総数に対して法的な規制はないとしていたが（相澤・立案解説27頁）、4倍規制の趣旨から、発行可能株式総数を発行済株式総数の4倍にまで減少させる定款変更を

する必要があるとの説が唱えられていた（前田雅弘「発行可能株式総数の定めと株主保護―四倍規制の再検討」川濱昇ほか編『企業法の課題と展望』（商事法務、2009年）52頁以下）。改正会社法は、定款変更により非公開会社から公開会社となった会社には、従前とは異なり、原則どおり4倍規制が適用されると規定した。既存株主の持株比率の低下の限界を画するという株主保護の見地から、4倍規制の制度趣旨を貫徹させるものであると解される。

発行可能株式総数は定款の絶対的記載事項である（37条1項・98条・113条1項）。非公開会社が定款を変更して公開会社となる場合、株主総会の特別決議により株式の譲渡制限の定めを廃止する定款変更をする必要がある（309条2項11号）。会社法改正以前において、発行済株式総数が発行可能株式総数の4分の1未満である非公開会社が定款変更により公開会社となる場合には、株式譲渡制限の定めを廃止する定款変更の決議に、発行可能株式総数を発行済株式総数の4倍まで減少させる旨の定款変更の決議が含まれると解するのが合理的であるとする見解があった（前田・前掲52頁以下）。

改正会社法は、株式併合をする場合、株式併合に係る株主総会の決議において定めた発行可能株式総数に従い、発行可能株式総数に係る定款変更をしたものとみなすと規定したが（182条2項。本節2.「株式の併合をする場合」参照）、公開会社ではない株式会社が公開会社となる場合には同様のみなし規定がない。ゆえに、株式譲渡制限の定めを廃止する定款変更の決議のほか、発行可能株式総数を発行済株式総数の4倍まで減少させる旨の定款変更の決議が必要になる。当該会社が種類株式発行会社である場合、種類株主の持株比率に影響しうるため、損害を被るおそれのある種類株主が存在するならば、種類株主総会の決議が必要になると解される。

発行可能株式総数は登記事項である（911条3項6号）。発行可能株式総数の変更は必ず登記する必要がある（915条1項、商業登記法61条）。

2. 株式の併合をする場合

株式会社は、株式の併合をしようとするときは、その都度、株主総会の決議によって、①併合の割合、②株式の併合の効力発生日、③株式会社が種類株式発行会社である場合には併合する株式の種類、④効力発生日における発行可能

株式総数を定めなければならない（180条2項）。効力発生日における発行可能株式総数は、効力発生日における発行済株式総数の4倍を超えることができない。ただし、株式会社が公開会社でない場合は、この限りでない（同条3項）。

　株主は、効力発生日に、その日の前日に有する株式（種類株式発行会社にあっては、会社法180条2項3号の種類の株式）の数に180条2項1号の併合の割合を乗じて得た数の株式の株主となる（182条1項）。株式の併合をした株式会社は、効力発生日に、180条2項4号に掲げる発行可能株式総数についての定めに従い、当該事項に係る定款の変更をしたものとみなす（同条2項）。

　株式併合により発行済株主総数は減少するが、平成17年会社法は、発行可能株式総数の変更に係る規定を置いていなかった。4倍規制は定款変更により発行可能株式総数が増加する場合を規律するものであり、減少する場合を規律するものではなかった。それゆえ、発行可能株式総数は、株主併合により変動しないと解されてきた（相澤・立案解説28頁）。たとえば発行済株式総数1000株、発行可能株式総数4000株の会社が株式2株を1株とする株式併合をした場合、発行済株式総数は500株となるが、発行可能株式総数は4000株のまま変動せず、発行可能株式総数が発行済株式総数の4倍を超えることになる。このように公開会社の取締役会ないし執行役が減少した発行済株式数500株について再び新株を発行する権限をもつことが可能となることは、4倍規制の意義を減じるとして問題とされていた（前田・前掲48頁以下）。そこで、改正会社法は株式併合をする場合は、株主総会の決議によって定めなければならない事項に効力発生日における発行可能株式総数を追加し、そのうえで、公開会社においては既存株主の持株比率の低下の限界を画するという要請から、原則どおり発行可能株式総数に係る4倍規制を適用すると規定した。

　株式併合をする場合、株主総会の特別決議が必要である（309条2項4号）。会社法改正以前において、たとえ明示的に発行可能株式総数を減少させる定款変更の決議がされないときであっても、4倍規制の趣旨を考慮すれば株式併合に係る株主総会の特別決議の中に、発行可能株式総数を株式併合の割合に応じて減少させる旨の定款変更決議が含まれると解するのが合理的であると唱える見解があった（前田・前掲49頁以下）。株式分割をする場合、株式分割後の発行済株式総数が現在の発行可能株式総数を超過するときは、株主総会の特別決議による定款変更が必要であるとすると手続が遅延する。そのため、現に2種類

以上の種類株式を発行している会社を除き、発行可能株式総数に分割比率を乗じて得た数の範囲内で、株主総会の決議によらず株式分割の効力発生日に発行可能株式総数を増加する定款変更が可能であると規定されている（184条2項）。この株式分割の規制と平仄を合わせ、株式併合の割合に応じて当然に発行可能株式総数が減少するものとすべきであるとの指摘である。

　しかし、株式分割をする会社が現に2以上の種類株式を発行している場合、発行可能株式総数を増加する定款変更は、既存株主の利害に関わるため、上記手続によってはできないこと（184条2項括弧書）、株式併合をする会社が現に2以上の種類株式を発行している場合、種類株主間の利害関係への影響等を考慮する必要があることから（議事録10回〔平25.2.23〕40頁〔内田関係官発言〕）、改正会社法は、株式併合の割合により自動的に発行可能株式総数が減少するとは規定せず、株主意思の確認を重視した。株式併合をする会社が種類株式発行会社である場合、株式の種類ごとに異なる取扱いをすることができるが、株式併合により損害を被るおそれのある種類株主があれば、種類株主総会の特別決議も必要になると解される（322条1項2号、324条2項4号）。

　株式併合の効力は、株主総会の決議により定めた効力発生日に生じる。株式併合により発行済株式総数は減少し（911条3項9号）、発行可能株式総数は株主総会の決議の内容に従い定款変更をしたものとみなされる。株式併合に係る株主総会の決議とは別に、発行可能株式総数の定款変更決議をする必要はない。

　株式併合をした会社は、株式併合による発行済株式総数の変更登記をするときに、株主総会の決議によって定めた発行可能株式総数に従い、発行可能株式総数の変更登記をする必要がある。しかし、株式併合に係る株主総会の決議において決せられた発行可能株式総数が株式併合前の発行可能株式総数と相違ない場合は、発行可能株式総数の変更登記は不要である。たとえば発行済株式総数2000株、発行可能株式総数3000株の会社が株式2株を1株とする株式併合をした場合、発行済株式総数は1000株となり、発行可能株式総数3000株は発行済株式総数の4倍を超えない。当該会社が株式併合に係る株主総会において効力発生日における発行可能株式総数を従前どおり3000株と定めた場合、発行可能株式総数に変更はないので発行可能株式総数に関する定款の定めは変更されず、変更登記をする必要はない。

3. 新設合併、新設分割、株式移転により株式会社を設立する場合

　設立しようとする会社が公開会社である場合、設立時発行株式の総数は発行可能株式総数の4分の1を下ることができないとする会社法37条3項の規定は、新設合併、新設分割、株式移転（以下「新設合併等」という）により新設合併設立株式会社、新設分割設立株式会社または株式移転設立完全親会社（以下「設立株式会社」という）の設立についても適用される（814条1項）。

　平成17年会社法の下では、新設合併等に37条3項の規定は適用されていなかった。新設合併等において、設立株式会社は設立登記によって成立する。新設合併等は、通常の株式会社の設立と異なり発起人は必要ではなく、設立株式会社の内容については、新設合併契約、新設分割計画、株式移転計画の中で多くが定められることとなるため、通常の設立に関する規定に戻る必要はないと解されていた（森本・コンメンタール<18>366頁以下）。それゆえ、新設合併等をする場合、設立株式会社が公開会社であっても発行可能株式総数を設立時株式総数の4倍を超えて定めることが可能であった。

　改正会社法は、新設合併等に37条3項を適用し、設立株式会社の設立に既存株主の持株比率の低下の限界を画するという4倍規制の制度趣旨を貫徹させた。

4. 株式消却

　株式会社は自己株式の消却をすることができる（178条1項）。平成17年改正前商法の下では、株式消却により減少した発行済株式数の部分について、株式を再発行することはできないと解するのが通説であった。学説上は、株式消却により発行可能株式総数は変更しないが、減少した発行済株式数の部分について再発行は認められないとしていた。登記実務も、学説と同様に株式の再発行を認めないが、株式消却により発行済株式数が減少した部分について当然に発行可能株式総数が減少するとして、株式消却の際には発行済株式総数の変更登記と併せて発行可能株式総数の変更登記も行うとの取扱いがされていた（昭和44年10月3日民事甲2028号民事局長回答）。登記実務の取扱いは、発行可能株式

総数と発行済株式総数の差が会社が新たに発行できる株式数でなくなることによる混乱を避ける趣旨であると解されている。平成17年会社法の下においても、株式消却をした場合は発行済株式総数が減少するが、発行可能株式総数は減少しないと解されていた。株主総会の決議を経ずに定款変更の効力が生ずる場合については明文の規定が設けられていることから、そのような規定のない株式消却の場合には、定款記載事項である発行可能株式総数は減少しないというのが根拠とされていた（山下・コンメンタール<4-2>137頁〔伊藤雄司〕）。立法者も、株式消却により発行済株式総数が発行可能株式総数の4倍を超えることがありうるが、それはかまわないと解していた（相澤・立案解説27頁）。

　改正会社法は株式消却について特に規定していないため、平成17年会社法の解釈が引き継がれることになる。株式消却により発行済株式総数は減少するが、発行可能株式総数は定款変更をしない限り変更されず、減少した発行済株式の部分につき未発行株式が再度増加すると解する学説も存在する。この説は、発行可能株式総数は会社が発行できる株式数の上限というより、既存株主の持株比率の低下の限界を画する定款の定めであるという（江頭・株式会社法267頁の注2、前田・前掲44頁以下）。株式消却により減少した発行済株式総数の部分について再発行が可能であるとする実質的な根拠としては、自己株式を消却しない場合にその自己株式を処分することが可能であることや、発行可能株式総数と発行済株式総数の差が新たに発行できる株式数でなくなることによる混乱を避けることがあげられている（山下・コンメンタール<4-2>138頁〔伊藤〕）。

　しかし、株式消却により発行可能株式総数が発行済株式総数の4倍を超えることになる場合において、減少した発行済株式数の部分について株式を再発行できると解するならば、既存株主の持株比率の低下の限界を画するという株主保護の見地による4倍規制の制度趣旨を貫徹させることができない。本改正会社法により規整された株式併合の場合と同様の問題が生じるが、株式消却について平仄が合わされていないことは、残された問題であると思われる。

IV 株主名簿等の閲覧等の請求の拒絶事由

1. 問題の所在および改正の経過

　株主名簿等の閲覧等の請求の拒絶事由に関する見直しは、今般の改正ではその他雑多な改正点の一つとして、比較的地味な存在であったといえる。

　平成17年改正前商法においては、株主名簿、新株予約権原簿、社債原簿、および端株原簿（端株制度が廃止されたことに伴い端株原簿は会社法上存在しない）について263条によって単に株主、会社の債権者、および親会社株主に閲覧謄写請求権が認められていたにすぎなかった。会社法は、これらの名簿類の閲覧謄写に関する規定を各定めるとともに（125条、252条、684条）、閲覧謄写請求に対する会社側の拒絶事由をそれぞれの規定内において定めた（125条3項、252条3項、684条2項参照）。実際に問題となることが多いと思われる株主名簿に関する改正前の規定である125条3項を振り返ると、①当該請求を行う株主または債権者（「請求者」）がその権利の確保または行使に関する調査以外の目的で請求を行ったとき（同条同項1号）、②請求者が当該株式会社の業務の遂行を妨げ、または株主の共同の利益を害する目的で請求を行ったとき（同条同項2号）、③請求者が当該株式会社の業務と実質的に競争関係にある事業を営み、またはこれに従事するものであるとき（同条同項3号）、④請求者が株主名簿の閲覧または謄写によって知りえた事実を利益を得て第三者に通報するため請求を行ったとき（同条同項4号）、および、⑤請求者が過去2年以内において、株主名簿の閲覧または謄写によって知りえた事実を利益を得て第三者に通報したことがあるものであるとき（同条同項5号）、と定められていた。会社法がこの形での拒絶事由の明文化に至った背景・理由等ははっきりしないものの[19]、少なくとも拒絶事由を創設することについては、実際にも、いわゆる名簿屋による名簿の入手等、請求者による経済的利益を得る目的等での利用や株主のプライバシー保護が現実の問題となっておりこれに対応する必要があったことが立案担当者によって示されており（相澤・立案解説31頁）、拒絶事由を明確化し

---

[19] 江頭憲治郎「会社法制の現代化に関する要綱案(5)」商事法務1725号（2005年）7頁においても、中間試案どおり拒絶事由を創設することに触れられているのみである。

できるだけ具体化することによって（中間補足61頁）、請求者側および会社側の請求の可否の判断に係る負担を軽減することにその趣旨があったと推察される。会計帳簿の閲覧謄写請求に対する拒絶事由と同様の事由[20]を規定することとなった理由はいずれにせよ不明である。会計帳簿と株主名簿等とで保護されるべき情報内容の相違等があることに配慮した拒絶事由の検討は会社法の立案の際にはほとんどなされなかったものと推察される。

　そのため、会社法下で生じた3号拒絶事由をめぐる会社と株主との株主名簿の閲覧謄写に関する攻防[21]を契機に学説も立証要件をめぐる解釈（会計帳簿の拒絶事由について従来提唱されていた学説の修正）[22]や削除の提言（若松亮「判批」判タ1279号（2008年）66頁、清水円香「判批」私法判例リマークス39号（2009年）89頁、荒谷裕子「株主名簿閲覧謄写請求権の拒絶事由をめぐる法的問題の考察」柴田和史＝野田博編『会社法の実践的課題』（法政大学現代法研究所叢書32、2011年）27頁、ほか）がなされていた。

　部会では、M＆Aや委任状合戦の際に通常請求者は請求先の会社と競争関係にあることが多く、かかる場合に3号によって請求が拒絶されうる制度は好ましくない（議事録8回〔平22.12.22〕29頁〔本渡委員発言〕）、日本の会社法が委任状勧誘制度に敵対的であるというメッセージを世界中の投資家に送っている（議事録8回30頁〔田中幹事発言〕）、等の3号存続への反対理由が述べられ、さらに、3号のみならず、1号および2号を含めた拒絶事由の見直しも提起された。すなわち、3号の削除を前提としつつ各号の関係を明確化し、1号・2号を1つに統合し、4号・5号が1号の例示であることを文言化する（議事録8回30頁〔前田委員発言〕）、1号・2号は拒絶事由が明文化されていなかった時代の判例上の拒絶事由（濫用的申請）を必ずしも適切に文言化したものとはいえず廃止も視

---

[20] 立法当初から「コピー・アンド・ペースト」との表現でもって厳しく批判されてきた（たとえば、稲葉威雄『会社法の解明』（中央経済社、2010年）328頁）。
[21] 裁判例・決定例として、テーオーシー事件決定（東京地決平成19年6月15日資料版商事法務280号220頁）、日本ハウズイング事件（東京地決平成20年5月15日金判1295号36頁、東京高決平成20年6月12日金判1295号12頁）、大盛工業事件（東京地決平成22年7月20日金判1348号14頁）、ビルド事件（東京地判平成22年12月3日判タ1373号231頁）、アコーディア・ゴルフ事件（東京地決平成24年12月21日金判1408号52頁）。このうち、株主の閲覧謄写が認められたものとして、日本ハウズイング事件（高決）、大盛工業事件、ビルド事件、および、アコーディア・ゴルフ事件。
[22] 3号に関して主観的要件必要説をとり、会社法125条3項1号・2号拒絶事由と同じく会社側に立証責任を負わせることで調整を図ることも考えられたところである。

野に入れる、また、会計帳簿閲覧謄写請求の際の拒絶事由とほぼ同一の文言になっているため裁判所の解釈が会計帳簿に関する要件の解釈に引きずられる危険がある（議事録8回30頁～31頁〔藤田幹事発言〕）、あるいは、裁判所が要件該当性を判断するに際して拒絶事由の外延が明確になるような要件構成に変更すべきである（議事録8回31頁〔野村幹事発言〕）、等の意見が表明されていた。他方、経済界からは、3号の削除も含め、主に、自己の資本政策に関する情報が明らかにされる会社側の不利益、および、個人情報が含まれる株主名簿等の管理や閲覧謄写請求権への対応に係るコスト負担の面から、株主名簿等の閲覧謄写請求に関する拒絶事由の見直しには反対の旨が表明された（議事録8回31頁～32頁〔八丁地委員発言〕）。

　以上の部会での議論を踏まえ、試案では、株主名簿および新株予約権原簿の閲覧等の請求の拒絶事由のうち、「請求者が当該株式会社の業務と実質的に競争関係にある事業を営み、又はこれに従事するものであるとき」(125条3項3号および252条3項3号) を削除するものとし（ちなみに、社債原簿の閲覧謄写請求に対する拒絶事由には競争関係を理由とするものは含まれていない（684条3項参照））[23]、さらに会社法125条3項1号および2号ならびに252条3項1号および2号の文言の見直しを引続き検討することとしていた。パブリック・コメントおよび個別の意見照会においても、3号拒絶事由の削除に賛成するものが多数であり（坂本ほか・分析〔下〕47頁）、部会においても3号の削除の方針が固まるのは早かった[24]。他方、1号および2号の拒絶事由の文言を見直すべきかについては、パブリック・コメントおよび個別の意見照会では反対が多数であったことから[25]、議論があったようである。1号および2号拒絶事由の文言見直しへの反対理由としては、株主名簿の閲覧等の請求が権利濫用にわたるものであってはならないことを規定したものであって見直しの必要は認められない、あるいは、当該

23）部会で実質的な議論がなされたのは、第8回（〔平22.12.22〕議事録29～32頁）、第13回（〔平23.9.28〕議事録1～4頁）、第20回（〔平24.5.16〕議事録16～18頁）の3回のみのようである。なお、議事録15回〔平23.11.16〕25頁、22回〔平24.7.4〕29頁、23回〔平24.7.18〕19頁では、株主名簿等の閲覧請求の拒絶事由のうち3号を削除することについてはとくに異論がないことが記されているのみである。

24）ただし、部会では、引続き、経済界を中心に、3号を削除することによって、閲覧謄写請求がなされた場合にそれを拒絶しうるかどうかの判断に係る会社の負担が増大するとの懸念も表明されていた（議事録13回〔平23.9.28〕1頁）。

25）3号の削除については、もっぱら経済界が反対するのみであったが、1号および2号の見直しについては、学界の意見も分かれた。坂本ほか・分析〔下〕47頁。

各号の文言を見直すことによって閲覧等の請求を拒絶しうるかどうかの判断に係る会社の負担が増大する、というものなどがあった（坂本ほか・分析〔下〕47頁）。1号および2号を存置することにつき部会では、過去の判例（後述参照）に照らすと、1号の「株主又は債権者が……その権利の確保又は行使に関する調査以外の目的……」の株主の権利が会社法に裏付けられた株主の権利と狭く解釈され1号拒絶事由該当性が広く及ぶことになりはしないかという懸念が示された（議事録20回〔平24.5.16〕16～17頁〔荒谷委員・藤田幹事発言〕）。つまり、3号拒絶事由が削除されたとしても、1号の「株主の権利」を厳格に解釈する限り同号によって株主の閲覧謄写請求権行使が会社から拒否されることになりはしないかということである。

2. 1号・2号拒絶事由の拡大解釈のおそれ

部会の議論で懸念が表明された上記1号拒絶事由における「株主の権利」の解釈に関して、フタバ産業事件およびアコーディア・ゴルフ事件を簡単に紹介しておくこととしたい[26]。

1 フタバ産業事件

■事案概要

上場会社であるフタバ産業（以下「Y」という）は、平成16年6月29日以降有価証券報告書に虚偽記載を行い、金融庁から金融商品取引法（以下「金商法」という）172条の2第1項または第2項違反に基づく課徴金納付命令を受けた。同社株主であるXはそれ以前に市場を通じてYの株式を取得し、同命令後Yの株主名簿の閲覧謄写を求めた。Yは、XがYに対する権利行使に限定して利用し第三者に開示漏洩しない旨の誓約書を提出することを条件に閲覧・謄写請求に応じる旨の回答をしたが、Xは誓約書を提出しなかったため、閲覧・謄写

---

[26] 拒絶事由が定められていなかった平成17年会社法改正前にも一般的な権利濫用論により、株主の閲覧謄写請求権の行使を認めなかった事例が少なからず存在する。たとえば、古河電気工業事件（東京地判昭和62年7月14日判時1242号118頁、東京高判昭和62年11月30日高民集40巻3号210頁）、長崎相互銀行事件（長崎地判昭和63年6月28日判時1298号145頁）、リクルートコスモス事件（東京高決平成元年7月19日判時1321号156頁）、愛知銀行事件（最判平成2年4月17日判タ754号139頁）。原告株主の請求が認容された事例として、山形交通事件（山形地判昭和62年2月3日判時1233号141頁）。

請求を拒否した。Xは「金商法上の損害賠償請求訴訟の原告を募る目的」などを掲げ、Yを債務者としてYの株主名簿の閲覧謄写を求める仮処分を申し立てた。

■決定要旨

原々審（名古屋地岡崎支決平成22年3月29日資料版商事法務316号209頁）は、金商法上の損害賠償請求権について「同損害賠償請求権は債権者個人の権利であり単独で行使することが可能であり、原告を募って集団訴訟とすることは必要とされておらず、この点で、賛同者を募ることが権利実現のために不可欠な場合とは決定的に異なる。そうであるとすれば、集団訴訟の原告を募集する目的で株主名簿を謄写することは、会社法125条3項1号のいう株主の権利の確保又は行使に関する調査以外の目的に当たると解すべきである。」として、Xの申立てを却下した。原審（名古屋高決平成22年6月17日資料版商事法務316号198頁）も結論においてはXの申立てを却下したが、「金商法で認められている損害賠償請求権は、虚偽記載のある有価証券報告書等重要書類の記載を信じて有価証券を取得した投資家を保護するため、それが虚偽であることによって被った損害を賠償するために認められた権利であって、当該権利を行使するためには現に株主である必要はないのに対し、株主の株主名簿閲覧等請求権は、株主を保護するために、株主として有する権利を適切に行使するために認められたものであり、権利の行使には株主であることが当然の前提となるものであって、金商法上の損害賠償請求とはその制度趣旨を異にするものである。したがって、金商法上の損害賠償請求権を行使するための調査は、会社法125条3項1号の『株主の権利の確保又は行使に関する調査』には該当しないというべきである。」として、原々決定とは異なり、株主の権利を文字どおり株主の資格に基づいて取得・行使される権利と解釈した。Xは最高裁に特別抗告および許可抗告を申し立てたが、最高裁（最決平成22年9月14日資料版商事法務321号58頁）も高裁の判断を支持してXの各抗告を棄却した。

2 アコーディア・ゴルフ事件

■事案概要

Xは、ゴルフ場等の運営等を目的とする株式会社アコーディア・ゴルフ（以下「Y」という）の株式1株を保有し、同じく、ゴルフ場等の運営等を行う外国会社Aの株式・持分を直接・間接に保有することによりAの事業活動を支配・

管理していた。平成24年11月16日、Xは、Yの普通株式について公開買付けを開始したが、Yは本件公開買付けに反対意見を表明した。Xは、平成24年12月5日、Yに対し公開買付勧誘目的と委任状勧誘目的を示したうえで、同年同月7日14時を回答期限としてYの株主名簿の閲覧謄写を請求したが、Yは回答をしなかった。そこで、XはYを債務者として、Yの株主名簿の閲覧謄写を求める仮処分を申し立てた。

■決定要旨

　3号拒絶事由および1号・2号拒絶事由のいずれにもあたらない旨が示されたが、ここでは後者について引用するに留める。まず、1号拒絶事由について、「ア　公開買付勧誘目的について　株式会社の最高の意思決定機関である株主総会において議決権を行使することにより、会社の運営・管理上の意思決定に参加し、あるいはその経営に影響力を行使することは、株主の有する権利の本質的要素であるところ、株主総会における多数決原理が妥当する株式会社においては、自己が保有する株式数を増加させ、株主総会における発言権を強化することは、上記のような株主の権利の確保又は行使の実効性を高めるための最も有力な方法といえる。かかる観点からすると、株主が他の株主から株式を譲り受けることは、株主の権利の確保又は行使と密接な関連を有するものといえ、このような株式譲受けの目的で現在の株主が誰であるかを確認することは『株主の権利の確保又は行使に関する調査』に該当する。そして、この理は、本件のように上場会社を対象会社とする公開買付けの場合も異ならないというべきである。」、「イ　委任状勧誘目的について　株主が株主総会において議案を提出したり、議決権を行使することは株主権の行使にほかならないところ、議決権の代理行使を勧誘するなど、自己に賛同する同志を募る目的で株主名簿の閲覧謄写の請求をすることは、株主の権利の確保又は行使に関する調査の目的で行うものと評価すべきである。」とされ、また、2号拒絶事由については、Xが本件株主名簿の記載情報を毀損目的に利用するおそれがあるとのYの疎明がないとの理由でその該当性を否定した。

3. 改正の評価と実務への影響

　結局、会社法125条1項1号および2号の見直しについては、既存の文言に

代わる適切な文言を見出すことが困難であるとして見送られ、今般の改正では3号を削除するにとどまった（岩原・要綱案解説〔Ⅵ〕9頁）。上記2件の決定例は、問題となっている権利の性質が異なるため同列に検討しうるか疑問がないわけではないが、フタバ産業事件の高裁や最高裁の判断が、株主の権利を字義通り解していることに照らせば、部会で提起された、1号事由の拡大解釈により、会社の拒絶が幅広く認められる危険も理解できないわけではない。株主等会社利害関係者による会社情報の収集は、彼らと経営者との情報格差を是正しその権利行使の実質化へと至る必要的手段である。今般の改正で会社の帳簿や書類等に含まれる情報の性質に応じて拒絶事由の検討が始まったのは進展であろう。また、株主名簿等に関する拒絶事由の見直しを契機として会計帳簿等の拒絶事由の整理（たとえば、1号と2号との整理統合や1号・2号と3号ないし5号との関係性の明確化）なども検討されてよい。

　株主名簿等の閲覧等に関する3号が削除されたことにより、M＆Aのデュー・ディリジェンス等の目的で閲覧謄写が請求される場合、請求者が実質的競争関係にあることを客観的に示す事実のみでもって開示が拒否される可能性はほとんどなくなり、今後は1号ないし2号をめぐる攻防へと争点が移っていくこととなろう。保護すべきは、氏名・名称に加え住所や保有株式数等から推測される当該株主の資産状況などが開示されることにより不利益を被りうる個々の株主である。その保護は今後の拒絶事由の見直しによって一層強く図られるべきであろう。会社は自己（経営者）の都合ではなく、かかる株主の不利益に配慮した閲覧謄写請求への対応こそを考えるべきである。いわゆる名簿屋等へは3号・4号により対応できるものと思われるが、情報の売買目的ではない場合に1号・2号に依拠して請求を拒否するときには、請求理由（125条2項柱書参照）に鑑みた請求者の利益と開示される個々の株主の不利益とのバランスを考慮した対応が求められる[27]。

---

27) 本改正には経過措置が設けられていないため、施行日後は、施行日前になされた閲覧謄写請求にも改正規定が適用され、競業請求者の請求を旧3号に基づいて拒絶することはできなくなる。

V　仮装払込みによる募集株式の発行等

1. 出資の履行を仮装した募集株式の引受人の責任

　募集株式の引受人は、会社法208条1項の規定による募集株式の出資に係る払込金額の払込みを仮装した場合には、株式会社に対し払込金額全額の支払いをする義務を負う（213条の2第1項1号）。また、募集株式の引受人は、会社法208条2項の規定による現物出資財産の給付を仮装した場合には、株式会社に対し現物出資財産の給付をする義務を負い、株式会社がこれに代えて当該現物出資財産の価額に相当する金銭の支払いを請求した場合は、当該金銭全額の支払いをする義務を負う（同項2号）。この規定により募集株式の引受人の負う義務は、総株主の同意がなければ免除することができない（同条2項）。

　出資の履行払込みの仮装方法には、「預合い」および「見せ金」がある。「預合い」とは、会社設立の際に、発起人が払込取扱場所に指定された銀行または信託会社等と通謀し、発起人がそれら払込取扱金融機関から払込金額相当額の金銭を借り入れ、同人がその借入れを預金に振り替えて払込みにあてるが、この借入れを弁済するまでは払込金額の返済を要求しないことをいう。「見せ金」とは、会社設立の際については、発起人が払込取扱金融機関以外から払込金額相当額の金銭を借り入れ、同人がその借入れを株式の払込みにあて、会社の成立後にそれを引き出して借入金の弁済にあてることをいう。預合いは払込金の自由な利用を阻害し、資本充実の原則に反することから、無効と解され、会社法上の罰則が存在する（本節6.「刑事罰との関係」参照）。出資の履行（208条）の仮装方法として、預合いに関する法規制の潜脱である見せ金が多く用いられてきた。

　仮装払込みによって発行等がされた株式が実体法上有効か否かについて、明文の規定はない。判例上、仮装払込みは払込みとしての効力を有しないと解されている（本節4.「設立時発行株式についての出資の履行等が仮装された場合の規律」参照）。無効であるとすれば、仮装払込みをした引受人から当該株式を譲り受けた者には善意取得による保護が及ばず、当該譲受人が害されることになる。逆に有効であるとすれば、募集株式の引受人が払込金額全額の支払い、現物出

資財産の給付、またはそれに代わる金銭の支払いをしていないため株式の価値に見合う財産の拠出がされていないにもかかわらず、外観上は出資の履行がされたものとして取り扱われることから、既存株主から仮装払込みをした者へ不当な価値の移転が生じる。

平成17年改正前商法の下では、有効な払込みがなされていないにもかかわらず新株発行の変更登記がされた場合には、新株発行時の取締役はこれを引き受けたものとみなされ、引受担保責任を負うと規定されていた（旧商法280条ノ13第1項、商法特例法21条の36第2項）。この規定は、取締役が所定の手続を経ることなく株式を引き受けることができるのは適切ではないと考えられたこと（中間補足25頁）、募集株式の数の全部につき、実際に引き受けられずもしくは払い込まれなかった部分は失権し、実際に払い込まれた額が資本金となるため資本充実原則に反しないと考えられたことから（行澤一人「仮装払込と資本充実原則」法学教室390号（2012年）102頁）、平成17年の会社法制定時に削除された。失権株式につき新株発行の変更登記がされると、当該登記は虚偽登記となる。虚偽登記をした取締役が株式を引き受けたとみなされるのは、合理的ではないと考えられたのである。平成17年会社法は、適正な払込手続を経ていない株式に関する法律関係を事後的に検討する余地を排除した。

しかし、平成17年改正前商法の下での仮装払込みに関する判例が、「いわゆる見せ金による払込みがされた場合など新株の引受けがあったものとはいえない場合であっても、取締役が共同してこれを引き受けたものとみなされるから……、新株発行が無効となるものではなく……新株発行の無効原因とならない」（最判平成9年1月28日民集51巻1号71頁）と示していたにもかかわらず、平成17年会社法が募集株式の発行等の場面における取締役の引受担保責任を廃止したことにより、仮装払込みにより発行等がされた株式が実体法上有効であるか問題となっていた（吉本健一「株式払込みの無効と当該株式の効力」永井和之ほか編『会社法学の省察』（中央経済社、2012年）154頁以下）。さらに、募集株式の発行等につき仮装払込みを行い、交付を受けた株式を市場で売却するといった事例など、新興市場の上場会社の募集株式の発行等につき「見せ金」が頻発していた。それゆえ、改正会社法では、規制の再強化を目的に関係者の責任規定が整備された（江頭・株式会社法754頁の注5）。

仮装払込みをした引受人は、既存株主から受けた価値の移転を返還すべき立

場にある。改正会社法は、仮装払込みをした引受人に払込金額全額の支払い、現物出資財産の給付またはそれに代わる金銭の支払いをさせ、会社に資金を確保することにより、仮装払込みの瑕疵が治癒すると規定した。株式会社の選択により現物出資財産の価額に相当する金銭の支払いを請求できるとしたことは、いったん現物出資の給付が仮装された場合には、株式会社として当該現物出資財産の給付ではなく拠出されるはずであった価値の金銭による補償を望む場合もあり、それを認めることが不当に移転を受けた価値の返還という目的との関係でも合理的であると考えられたことによる（坂本ほか・平26改正解説〔Ⅳ〕8頁以下）。

　募集株式の引受人は、仮装払込みに係る支払いまたは給付の義務を履行した後は、株主の権利を行使することができる（本節**3.**「出資の履行を仮装した募集株式の引受人による株主の権利の行使」参照）。仮装払込みをした引受人は、払込期日（払込期間）の経過後であっても、払込みをすることにより株主としての地位を獲得すると考えられる。仮装払込みをした引受人から募集株式を譲り受けた者は、当該募集株式についての株主の権利を行使することができる（209条3項）。仮装払込みをした引受人が株主となるまでの間の法律関係について明文の規定は存在せず、今後の解釈に委ねられている（岩原・要綱案解説〔Ⅱ〕11頁）。

　出資の履行を仮装した募集株式の引受人の負う義務は、取締役や執行役（以下、「取締役等」という）の業務執行者ではなく総株主の同意をもってしか免除することができない。これは、募集株式の引受人と取締役等との馴れ合いにより引受人の義務が免除され、他の株主の利益が害されることがないようにするためである（岩原・要綱案解説〔Ⅱ〕11頁）。募集株式等に係る仮装払込みは、取締役等が主導して行われうる。そのため、取締役等が仮装払込みをした引受人の責任を追及しない場合に備え、株主は出資の履行責任を追及する株主代表訴訟を提起することができると規定されている（847条1項）（坂本ほか・平26改正解説〔Ⅳ〕9頁）。

2. 出資の履行を仮装した場合の取締役等の責任

　募集株式の引受人が出資の履行を仮装することに関与した取締役（指名委員会等設置会社にあっては、執行役を含む）として法務省令で定める者（施行規則46

条の2）は、株式会社に対し、払込金額全額の支払い、現物出資財産の給付に代わる金銭の支払いをする義務を負う。ただし、その者（当該出資の履行を仮装したものを除く）がその職務を行うについて注意を怠らなかったことを証明した場合は、この限りではない（213条の3第1項）。募集株式の引受人が払込金額全額の支払いまたは現物出資財産の給付に代わる金銭の支払いをする義務を負う場合において、取締役等が当該義務を負うときは、これらの者は、連帯債務者とする（同条2項）。

　平成17年改正前商法の下での仮装払込みに関与した取締役の引受担保責任は、取締役が所定の手続を経ることなく株式を引き受けることができるのは適切ではないと考えられたこと等から、会社法制定時に廃止された。平成17年会社法の下では、仮装払込みに関与した取締役等の責任は、仮装払込みによる新株発行の登記が虚偽登記に該当することを根拠として、取締役等の第三者に対する損害賠償責任（429条）もしくは刑事責任の追及により対処すると考えられていた（相澤・立案解説59頁の注9参照）。もっとも、取締役等は仮装払込みを抑止する措置を講じ、募集株式に係る資金を確保できない状況を回避する必要があり、仮装払込みに関与した取締役等は特別の法定責任を負う立場にある。それゆえ、改正会社法は、仮装払込みを行った引受人に払込義務を負わせるとともに、仮装払込みに関与した取締役等にも、払込金額の全額の支払い、現物出資財産の給付もしくは当該現物出資財産の価額に相当する金銭の支払いについて欠損塡補をする義務を負わせることを規定した。

　仮装払込みを行った引受人と仮装払込みに関与した取締役等は連帯債務者となる。仮装払込みに関与した取締役等が負う引受担保責任は、「その職務を行うについて注意を怠らなかったこと」を証明したときは引受担保責任を免れる。仮装払込みに関与しただけでなく、自らが仮装払込みをした取締役等は、免責されない。出資の履行を仮装した引受人の支払義務は、総株主の同意があれば免除することができるが、仮装に関与した取締役等の責任については、免除を制限する規定は置かれていない（江頭・株式会社法754頁の注5）。この取締役等が負う義務は、株主代表訴訟による責任追及の対象となる。

3. 出資の履行を仮装した募集株式の引受人による株主の権利の行使

　募集株式の引受人は、出資の履行を仮装した場合には、払込金額全額の支払い、現物出資財産の給付もしくはそれに代わる金銭の支払いをした後、または出資の履行を仮装することに関与した取締役等が払込金額全額の支払いまたは現物出資財産の給付に代わる金銭の支払いをした後でなければ、出資の履行を仮装した募集株式について、株主の権利を行使することができない（209条2項）。募集株式を譲り受けた者は、当該募集株式についての株主の権利を行使することができる。ただし、その者に悪意または重大な過失があるときは、この限りでない（同条3項）。

　改正会社法は、仮装払込みによる募集株式の発行等が有効であるか明文の規定を置いていない。仮装払込みをした募集株式の引受人の権利関係について、仮装払込みがされた場合でも、新株発行等の無効の訴えの認容判決が確定するまでの間は、募集株式の発行等は有効とされ、当該引受人が当該募集株式の株主であると解されている（坂本ほか・平26改正解説〔Ⅳ〕9頁）。仮装払込みにより株主として扱われる以上、仮装払込みをした引受人は仮装払込みに係る支払いまたは給付の義務を履行し、または仮装払込みに関与した取締役等は支払いの義務を履行する責任がある（以下、「本件義務」という）。

　募集株式の引受人は、本件義務の履行後、株主の権利を行使することができる。取締役等が支払いの義務を履行した場合、仮装払込みをした引受人または当該引受人から募集株式を譲り受けた者が株主となるため、取締役等はこれらの者に対して求償することができる（坂本ほか・平26改正解説〔Ⅳ〕10頁）。仮装払込みをした引受人から募集株式を譲り受けた者は、悪意または重大な過失がない限り、取引安全の見地から株主としての権利を行使することができる。仮装払込みをした引受人A_1から募集株式を譲り受けたA_2が、出資の履行が仮装されたことにつき善意無重過失であれば、A_1または仮装払込みに関与した取締役等Bが本件義務の履行をしなくとも、株主となることのできる地位はA_2に排他的に移転する。A_1からA_2への株式譲渡契約は当事者間では有効であり、A_2への株式移転は物権的効力を有する。株式の流通確保のため譲受人保護の要請があり、その前提として本規定が存在すると考えられる。

A₁またはBによる本件義務の履行後は、A₂はA₁から株式を譲り受けたことになるが、A₁またはBによる本件義務の履行前は、A₂は自己株式を譲り受けたと解することもできる。A₂に悪意または重大な過失がある場合、A₂は株主として保護されない。悪意重過失のA₂に譲渡した株式につき、A₁またはBによる本件義務の履行がないならば、当該株式は自己株式にとどまると解することになろう。A₂が存在しない場合は、本件義務の履行がされるまでの間、当該株式は自己株式であると考えられる余地がある。

　改正会社法が出資の履行を仮装した募集株式の引受人の責任およびこれに関与した取締役等の責任を規定した目的は、仮装払込み自体を抑止することにあったが、加えて仮装払込みをした引受人による当該株式の譲渡を阻止する必要性についても問題となる。会社は、当該引受人による募集株式の譲渡を阻止する場合、譲渡前に処分禁止の仮処分を申し立てる必要があるが、譲渡制限付株式については、処分禁止の仮処分の申立ては問題とならないと考えられる。

4. 設立時発行株式についての出資の履行等が仮装された場合の規律

　発起人は、会社法34条1項の規定による設立時発行株式の出資に係る金銭の全額の払込みを仮装した場合には、株式会社に対し出資に係る金銭の全額の支払いをする義務を負う（52条の2第1項1号）。また、発起人は、会社法34条1項の規定による現物出資財産の給付を仮装した場合には、株式会社に対し現物出資財産の全部の給付をする義務を負い、株式会社がこれに代えて当該現物出資財産の価額に相当する金銭の支払いを請求した場合は、当該金銭全額の支払いをする義務を負う（同項2号）。

　発起人が出資の履行を仮装することに関与した他の発起人または設立時取締役として法務省令で定める者は、株式会社に対し、払込みを仮装した出資に係る金銭全額の支払い、現物出資財産の給付に代わる金銭の支払いをする義務を負う。ただし、その者（当該出資の履行を仮装した者を除く）がその職務を行うについて注意を怠らなかったことを証明した場合は、この限りではない（同条2項）。発起人が払込みを仮装した出資に係る金銭全額の支払いまたは現物出資財産の給付に代わる金銭の支払いをする義務を負う場合において、発起人等が

当該義務を負うときは、これらの者は連帯債務者とする（同条3項）。

　発起人は、出資に係る金額全額の支払い、現物出資財産の給付またはそれに代わる金銭の支払いがされた後でなければ、出資の履行を仮装した設立時発行株式について、設立時株主および株主の権利を行使することができない（同条4項）。設立時発行株式またはその株主となる権利を譲り受けた者は、当該設立時発行株式についての設立時株主および株主の権利を行使することができる。ただし、その者に悪意または重大な過失があるときは、この限りでない（同条5項）。

　平成17年会社法は、設立時における発起人の引受・払込担保責任も廃止した。平成17年会社法の下では、出資をしなかった発起人に対しては設立時発行株式の株主となる権利を失う失権手続がとられ（36条3項）、その他の出資者の出資した財産の価額が「設立に際して出資される財産の価額またはその最低額」を満たす限り、そのまま会社を設立することが可能であるとされた（相澤・立案解説16頁以下）。しかし、設立時において仮装払込みがされ、発起人に対する失権手続がとられないまま会社が設立されると、会社資金の確保が正確に行えないという問題が生ずる。

　設立時における出資の履行の仮装方法としても、「見せ金」が頻繁に行われる。見せ金は、形式的には金銭の払込みがあるが、会社の成立後に取締役となった発起人が、当該払込金額を引き出し、借入金の弁済にあてることから、会社の成立後に取締役の任務違反行為があると解される（神田・会社52頁）。判例は、払込みの外見があっても、当初から真実の払込みとして会社資金を確保する意図がなく、一時的に借入金をもって単に払込みの外形を整えるだけの場合は払込みとしての効力を有しないと示していた（最判昭和38年12月6日民集17巻12号1633頁）。学説上も、見せ金は直ちに違法性が問われるわけではないが、株主間での利益の対立が生じうることから、このような方法による出資を無効とすべきか議論されていた。改正会社法は、会社の設立無効を回避しつつ法律関係を明確にして、資本充実と他の株主の利益保護に資するよう、募集株式の発行等の場合と同様の規定を設けた（山下・コンメンタール<2-2>42頁以下〔川村正幸〕、中間補足26頁）。

　仮装払込みにより出資を行わない発起人について失権手続がとられなかった場合には、当該発起人は設立時発行株式の株主となる権利を失わず、出資義務

を負ったままである。改正会社法は、仮装払込みをした発起人に不足額の塡補をさせることにより、会社に資金を確保し、仮装払込みが治癒されることを規定した。仮装払込みをした発起人が仮装払込みに係る支払いまたは給付の義務を履行し、または仮装払込みに関与した発起人等支払いの義務を履行した後は、設立時株主および株主は当該設立時発行株式について権利を行使することができる。会社法52条の2が規定する仮装払込みをした発起人または仮装払込みに関与した発起人等（施行規則7条の2）の負う義務は、設立時における発起人等の任務懈怠によるものであり、株主代表訴訟による責任追及の対象となる。これは、総株主の同意をもってしか免除することができない。

　設立時募集株式の引受人は、払込金額の払込みを仮装した場合には、株式会社に対し、払込みを仮装した払込金額全額の支払いをする義務を負う（102条の2第1項）。この設立時募集株式の引受人が負う義務は、総株主の同意がなければ、免除することができない（同条2項）。設立時募集株式の引受人が払込みを仮装することに関与した発起人または設立時取締役として法務省令で定める者（施行規則18条の2）は、株式会社に対し、当該設立時募集株式の引受人と連帯して支払いをする義務を負う。ただし、その者（当該払込みを仮装したものを除く）がその職務を行うについて注意を怠らなかったことを証明した場合は、この限りでない（103条2項）。この発起人または設立時取締役の負う義務は、総株主の同意がなければ免除することができず（同条3項）、株主代表訴訟による責任追及の対象となる。

　設立時募集株式の引受人は、63条1項の規定による払込みを仮装した場合には、払込金額全額を支払い、またはこれについて連帯債務を負う発起人等による支払いがされた後でなければ、払込みを仮装した設立時発行株式について、設立時株主および株主の権利を行使することができない（102条3項）。設立時発行株式またはその株主となる権利を譲り受けた者は、当該設立時発行株式についての設立時株主および株主の権利を行使することができる。ただし、その者に悪意または重大な過失があるときは、この限りでない（同条4項）。

　改正会社法は、会社設立に関する法的安定性を阻害しないよう、募集株式の発行等と同様に、払込みを仮装した設立時募集株式の引受人による株主の権利の行使について規定した。仮装払込みをした引受人の地位についても、不明確な部分を解消し（山下・コンメンタール<2-2>394頁〔鈴木千佳子〕）、仮装払込み

をした引受人が仮装払込みに係る支払いまたは給付の義務を履行し、または当該引受人と連帯債務者となる発起人等が支払いの義務を履行した後は、株主としての地位を獲得するものとした。同様に、仮装払込みがされた設立時発行株式またはその株主となる権利を譲り受けた者は、悪意または重大な過失がない限り、取引安全の見地から、株主としての権利を行使することができる。設立時発行募集株式に係る仮装払込みに関与した発起人または設立時取締役の負う責任は、会社成立時における現物出資財産等の価額が定款に定めた価額に著しく不足するときの発起人等の不足額塡補責任と平仄を合わせ、総株主の同意がなければ免除することができないと規定された（坂本ほか・平26改正解説〔Ⅳ〕11頁の注55）。

5. 新株予約権に係る払込み等を仮装した場合の責任

　新株予約権を行使した新株予約権者は、会社法246条1項の規定による募集新株予約権の発行時の払込金額の払込みを仮装した場合には、株式会社に対し払込金額全額の支払いをする義務を負う。また、新株予約権を行使した新株予約権者は、会社法246条2項の規定による払込金額の払込みに代えてする金銭以外の財産の給付を仮装した場合には、株式会社に対し当該財産の給付をする義務を負い、株式会社がこれに代えて当該財産の価額に相当する金銭の支払いを請求した場合は、当該金銭全額の支払いをする義務を負う。発行時における払込みが仮装された募集新株予約権を、当該払込みの仮装について悪意または重大な過失により譲り受けた者も、上記の払込みを仮装した者と同様の義務を負う（286条の2第1項1号）。

　新株予約権を行使した新株予約権者は、会社法281条1項または2項後段の規定による新株予約権の行使時における払込みを仮装した場合には、株式会社に対し払込金額全額の支払いをする義務を負う（同項2号）。同人が、会社法281条2項前段の規定による金銭以外の財産の給付を仮装した場合には、株式会社に対し当該財産の給付をする義務を負い、株式会社がこれに代えて当該財産の価額に相当する金銭の支払いを請求した場合は、当該金銭全額の支払いをする義務を負う（同項3号）。会社法286条の2第1項が規定する新株予約権に係る払込み等を仮装した新株予約権者および新株予約権を譲り受けた者の負う

義務は、総株主の同意がなければ、免除することができない（同条2項）。

　新株予約権に係る払込み等が仮装され本来拠出されるべき財産が拠出されないまま株式が発行される場合において、既存株主から払込み等を仮装した新株予約権者等に対する不当な価値の移転が生じることが問題となっていた（坂本ほか・平26改正解説〔Ⅳ〕11頁）。それゆえ、改正会社法は、募集新株予約権の発行時における払込み等が仮装され当該新株予約権が行使された場合、および新株予約権の行使時における払込み等が仮装された場合について、それぞれ募集株式の発行等と同様に規定した。新株予約権者は、新株予約権を行使することにより株式を取得する。新株予約権は会社に対する債権であり、新株予約権の発行時の払込み等は会社に対する債権的効力を有するものである。設立時発行株式や募集株式の発行の局面とは異なく、新株予約権の発行時の払込み等には資本充実の原則は適用がないと解されている（江頭・コンメンタール⑥98頁〔川村正幸〕）。募集新株予約権が行使されるまでは、本来拠出されるべき財産が拠出されないまま株式自体が発行されることはなく、新株予約権を行使することで、既存株主から新株予約権者等に対する不当な価値の移転が生じる（坂本ほか・平26改正解説〔Ⅳ〕12頁）。会社法286条の2第1項1号の趣旨は、新株予約権の行使の前提となる債務の履行を求めるものであると考えられる。

　同様に、発行時における払込み等が仮装された募集新株予約権を譲り受けた者が当該新株予約権を行使する場合にも、既存株主から不当な価値の移転が生じると解される。しかし、当該新株予約権の譲受人が常に仮装払込みをした者と同様の義務を負うとすると、新株予約権の取引安全を害することになる。それゆえ、改正会社法は、当該新株予約権を譲り受けた者は、発行時における仮装払込み等につき悪意または重大な過失がある場合に限り、義務を負うと規定した（坂本ほか・平26改正解説〔Ⅳ〕12頁）。募集新株予約権の発行時における払込み等を仮装した新株予約権者A_1から当該新株予約権を譲り受けたA_2が新株予約権を行使した場合、A_2が当該仮装払込みにつき悪意重過失であれば、払込金額全額の支払い、金銭以外の財産の給付またはこれに代わる金銭全額の支払いをする義務を負う。A_2が当該仮装払込みにつき善意無重過失である場合は、これらの義務を負わない。A_1は、A_2に新株予約権を譲渡した後は、新株予約権者の権利を行使できる地位を失う。A_2は、当該仮装払込みにつき悪意重過失であっても、当該義務を履行した場合、A_1に対し求償することがで

きると考えられる。

　新株予約権の行使時における払込み等が仮装された場合については、資本充実の原則が適用され、既存株主の利益保護が要請されることから、新株予約権を行使した新株予約権者は株式会社に対して上記の義務を負う（286条の2第1項2号・3号）。なお、この義務は、募集新株予約権以外の新株予約権の行使時における払込み等が仮装された場合にも生じる（坂本ほか・平26改正解説〔Ⅳ〕12頁）。会社法286条の2第1項各号に規定する新株予約権者の負う義務は、総株主の同意がなければ免除することができない（同条2項）。

　新株予約権を行使した新株予約権者が払込金額全額の支払い、金銭以外の財産の給付またはこれに代わる金銭全額の支払いをする義務を負う場合には、新株予約権の発行時または行使時における払込み等を仮装することに関与した取締役（指名委員会等設置会社にあっては、執行役を含む）として法務省令で定める者（施行規則62条の2）も、株式会社に対し、払込金額全額の支払いまたは金銭以外の財産給付に代わる金銭全額の支払いをする義務を負う。ただし、その者（当該払込み等を仮装したものを除く）がその職務を行うについて注意を怠らなかったことを証明した場合は、この限りでない（286条の3第1項）。新株予約権を行使した新株予約権者が上記の義務を負う場合において、取締役等が当該義務を負うときは、これらの者は、連帯債務者となり（同条2項）、株主代表訴訟による責任追及の対象となる。仮装払込みに関与した取締役等の責任について、免除を制限する規定は置かれていない。

　新株予約権を行使した新株予約権者であって、新株予約権の発行時または行使時における払込み等の仮装に係る義務を負う者は、払込金額全額の支払い、金銭以外の財産の給付もしくはこれに代わる金銭全額の支払いをした後、または当該仮装に関与した取締役等が払込金額全額の支払いまたは金銭以外の財産給付に代わる金銭全額の支払いをした後でなければ、払込み等が仮装された新株予約権の目的である株式について、株主の権利を行使することができない（282条2項）。当該株式を譲り受けた者は、当該株式についての株主の権利を行使することができる。ただし、その者に悪意または重大な過失があるときは、この限りでない（同条3項）。

　新株予約権に係る仮装払込みがあり、払込みまたは給付の義務が履行されないまま新株予約権の行使がされた場合、当該新株予約権の行使によりなされた

新株発行は新株発行無効事由となるか問題となるが（最判平成24年4月24日民集66巻6号2908頁参照）、その株式発行は無効の訴えを待たず当然に無効または不存在と解すべきことになるとする見解がある（江頭・株式会社法794頁以下）。

6．刑事罰との関係

　発起人や取締役、監査役等が株式の発行に係る払込みを仮装するため預合いを行ったときは、5年以下の懲役または500万円以下の罰金に処せられる（預合罪、965条）。見せ金には預合罪の適用はない。従来、判例上見せ金は無効であると解されていたことから、資本金の額や発行済株式数の記載を含む登記事項（911条3号・5号）につき登記が不実であるとして、見せ金をした発起人や取締役等に対して、公正証書原本不実記載罪（刑法157条1項）が適用されてきた（小出篤「資本制度の変容と出資行為の規律としての罰則規定　預合いと見せ金」法律時報84巻11号（2012年）25頁）。なお、上場会社につき見せ金による仮装払込みを行った投資ファンドの主宰者に、有価証券売買のため相場の変動を図る目的で偽計を用いたとして金融商品取引法上の刑事罰が科された事例がある（東京地判平成22年2月18日判タ1330号275頁）（江頭・株式会社法754頁の注4）。

　改正会社法は見せ金が有効か無効かについて判断していないが、仮装払込みが事後的に治癒される余地を認めていることからすれば、会社法上の罰則が適用される可能性があると考えられ、会社法上の特別背任罪（960条）や刑法上の業務上横領罪（刑法253条）が適用される可能性がある（行澤・前掲「仮装払込と資本充実原則」105頁）。

VI　募集株式が譲渡制限株式である場合等の総数引受契約

1．募集株式が譲渡制限株式である場合の総数引受契約

　募集株式を引き受けようとする者がその総数の引受けを行う契約を締結する場合において、募集株式が譲渡制限株式であるときは、株式会社は、株主総会（取締役会設置会社にあっては、取締役会）の決議によって、当該契約の承認を受

けなければならない。ただし、定款に別段の定めがある場合は、この限りでない（205条2項）。

　募集株式の総数引受契約とは、募集株式を引き受けようとする者と株式会社との契約によって、引受人を定める方法である。平成17年会社法205条は、募集株式の発行等をするに際して総数引受契約を締結する場合には、募集株式の申込みに関する規定（203条）および募集株式の割当てに関する規定（204条）は適用しないとしていた。第三者割当てにおいては、あらかじめ特定の者との契約によって募集株式の総数の引受けがされるので、申込手続や割当手続は必要ないと解されていたからである（神田・コンメンタール<5-3>59頁〔吉本健一〕）。本条は改正会社法205条1項に引き継がれている。

　募集株式が譲渡制限株式である場合には、募集株式の割当てを受ける者およびその者に割り当てる募集株式の数の決定は、株主総会（取締役会設置会社にあっては、取締役会）の決議によらなければならない（204条2項）。譲渡制限株式の譲渡に際して、譲渡制限株式の譲渡先および割当株式数については当該譲渡制限株式の既存株主も重大な利害を有すると解されるため、株式会社が譲渡制限株式の譲渡の承認をするか否かの決定をするには、株主総会（取締役会設置会社にあっては、取締役会）の決議によらなければならないが（139条1項）、会社法204条2項は、これを譲渡制限株式の募集についても及ぼそうとする趣旨に基づく規定である（中間補足62頁）。

　平成17年会社法の下では、募集株式の総数引受契約が締結される場合には、当該募集株式が譲渡制限株式であっても割当てを受ける者等の決定について株主総会（取締役会設置会社にあっては、取締役会）の決議によるのではなく、これらの事項は取締役会の委任を受けた取締役が決定することが可能であった。しかし、当該募集株式が譲渡制限株式である場合には、総数引受契約の締結に際しても譲渡制限株式に関する閉鎖性の維持や既存株主の支配的利益の保護が確保されなければならないとして、会社法204条2項を類推して解するべきであると主張されていた（神田・コンメンタール<5-3>64頁〔吉本〕）。

　改正会社法は、募集株式が譲渡制限株式である場合の総数引受契約の締結について、株式会社は定款に別段の定めがある場合を除いて、事前に株主総会の特別決議（取締役会設置会社にあっては、取締役会）により当該契約の承認を受けなければならないと規定した。実務上、総数引受契約が締結される際には、あ

らかじめ割当てを受ける者は決定していることが多いと考えられる。しかし、公開会社においては募集株式として譲渡制限株式を発行することを決議する取締役会決議のほか、割当てを受ける者等の決定について取締役会の決議により承認を受けなければならない。非公開会社においても、当該募集株式の発行につき株主総会等で決定した後、割当てを受ける者等の決定について株主総会（取締役会設置会社にあっては、取締役会）により承認を受けなければならず、従前より手続が煩瑣になると解される。

　株式会社は、譲渡制限株式の譲渡において、譲渡を承認する機関につき定款に別段の定めを置くことができる（139条1項但書）。取締役会設置会社は、取締役会より下位の機関（代表取締役、執行役等）を決定機関として、定款に別段の定めを規定することはできないとされるが、承認の可否につき一定の基準を定め、その基準に従って個々の承認請求を行う形で下位の機関に委ねることはできると解されている（江頭・株式会社法235頁、236頁の注6）。非公開会社かつ取締役会設置会社である会社では、承認機関を取締役会と定めることも可能である。本規定の改正が譲渡制限株式の趣旨である閉鎖性の維持等を目的とするものであることから、定款における別段の定めの内容を同様に解することが可能であるか問題となりうる。譲渡制限株式の譲渡に係る趣旨は募集株式が譲渡制限株式である場合の総数引受契約に及ぶと考えられることからすれば、これを譲渡制限株式の募集に係る総数引受契約の承認についても同様に解することが可能である。このことは既存株主の利益の保護に反するものではないと考えられる。

2. 募集新株予約権が譲渡制限新株予約権である場合の総数引受契約

　募集新株予約権を引き受けようとする者がその総数の引受けを行う契約を締結する場合において、募集新株予約権の目的である株式の全部または一部が譲渡制限株式であるとき、および募集新株予約権が譲渡制限新株予約権であるときは、株式会社は、株主総会（取締役会設置会社にあっては、取締役会）の決議によって、当該契約の承認を受けなければならない。ただし、定款に別段の定めがある場合は、この限りでない（244条3項）。

会社法244条1項は、募集新株予約権の発行等をするに際して総数引受契約を締結する場合には、募集新株予約権の申込みに関する規定（242条）および募集新株予約権の割当てに関する規定（243条）は適用しないと規定していた。第三者割当てにおいては、あらかじめ特定の者との契約によって募集株式の総数の引受けがされるので、申込手続や割当手続は必要ないと解されていたからである（江頭・コンメンタール⑥86頁〔吉本健一〕）。本項は改正会社法に引き継がれている。

　募集新株予約権が譲渡制限新株予約権である場合等には、募集新株予約権の割当てを受ける者およびその者に割り当てる募集新株予約権の数の決定は、株主総会（取締役会設置会社にあっては、取締役会）の決議によらなければならない（243条2項）。譲渡制限新株予約権の譲渡においては、株式会社が譲渡制限新株予約権の譲渡の承認をするか否かの決定をするには、株主総会（取締役会設置会社にあっては、取締役会）の決議によらなければならないが（265条1項）、会社法243条2項は、これを譲渡制限新株予約権の募集に際しても及ぼそうとする趣旨に基づく規定である（中間補足62頁）。

　平成17年会社法の下では、募集新株予約権の総数引受契約が締結される場合には、当該募集新株予約権の目的である株式の全部または一部が譲渡制限株式であるとき、および募集新株予約権が譲渡制限新株予約権であっても、割当てを受ける者等の決定について株主総会（取締役会設置会社にあっては、取締役会）の決議によるのではなく、取締役会の委任を受けた取締役が決定することが可能であった。しかし、募集株式の場合と同様に、当該募集新株予約権が譲渡制限新株予約権である場合には、総数引受契約の締結に際しても譲渡制限新株予約権に関する既存株主の支配的利益が確保されなければならないとして、会社法243条2項を類推して解するべきであると主張されていた（神田・コンメンタール<5-3>88頁〔吉本〕）。

　改正会社法は、募集新株予約権を引き受けようとする者が総数引受契約を締結する場合であって、募集新株予約権の目的である株式の全部または一部が譲渡制限株式であるとき、および当該募集新株予約権が譲渡制限新株予約権であるときは、株式会社は、定款に別段の定めがある場合を除いて、事前に株主総会の特別決議（取締役会設置会社にあっては、取締役会）の決議により、当該契約の承認を受けなければならないと規定した。実務上、募集新株予約権の総数引

受契約が締結される際には、当該募集新株予約権は譲渡制限新株予約権であり、あらかじめ割当てを受ける者は決定していることが多いと考えられる。ゆえに、募集株式の場合と同様に、割当てを受ける者等の承認について、従前より手続が煩瑣になると解される。

　株式会社は、譲渡制限新株予約権の譲渡においては、譲渡を承認する機関につき定款に別段の定めを置くことができる（265条1項但書）。募集株式の場合と同様に、取締役会設置会社において、取締役会より下位の機関（代表取締役、執行役等）を決定機関として、定款に別段の定めを規定することは、一定の基準が設けられている場合には可能であると解される（江頭・コンメンタール⑥205頁以下参照〔川口恭弘〕）。非公開会社かつ取締役会設置会社である会社では、承認機関を取締役会と定めることも可能である。募集株式の場合と同様に、譲渡制限新株予約権の譲渡に係る趣旨は、募集新株予約権が譲渡制限新株予約権である場合の総数引受契約に及ぶと考えられることからすれば、これを譲渡制限新株予約権の募集に係る総数引受契約の承認についても同様に解することが可能である。このことは既存株主の利益の保護に反するものではないと考えられる。

VII　新株予約権無償割当てに関する割当通知

　株式会社は、新株予約権無償割当てがその効力を生ずる日（278条1項3号）後遅滞なく、株主（種類株式発行会社にあっては、同項4号の種類の種類株主）およびその登録株式質権者に対し、当該株主が割当てを受けた新株予約権の内容および数（同項2号に規定する場合にあっては、当該株主が割当てを受けた社債の種類および各社債の種類および各社債の金額の合計額を含む）を通知しなければならない（279条2項）。新株予約権無償割当てに関する通知がされた場合において、会社法236条1項4号が規定する新株予約権を行使することができる期間の末日が、当該通知の日から2週間を経過する前に到来するときは、当該行使期間は、当該通知の日から2週間を経過する日まで延長されたものとみなす（同条3項）。

　新株予約権無償割当てとは、株主（種類株式発行会社にあってはある種類の種類

株主）に対して新たに払込みをさせないで新株予約権を割り当てることをいう（277条）。新株予約権無償割当ては、敵対的企業買収に対する防衛策として利用されるほか、株主割当ての方法による資金調達方法（いわゆるライツ・オファリング）として利用されている。資金調達方法のうち、第三者割当増資や公募増資は既存株主の持株比率を低下させるが、ライツ・オファリングは株主全員に新株予約権が割り当てられるため、既存株主の権利の利益に配慮した増資手法であるといわれる。ライツ・オファリングでは、新株発行による持株比率の低下を嫌う株主は新株予約権を行使して払込みに応じることで権利の希薄化を回避でき、追加出資に応じたくない株主は、市場で売却することにより新株予約権のオプション価値にほぼ相当する資金を回収できると解されているからである（神田・コンメンタール<5-3>43頁以下〔吉本健一〕、大崎貞和「ライツ・オファリングをめぐる現状と課題」ジュリスト1470号（2014年）28頁以下）。追加出資に応じたくない株主のため、新株予約権無償割当ての効力が発生するとすぐに新株予約権は上場され、市場で売却できるようになる。

　ライツ・オファリングについて実務上関心が高まるなか、海外の投資家から日本で普及させるべきであると要請されてきた。2009年12月、東京証券取引所は「『上場制度整備の事項計画2009（速やかに実施する事項）』に基づく業務規定等の一部改正について」により「新株予約権1個の目的である株式が上場株券等1株に係るものであること」という要件を削除し、新株予約権の権利を行使し取得できる株式が発行済株式総数の整数倍の株式を新たに発行する場合以外であっても、ライツ・オファリングによる増資を可能とした。2011年には、「資本市場及び金融業の基盤強化のための金融商品取引法等の一部を改正する法律」により金融商品取引法が改正され、多様で円滑な資金供給の実現を目的として、ライツ・オファリングに係る開示制度等が整備された。ライツ・オファリングを行う場合、会社は目論見書を作成し、株主全員に交付しなければならない。しかし、当該新株予約権証券が金融商品取引所に上場されており、またはその発行後遅滞なく上場されることが予定されていること、かつ当該新株予約権に係る有価証券届出書の届出を行った旨その他内閣府令で定める事項を当該届出を行った後、遅滞なく日刊新聞に掲載する場合には、目論見書の作成および株主への交付は不要であるとされた（金商法13条1項）。加えて、ライツ・オファリングのさらなる普及には、実施に要する日程の短縮が不可欠であ

ると考えられたことから、本改正がされた。改正会社法は、新株予約権無償割当てを行った新株予約権のうち行使されなかった新株予約権を、上場期間終了時に発行会社が取得条項に基づき取得したうえで証券会社に売却し、当該証券会社が取得した新株予約権を行使して株式を取得し、その株式を市場で売却するといういわゆるコミットメント型ライツ・オファリングを念頭に置いている。

　平成17年会社法は、新株予約権無償割当てに際して交付する新株予約権の行使期間の初日の2週間前までに、株主およびその登録株式質権者（以下、「株主等」という）に対し、当該株主が割当てを受けた新株予約権の内容および数の通知（割当通知）をしなければならないとしていた。ライツ・オファリングでは、行使期間の初日より前に新株予約権の上場を認めると弊害があると指摘されているが、行使期間の初日まで新株予約権の上場を認めないならば、市場で新株予約権を売却できる期間の開始が遅くなる（神田・会社167頁の注1）。実務上も、権利確定から株主への割当通知まで2週間程度要し、上場後1か月近く権利行使ができなかったことから、迅速な資金調達を実施するために資金調達を完了するのに必要な期間を短縮する必要があり、割当通知の在り方を見直すべきであるとの指摘がされていた（洲崎博史「新株発行等・新株予約権発行の法規制をめぐる諸問題Ⅱライツ・オファリング」商事法務2041号（2014年）25頁の注37）。

　平成17年会社法における当該割当通知に係る期間設定は、新株予約権無償割当てを受けた株主に対して、新株予約権の行使の準備をする時間的余裕を与えるためのものである（江頭・コンメンタール⑥264頁以下〔吉本健一〕）。改正会社法は、この趣旨からすれば、割当通知は新株予約権の行使期間の末日の2週間前までに割当通知がされれば足りると考えている（坂本ほか・平26改正解説〔Ⅳ〕13頁）。募集新株予約権の発行を株主割当てにより行う場合においては、割当通知は引受けの申込期日の2週間前までにしなければならない（241条4項）。募集新株予約権の株主割当ては、株主に対して募集新株予約権の割当てを受ける権利を付与するものであり、株主に対する割当通知は権利行使の機会を与えるためにされる（江頭・コンメンタール⑥73頁〔吉本〕）。割当通知に係る申込期日の2週間前までの期間は、株主が割当てを受けるか否か検討する熟慮期間である。募集新株予約権の株主割当てとは異なり、新株予約権無償割当ては個々の株主の意思にかかわりなく、株主総会（取締役会設置会社においては取

締役会）の決議で定めた日に、強制的に新株予約権が割り当てられるものである。株主全員に新株予約権が割り当てられるため、株主に対し割当てに係る熟慮期間を与える必要はない。権利確定までの期間とその後の売買ができる期間を合計して相当な考慮期間が与えられていれば株主保護の点で実質的に支障はない（洲崎・前掲「ライツ・オファリング」25頁）。

　そこで、改正会社法は、新株予約権無償割当ての割当通知は、新株予約権無償割当ての効力発生日後遅滞なく、かつ新株予約権の行使期間の末日の2週間前までに行われなければならないと規定した。加えて、割当通知から新株予約権の権利行使期間の末日までに2週間ない場合は、当該権利行使期間は、当該割当通知の日から2週間を経過する日まで延長されたものとみなされると規定した。新株予約権無償割当てにより株主が有する権利の内容に変更が生ずるが、割当通知は、その内容を株主等に知らせる機能を有する。それゆえ、割当通知は新株予約権無償割当ての効力発生日後遅滞なく行われる必要がある（中間補足26頁以下、坂本ほか・平26改正解説〔Ⅳ〕13頁以下）。新株予約権無償割当ての割当通知が新株予約権の権利行使の末日の2週間前までとされているのは、各株主に権利行使の準備をする時間的余裕を与える趣旨である。割当通知の到達日は、各株主で異なりうると考えられる。2週間という期間は、各株主に対して適用されるものであり、ある特定の株主に対する割当通知が新株予約権の行使期間の末日の2週間前に遅れてされた場合に当該行使期間が延長されるのは、当該株主との関係に限られ、他の株主には及ばない。他の株主に当該行使期間の延長を認めると、いたずらに新株予約権に係る法律関係を不安定にし、発行会社等に不測の損害を与えるおそれも生じることになるからである（坂本ほか・平26改正解説〔Ⅳ〕14頁）。これは、株主間の公平性を保つ趣旨であると考えられる。

　新株予約権無償割当てに関する割当通知の日程が短縮されたことにより、迅速な資金調達の実施が可能となるため、今後ライツ・オファリングの利用が増えるとの見通しがある。しかし、立法者は新株予約権無償割当てには株主を不利な立場に置きうることをあまり意識していないと指摘されている。たとえば、会社法は、株主に対し新株予約権無償割当ての発行差止請求権を与えていない。これは、ライツ・オファリングが割り当てられた新株予約権者は、新株予約権を行使して払込みに応じるか、追加出資に応じない場合は市場で売却し新株予

約権のオプション価値にほぼ相当する資金を回収することになり、支配的利益および経済的利益いずれの面からも損害は生じていないと解されるためである。しかし、ライツ・オファリングが割り当てられた新株予約権者が、新株予約権またはその親株を適正価格で売却できないことがある場合や、大株主が一部の株主の利益を図る目的でライツ・オファリングを濫用する場合には、新株予約権無償割当ての発行差止めが認められるべきであると唱えられている。これに対する法規制について十分検討されていないこと、ライツ・オファリングの濫用を防止するために、株主に差止めの機会を付与するなどの仕組みがないこと等が問題である（洲崎・前掲「ライツ・オファリング」15頁以下）。

　新株予約権無償割当てを買収防衛策として利用する場合に関しても問題が生じうる。新株予約権無償割当ては本来取締役会により決議されるため、当該無償割当ての効力発生日前に割当通知および公告は行われない。この時間的制約により、株主は、募集新株予約権の発行差止めに係る会社法247条2号を類推適用し、新株予約権無償割当ての発行差止請求をする機会を有しない。差別的行使条件を付した新株予約権無償割当てが買収防衛策として利用された場合において、会社法247条2項の類推適用による株主の発行差止請求を認めた事例がある（最決平成19年8月7日民集61巻5号2215頁）。この事例は、当該新株予約権無償割当てが株主総会により決議されたため、株主が差止請求をする時間的余裕があったという特殊な事情の下での決定であった。割当通知の日程が短縮されたことにより、新株予約権無償割当ての発行差止請求はより困難になると考えられる。

　不公正な目的によりライツ・オファリングが利用されない仕組みの検討のほか、実務上の取扱いの深化が、今後のライツ・オファリングの利用に影響すると思われる。

第2章　締出しに関する改正

I　キャッシュ・アウトに関する改正が実務に与える影響

1．改正の俯瞰

　キャッシュ・アウト（cash-out、株主の締出し）とは、たとえば、完全子会社化を実現するために、現金を対価として会社から少数派の株主を排除（squeeze-out）することであり、従前は、主に税制上の理由から、全部取得条項付種類株式の取得が利用されてきた。

　今般の会社法改正では、特別支配株主の株式等売渡請求制度を創設するとともに（179条～）、全部取得条項付種類株式の取得制度の整備・充実を図り（171条の2、172条2項・3項、173条の2）、また、株式併合に関する規律も見直されている（182条の2～182条の6）。

　改正前からも全部取得条項付種類株式の取得を用いてキャッシュ・アウトを実施することはできたが、そもそもキャッシュ・アウトを目的とした制度ではなく、株主保護の観点からの問題点があった（宮島司『新会社法エッセンス＜第4版＞』（弘文堂、2014年）437頁）。また、全部取得条項付種類株式の取得では、たとえ当該株式会社（対象会社）の総株主の議決権の10分の9以上を有する株主であっても、対象会社の株主総会を要するという不便さも指摘されていた（171条1項、309条2項3号。中間補足40～41頁、江頭・株式会社法275頁）。そこで、新たに特別支配株主の株式等売渡請求制度を創設し（179条～）、情報開示手続、売買価格決定の申立て（179条の9）、差止請求権（179条の7）等を設けること

によって、完全子会社化における実務的な不便さを解消するとともに、株主の保護を図っている。

2. 株式等売渡請求制度と特別支配株主

　改正にかかる各項目についての詳細な解説は、次章以降に譲るが、ここでは新設された株式等売渡請求制度について概説する。

　株式会社の特別支配株主は、対象会社の株主（当該株式会社および当該特別支配株主を除く）の全員に対し、その有する対象会社の株式の全部を当該特別支配株主に売り渡すことを請求できる（179条1項）。これが特別支配株主の株式等売渡請求制度である。本制度の主な特徴としては、直接移転型と株主総会不要型という2点をあげることができるであろう。

　既存の株式そのものが、いわゆる端数処理を介することなく、特別支配株主に直接移転する（直接移転型）。したがって、価格決定の申立ての場合も含めて（179条の8）、対象会社による自己株式取得やそれに伴う現金対価の支払いは生じない。

　また、対象会社の手続については、取締役会決議で足り（179条の3第3項）、株主総会決議は不要であるから（株主総会不要型）、時間的・手続的負担が軽減される。キャッシュ・アウトが行われるまでに長期間を要する場合には、公開買付け（TOB）の強圧性が高まる可能性があるが、本制度では取得日の20日前に株主等に通知または公告をすれば足りるため（179条の4）、キャッシュ・アウト完了までのスケジュールの短縮が可能となり、TOBの強圧性も回避できる。

　なお、本制度は、株式のみならず、新株予約権・新株予約権付社債（CB）も対象とすることができる（179条2項・3項）。これにより、発行済株式についてのキャッシュ・アウトを実施した後にも、新株予約権が残存し、その行使によって完全子会社化を実現できないおそれを回避できることとなる。

3. 解釈上の論点

　特別支配株主の株式等売渡請求制度には、いくつかの解釈上の論点がありうる。
　第一には、「目的の不当な締出し」として違法になる範囲が問題である。すなわち、少数株主の締出しそのものが、目的の不当な特別支配株主の行為とし

て、権利濫用という法令違反になる可能性があるか否かという点である（江頭・株式会社法280頁）。この点、公開買付けなどによる企業買収の残存少数株主の場合には、株主が適正な対価を取得できれば、対象会社の株主の地位に固執すべき理由がないと考えられるため、法令違反に該当する可能性は低い。これに対して、中小企業の内紛の場合には、目的の不当性について慎重に判断すべきであろう（江頭・株式会社法159頁。全部取得条項付種類株式の利用に関する東京地判平成22年9月6日判タ1334号117頁参照）。キャッシュ・アウト自体の「目的の不当性」や無効事由となりうるかについては、第Ⅱ節3.3(2)で詳述する（88頁）。

第二の問題は、対象会社の承認である。特別支配株主は、株式等売渡請求をしようとするときは、対象会社の承認を受けなければならず（179条の3第1項）、取締役会設置会社においては、取締役会の決議が必要である（同条3項）。その際には、売渡株主の利益に配慮し、キャッシュ・アウトの条件が適正なものといえるかどうかを検討すべきであるとされている（中間補足43頁）。本来、取締役の善管注意義務とは、会社の利益を配慮すべきものであるところ（330条、民法644条）、ここでは株主の利益が直接の問題となっており、対象会社の取締役に対して、個々の売渡株主の利益を配慮すべき義務を課したものとも解釈しうる。この点については、第Ⅱ節4.2で詳述する（93頁）。

第三に、特別支配株主による支払いの遅滞の問題がある。すなわち、一部の偶発的な遅滞につき、売渡株主は、個々に売買契約の解除が可能かという論点である。個々の売渡株主としては、この場合、特別支配株主に対して履行を直接に強制することはできる。しかし、売買契約の解除については、売渡株式の取得の無効の訴え（846条の2第1項）によるべきであろう（江頭・株式会社法279頁）。一部の偶発的な支払いの遅滞により、売渡株式の取得の効力の喪失を認めては、完全子会社化という制度趣旨を阻害することになるからである。この点も、第Ⅱ節3.3(2)で解説する（88頁）。

第四として、税制の取扱いがある。売渡株主に対する税法上の取扱いについては、株式譲渡損益課税になるものと思われるが、この点は今後の課題である。

4. 実務に与える影響

特別支配株主の株式等売渡請求制度は、現金を対価として会社から少数派の

株主を排除して、対象会社の完全子会社化を実現するための一手法である。株式等売渡請求制度は、従前利用されてきた全部取得条項付種類株式の取得制度と比較すれば、既存の株式が特別支配株主に直接移転する点で簡便であり、また、株主総会決議が不要であるため、時間的・手続的負担も軽減されるといった長所が認められる。ただし、本制度は、対象会社の総株主の議決権の10分の9以上を保有する特別支配株主のみが利用できることに留意しなければならない（179条1項）。

　ちなみに、株式等売渡請求制度の創設は、全部取得条項付種類株式の取得によるキャッシュ・アウトなどを排除するものではないため、改正後においても、全部取得条項付種類株式の取得や金銭を対価とする組織再編による完全子会社化を選択することも可能である。この点、全部取得条項付種類株式の取得についても、開示制度（171条の2、173条の2）や差止請求（171条の3）など、制度の整備・充実が図られているところである。要するに、実務的には、キャッシュ・アウトに関する制度の充実や選択肢の拡大が図られたと評価できるであろう。他のキャッシュ・アウト手法の利用については、第Ⅱ節**4**①で解説する（90頁）。

　全部取得条項付種類株式の取得や株式の併合においては、少数株主の有する株式を端数株式としたうえで、端数処理により当該端数株式の売却代金を少数株主に交付することになる（端数処理型）。これに対して、特別支配株主の株式等売渡請求制度では、金銭対価の組織再編の場合と同様、既存の株式そのものが特別支配株主に直接移転する（直接移転型）。価格決定の申立ての場合も含めて（179条の8）、対象会社による自己株式取得やそれに伴う現金対価の支払いが生じない点において、手続的な簡便さが認められる。

　特別支配株主は、株式等売渡請求をしようとするとき、対象会社の承認を受けなければならない（179条の3第1項）。その承認については、取締役会設置会社の場合、取締役会の決議が必要である（同条3項）。このように、対象会社側の手続は、取締役会決議で足り、株主総会決議は不要となっている（株主総会不要型）。そのほかに株主総会不要型の手法としては、金銭対価の略式組織再編や産業競争力強化法による全部取得条項付種類株式の取得の場合をあげることができる。

　たとえば、公開買付け（TOB）が先行しているような場合、キャッシュ・アウトが行われるまでに長期間を要すると、TOBの強圧性が高まっていく可能

性がある。しかし、本制度においては、対象会社の承認後（179条の3第1項）、取得日の20日前までに、株主等に通知または公告をすれば足り（179条の4）、キャッシュ・アウト完了までのスケジュールを短縮することが可能であるから、単に時間的・手続的負担が軽減されるばかりでなく、TOBの強圧性といった問題も回避できるであろう。

また、株式等売渡請求制度は、株式のみならず、新株予約権（179条第2項）や新株予約権付社債（CB。179条3項）も対象とすることが可能である。たとえば、特別支配株主が対象会社の発行済株式の全部を取得したとしても、仮に新株予約権が残存していた場合、その行使によって当該新株予約権者が株主となってしまえば、完全子会社化が実現できない結果となる。この点、本制度では、新株予約権やCBも対象となる点に実務上の長所が認められる。

残された実務上の課題としては、行為の差止め（171条の3、179条の7、182条の3）と無効の訴え（846条の2～846条の9）の関係がある。すなわち、差止請求が可能であったにもかかわらず、これを行使しなかった場合、無効の訴えの可否に影響があるかという問題である。この点については、今後の裁判例の集積を待つ必要があろう。

II 特別支配株主の株式等売渡請求

1. 新しいキャッシュ・アウト制度創設の背景

1 総 説

キャッシュ・アウトとは、金銭を対価として会社から少数株主の締出し（squeeze-out）を行うことを意味する。アメリカ法上、いわゆる交付金合併のことをキャッシュ・アウト・マージャー（cash out mergerないしcash merger）と呼ぶことに倣って、わが国でも用いられるようになった用語である。

キャッシュ・アウトを行うことによって、経営上一定の効用が得られるため、近年、実務において利用される局面が増加している。具体的には、経営の立直しを図るため経営陣自ら会社を買収するマネジメント・バイアウト（MBO）、

プライベート・エクイティ・ファンド等による企業買収、あるいはグループ内再編のための完全子会社化という各場面において、キャッシュ・アウトが、買収対象会社の残存少数株主を排除する手法として用いられる。資本多数決原理の下、少数株主の存在による利益相反関係を解消して完全支配関係を作るキャッシュ・アウトのための法整備をすることは、外国法制に照らしても会社経営上合理的な選択の一つといえる。

　他方で、排除される少数株主の側に立ってみれば、株主の地位を維持したいにもかかわらず意に反して締め出される、交付される金銭が相応の額ではないなど、そのこと自体、株主としての地位（財産権）を侵害する側面を有する。したがって、キャッシュ・アウト法制において、支配株主にとっての利便性を図るだけでなく、少数株主の利益をいかに配慮するかが重要な視点となる。

　かかる背景の下、今回の平成26年会社法改正では、従来のキャッシュ・アウトの手法に制度上の欠陥や実務上の課題もあり、支配株主側による合理的なキャッシュ・アウトの実現と少数株主の権利保護との双方の要請に応えた制度として新たなキャッシュ・アウト手法が創設された。これが特別支配株主の株式等売渡請求制度である。

2　従来のキャッシュ・アウトの手法

　これまで、キャッシュ・アウトを行うための会社法上の手法として、①株式の併合、②金銭を対価とする組織再編（交付金合併、交付金株式交換）、③全部取得条項付種類株式の各々の制度を用いる方法が可能とされてきた。

(1)　株式の併合

　株式の併合を用いたキャッシュ・アウトとは、大規模な株式併合（180条）を行うことで少数株主の有する株式をすべて端数株式とした後、端数の処理により（234条、235条参照）、当該端数株式の売却代金を少数株主に交付する方法である。もっとも従来、反対株主による買取請求または価格決定申請の制度が確保されておらず（なお、この点に関しては今改正で改善がなされている）、その結果、少数株主が買取価格に不満をもつ場合、株主総会決議の取消しの訴えを利用して株式併合自体の効力を争う可能性があり、法的リスクの高いことが認識されてきた。

(2) 金銭を対価とする組織再編

　この手法は、キャッシュ・アウトの対象となる株式を発行する対象会社が、株主総会の特別決議を経て（783条1項、309条2項12号）、消滅会社等の株主に対する対価として金銭を交付する方法である。なお、キャッシュ・アウトを行う支配株主が総株主の議決権の90パーセント以上を保有する場合は、略式組織再編の手続により、株主総会決議不要となるため（784条1項）、手続コストを抑えることができる利点のある手法である。ただ、金銭を交付する組織再編は、税法上の適格と認められなくなるため（法人税法2条12号の8・2条12号の16参照）、存続する対象会社の資産・負債を時価評価しなければならず、対象会社に課税負担が生じる（同法62条、62条の9）。

(3) 全部取得条項付種類株式

　これは、まず、普通株式のみ発行している会社が、定款変更して種類株式発行会社となるとともに、普通株式を全部取得条項付種類株式（108条1項7号）に転換し、少数株主に交付される対価が端数株式となるように設計して全部取得条項付種類株式を取得する（171条）。そのうえで、少数株主の有する端数株式の端数処理により当該端数株式の売却代金を少数株主に交付するという方法である。この手法によると常に株主総会の特別決議を要することになるが、1度の株主総会で決議を纏めて行うことは可能である。

　以上のとおり、キャッシュ・アウトの手法として選択肢はあるものの、上記(1)および(2)の手法は、制度上の課題や税制上の理由等から必ずしもメリットが高くないため、実務上は、主に(3)の方法がキャッシュ・アウトの手法として用いられてきた。しかし、(3)の手法も、キャッシュ・アウトすることを目的とした制度ではないから、常に株主総会の特別決議を要するため時間的・手続的コストがかかることや、TOBの強圧性の問題などが指摘されてきた。結局、全部取得条項付種類株式という制度も、本来、会社再建を容易にするため、いわゆる100パーセント減資を行うことを目的とした制度であって、全部取得条項付種類株式という手段を使ってキャッシュ・アウトするのは、全部取得条項付種類株式という制度の利用の仕方としては必ずしも適切とはいえない。

3 新制度の概要

　そこで、このような技巧的かつ迂遠な全部取得条項付種類株式を用いらざる

をえない状況を打開するため、より簡易かつ短期間でキャッシュ・アウトを実現できる制度として、平成26年会社法改正で新設されたのが特別支配株主の株式等売渡請求制度である。すなわち、総株主の議決権の90パーセント以上を保有する特別支配株主は、他の株主である売渡株主等（売渡新株予約権者も含む。以下同）に対し、その持株である売渡株式等（売渡新株予約権も含む。以下同）について、金銭を対価として売渡請求することができる（179条～179条の10）。既存のキャッシュ・アウトの手法と大きく異なる特徴としては、株主間における株式の売買という法形式がとられている点である。これは、本制度が特定の者による対象会社の発行済株式の全部の取得を目的として新たに創設されたことに照らせば、少数株主の有する株式が特別支配株主に直接移転するものとすることが直截であり、経済実体にも合うと考えられることによるものである。ただし、後述するように、通常の売買契約とは異なり、株式等売渡請求においては、申込みと承諾の合致や株式移転と代金支払いの同時履行等に関する規定は設けられておらず、その代わり特別の手続規定が定められている。他方、締め出される側の売渡株主等に対しては、売買価格の決定の申立て（179条の8）のほか、差止請求（179条の4）、取得の無効の訴え（846条の2～846条の9）が認められており、締め出される少数株主の救済措置の手当も整備された設計となっている。

　このように、特別支配株主の株式等売渡請求制度は、キャッシュ・アウト専用の制度として創設された制度設計となっており、長期的視野に立った柔軟な経営を実現し、株主総会に関する手続の省略による意思決定の迅速化を図り、有価証券報告書の提出義務等の法規制を遵守するためのコストや株主管理コストの削減等を実現しうる点でメリットがあると目されている（中間補足40頁）。株式等売渡請求の制度は、今回の改正で初めて俎上に上ったわけではなく、すでに平成17年会社法の立案当時に、キャッシュ・アウトのための株式等売渡請求の制度の創設が取り上げられていた[1]。当時も少数株主の利益を害しないよう慎重かつ前向きな検討がなされていたが、結局、各界の意見に開きがあり、

---

1) 平成15年10月、法務省民事局参事官室「会社法制の現代化に関する要綱試案」では、「組織再編対価の柔軟化」における検討課題として、キャッシュ・アウトおよびセル・アウトがあげられ、前者につき「ある株主が9割以上の議決権を保有する場合において、当該支配株主から他の株主に対する株式の売渡請求等の制度を設けるかどうかについては、なお検討する」とされていた。

要綱案の段階で見送られたという経緯があった。このような立法の経緯を踏まえながら法制化を実現した今改正のキャッシュ・アウトのための制度の意義は大きく、実務に与える影響は大きいものといえる。

2. 株式等売渡請求の手続

まず、株式等売渡請求制度が適用される対象は、すべての株式会社である。会社法は、本制度を利用できるのは公開会社（2条5号）であることを要件としておらず、公開会社以外の会社、すなわち閉鎖型の非公開会社においても利用可能である。立案段階では、非公開会社にも適用対象を広げることに対しては、こうした会社の株主にとって株式を保持することに重要な意味を有する場合があることから、慎重な意見も強く主張されたが、略式組織再編等の他のキャッシュ・アウトの制度との平仄を合わせる等の理由から、最終的に適用の対象に含めることとなった（この点の議論の詳細は、岩原・要綱案解説〔Ⅳ〕40～41頁を参照）。本制度が、閉鎖型のタイプの会社において、経営の安定化を図るために、分散した議決権を集約する方法として有効的に活用されることが望まれる。

以下では、制度の手続的な側面について、解釈上問題となりうる点に言及しつつ、順次解説を加える。

1 特別支配株主の要件――対象会社の議決権の10分の9以上の取得

株式等売渡請求を行うことができるのは、特別支配株主、すなわち対象会社の総株主の10分の9（これを上回る割合を定款で定めた場合には、その割合）以上の議決権を有する株主に限られる。この特別支配株主の議決権保有要件については、単一の株主でこれを満たす直接保有のみならず、発行済株式の全部を有する株式会社等を通じた間接保有も含まれる。すなわち、キャッシュ・アウトを企図する者が発行済株式の全部を有する株式会社その他これに準ずるものとして法務省令で定める法人（特別支配株主完全子法人[2]）の保有する議決権と合

---

[2] 会社法179条1項の定める法務省令で定める法人（特別支配株主完全子法人）とは、①キャッシュ・アウトを行おうとする主体（「当該者」）がその持分の全部を有する法人（株式会社を除く）、②当該者および特定完全子法人（当該者が発行済株式の全部を有する株式会社および①に掲げる法人）または特定完全子法人がその持分の全部を有する法人とされる（施行規則改正案33条の4）。

算して上記要件を満たす場合でもよい（179条1項括弧書）。

　特別支配株主の概念は、略式組織再編の手続を利用することができる特別支配会社（468条1項）の定義を参考にしたものであり、特別支配会社に関する法設計（784条1項、796条1項）と平仄を合わせている。ただし、特別支配会社と異なる点として、特別支配株主は、「会社」（2条1号）である必要はなく、自然人、外国会社、その他の法人のほか、投資事業有限責任組合等の組合でもよい。これは、本制度の当事者が会社ではなく、株主間の株式売買という法形式をとるためである。

　特別支配株主が議決権要件を満たす手段については、特に限定されていない。したがって、対象会社による第三者割当増資や自己株式取得によることも可能であるが、上場会社では実務上公開買付けを先行させて実施することが多いものと考えられる[3]。

2 特別支配株主から対象会社に対する通知

　まず、株式等売渡請求を行うことを望む特別支配株主は、次にあげる事項①～⑤等を決定し、対象会社に対して当該事項の通知を行わなければならない。決定すべき事項とは、①売渡株主に対して株式の対価として交付する金銭の額またはその算定方法、②売渡株主に対する①の金銭の割当てに関する事項、③株式売渡請求にあわせて新株予約権売渡請求をするときはそれに関する①および②に相当する事項、④特別支配株主が売渡株式等を取得する日（取得日）、⑤その他法務省令で定める事項[4]である（179条の2第1項1～6号）。

　特別支配会社による株式等売渡請求は、対象会社の全株主（保有自己株式と特別支配株主が有する株式を除く）に対して行わなければならない。また、種類株式発行会社である場合には、すべての種類の株式が株式売渡請求の対象とな

---

[3] 柴田寛子「キャッシュ・アウトの新手法」商事法務1981号（2012年）17頁。公開会社以外の会社では、これら以外の方法として、事前に、支配株主以外の株主の株式を無議決権種類株式（108条2項3号）としておく措置を講じることも考えられる（高岸直樹「会社法改正で可能になった特別支配株主による株式等売渡請求と活用策」税理2014年9月号200頁）。
[4] 会社法施行規則の改正案によれば、①株式等（新株予約権および新株予約権付社債を含む）の売渡対価の支払いのための資金を確保する方法、②会社法179条の2第1項1号から5号までに掲げる事項のほか、株式等売渡請求に係る取引条件を定めるときは、その取引条件、と定められている（同改正案33条の5第1項）。なお、売渡対価とは会社法179条の2第1項2号の金銭をいう（同改正案33条の5第2項）。

ると解される。ただし、特別支配株主完全子法人に対しては売渡請求の対象から除外することができる（179条1項但書・2項但書。この場合、その旨および当該法人の名称を上記①〜⑤の事項と併せて通知）。なぜなら、特別支配株主完全子法人の有する対象会社の株式は、対象会社について特別支配株主が間接的な支配下においているといってよく、特別支配株主にとってそれをあえて取得する必要がないからである。

　本制度はキャッシュ・アウトのためのものであるから、対価は金銭に限られ、②の事項についての定めは、株主平等の観点から、売渡株主の有する売渡株式の数に応じて金銭を交付することを内容とするものであることが求められる（179条の2第2項・3項）。

　また、③にあるように、特別支配株主は、対象会社の新株予約権の新株予約権者に対し、その有する新株予約権の全部を売り渡すよう請求することもできる。株式売渡請求によって特別支配株主が発行済株式のすべてを取得しても、その後に新株予約権が行使されると、キャッシュ・アウトの意義が損なわれるからである（中間補足42頁）。これにより、対象会社がストック・オプションとして新株予約権を発行している場合、それらを一括して処理をすることが可能となる。

　ただし、新株予約権売渡請求による売渡新株予約権の取得は、株式売渡請求による売渡株式の取得が行われる場合に限って行うことを要する点に留意すべきである。

　新株予約権付社債の場合、特別支配株主は、新株予約権売渡請求に併せて当該社債の全部の売渡請求をしなければならない（179条3項本文）。これは、新株予約権付社債の社債部分は基本的に新株予約権と分離して譲渡することができないとされており（254条2項、787条2項等参照）、また、そのことを認識した上で取得するのが新株予約権付社債権者であるから、その者においては株主や新株予約権者と同様に社団の私的自治による一定の制約に服することも予測しうるからである（坂本ほか・平26改正解説〔Ⅶ〕8頁、篠原＝藤田・買取請求24頁）。ただし、当該新株予約権付社債に付された新株予約権の募集事項に別段の定めがある場合（たとえば、社債部分は売渡請求の対象とならない旨の定め等。238条1項7号）はこの限りではなく、新株予約権付社債を発行する際に規定すれば、株式等売渡請求の対象外とすることも可能となっている（179条3項但書）。

なお、株式等売渡請求する旨を対象会社に通知した後取得日までの間に新株予約権等が行使され、90パーセントの要件を満たさなくなる場合については、実務上問題になりうると指摘されている[5]。

③ 対象会社の承認

特別支配株主に対する売渡株式等の売却は、売渡株主等の承諾の意思表示に代えて、対象会社の承認により実現される。特別支配株主・売渡株主等間の売買に関する個別の意思表示は不要とされるのは、法律関係の画一的処理および迅速なキャッシュ・アウトを実現するためである。対象会社の承認を要件とした理由は、売渡株主の利益に配慮し、キャッシュ・アウトを無条件に認めることは適切でなく、キャッシュ・アウトの条件が適正なものかどうかを検討させるため、一定の制約が必要であると考えられるからである（中間補足43頁）。

(1) 承認機関

対象会社が取締役会設置会社である場合には、承認するか否かを決定するには、取締役会の決議によらなければならない（179条の3第3項。取締役会非設置会社では、取締役の過半数をもって決定する（348条2項））。指名委員会等設置会社では、取締役会の決議により、その決定を執行役に委任することができるのに対して（416条4項）、監査等委員会設置会社では、取締役の過半数が社外取締役であるか、定款に取締役会決議により委任することができる旨の定めがある場合でも（399条の13第5項・6項）、取締役に委任することができないと解される（179条の3第3項）[6]。

対象会社が種類株式発行会社である場合は、種類株主総会の決議が要求されるかどうかが問題となるが、株式等売渡請求の承認が、ある種類の株式の種類株主に損害を及ぼすおそれがあるときは、対象会社は、当該株主による種類株主による種類株主総会の決議がなければ、承認を行うことができないとされ

---

[5] 総議決権の90％以上の株式保有という要件は、取得日の時点で満たしている必要があると解されるからである（森本・キャッシュアウト88頁）。
[6] 岩原ほか・座談会〔下〕13～14頁〔坂本三郎発言〕。取締役に決定を委任できない事項を定める会社法399条の13第5項各号に179条の3の承認に関する事項があげられていないが、179条の3第3項において取締役会の専決事項となっていること、179条の3における承認のプロセスが少数株主の利益を担保するという趣旨に基づくことに鑑み、取締役に委任することはできないとする。反対、江頭・株式会社法277頁。

(322条1項1号の2)[7]。

(2) 承認の判断

対象会社の取締役会は、特別支配株主からの売渡請求に対する承認の可否を決定することになるが、そこでの取締役の善管注意義務の内容は明確ではない。立案担当者の見解を踏まえると、取締役は、少数株主である売渡株主の利益を保護するために、その条件が適正なものであるか、対価の交付の見込みがあるか等の判断を行うことが期待されることになる[8]。取締役会としては、売渡請求を受ける株主にとって、特別支配株主が不当・不利益な条件を設定するおそれもあるところから、特別支配株主が定めた金銭の額等を無条件に受け入れてはならないことである。つまり、取締役は、承認の判断に際しては、少数株主のために対価の適正性確保に対する義務を負うものと解することになるが、本来取締役は会社のために義務を負うのであるから、この場面における義務内容をどのように位置づけるべきかは問題である。本場面における取締役の義務内容に関しては、本節 **4.(2)** で後述する。

なお、特別支配株主が株式売渡請求に併せて、新株予約権売渡請求も行う場合、対象会社は、新株予約権売渡請求のみを承認することはできない（179条の3第2項）。たとえ、株式売渡請求に係る対価の適正性を欠く場合であっても、新株予約権売渡請求も拒絶すべきことになる。

---

[7] 立案作業では、種類株主の保護は価格決定申立ての制度で十分であるとか、学説においても、特別支配株主はすべての株主からその有する株式の全部を取得する者である以上、種類株主相互間の割合的権利関係に変動を及ぼすものではなく、ある種類株主に損害を及ぼすおそれがあるとはいえず、決議は無用であるとする説も主張されていたが（篠原＝藤田・買取請求25頁）、結局、株式の自益権はともかく、共益権の側面から、その権利内容を価格だけの問題で解決することはできない場合があるとの意見が立案段階で支配的となった（岩原・要綱案解説〔Ⅳ〕53頁）。実務上も、どのような場合に種類株主総会を要するかは重要な意義を有するものと考えられる。坂本ほか・平26改正解説〔Ⅶ〕9頁は、改正前会社法下で発行されている種類株式について、322条1項に基づく種類株主総会の決議を要しない旨の定款の定め（同条2項）が設けられている場合、当該定款の定めは、その具体的な文言によっては、株式等売渡請求の承認についても種類株主総会決議を要しない旨を定めたものと解しうるとする。

[8] 岩原・要綱案解説〔Ⅳ〕43頁。立案時には、そもそも取締役会にこうした判断を期待することは難しいとの消極意見もあった。なお、株式等売渡請求自体は、少数株主権の行使（整備法による改正後の振替法154条参照）ではなく、個別株主通知の利用が想定されていないとすると、株式等売渡請求をする株主が特別支配株主であることを対象会社が確認する方法については実務上問題になってこよう（森本・キャッシュアウト88頁）。

(3) 請求の撤回

対象会社から売渡請求につき承認の通知を受けた後に、特別支配株主が株式等売渡請求を撤回しようとする場合には、取得日の前日までに承認の際と同じ形の対象会社の承認（取締役会設置会社なら取締役会決議（176条の6第2項））を得なければならない（179条の6第1項～3項・8項）。このように、株式等売渡請求の承認後の撤回が認められているのは、承認後に特別支配株主の財務状態が悪化し、対価の交付が困難となった場合等において、撤回の余地を認めないとかえって売渡株主等の利益に反するからであり、対象会社の取締役会には、売渡株主の利益の擁護者としての行動が期待されていることから、その撤回についても対象会社の承諾を要求することで、売渡株主等の利益を守ろうとしたものである。

もっとも、一般に、売渡請求の一方的な撤回を無条件で認めることは、売渡しを期待した売渡株主の予測を裏切る等、個々の売渡株主等にとって不利益をもたらしかねないことから、当該撤回に対して対象会社が承諾をすることができるのは例外的な場面として限定的に解する必要がある。たとえば、特別支配株主の財政状態が悪化し対価の交付が困難になった場合や、特別支配株主の想定を超える数量の売渡株式について価格決定の申立てがされた場合といった、株式等売渡請求の撤回を認めないと不合理な結果になる局面においてのみ許されるものと解する[9]。対象会社が当該撤回を承諾した場合は、特別支配株主の負担で、取得日の前日までに（179条の6第1項との平仄より）、撤回の承諾をした旨の通知（または公告）を要し（対象会社が振替株式を発行していない場合には、公告が強制される（整備法による改正後の振替法161条2項））、その通知（または公告）によって株式等売渡請求は撤回されたものとみなされる（179条の6第2項・4項・7項。なお、同様の手続により、新株予約権売渡請求のみを撤回することが認められている（同条8項）。

④ 売渡株主等に対する通知または公告

対象会社は、株式売渡等請求に対する承認をしたとき、取得日の20日前ま

---

[9] 岩原・要綱案解説〔Ⅳ〕45頁。ただし、対象会社の取締役が、合理的な理由がないにもかかわらず撤回を承諾して、売渡株主等に損害を与えた場合には、売渡株主等は、当該取締役に対し、善管注意義務を理由とする損害賠償責任（429条1項）を追及しうる。

でに、売渡株主等に対し、当該承認をした旨、特別支配株主の氏名（名称）・住所ならびに会社法179条の2第1号から第5号までに定める事項その他法務省令で定める事項[10]を、また、売渡株式の登録株式質権者および売渡新株予約権の登録新株予約権者に対しては、当該請求を承認した旨の通知等をしなければならない（179条の4第1項・2項）。

売渡株主に対する通知は、売渡株主による価格決定の申立ての機会（179条の8）を確保するため、これを公告で代替することができない（179条の4第2項括弧書。なお、売渡新株予約権者、登録株式質権者および売渡新株予約権の登録新株予約権者への通知は公告で代替可能。179条の4第2項）。ただし、振替株式発行会社では、株主名簿上その時点での真の株主をすべて把握することができず、名簿上の株主に通知を行う意味に欠けることから、通知に代えて公告によらなければならない（整備法による改正後の振替法161条2項)[11]。

このように、売渡株式が振替株式でない場合につき個別通知を要するとした点に関しては、立案段階において、略式組織再編とのバランスを失するとか、短期間のキャッシュ・アウト手続を実現させる制度趣旨に反するといった反対論も主張されたが、公告だけでは売渡株主が価格決定の申立ての機会を逸することが大きく危惧され、また、中小会社においては売渡請求を受ける少数株主が株式に市場価格以上の意義を見出すものであることも踏まえて、公開会社であっても、振替株式以外については公告による代替を認めないこととした（岩原・要綱案解説〔Ⅳ〕44頁）。

売渡株主等に対する通知または公告がなされると、特別支配株主から売渡株主等に対して株式等売渡請求がなされたものとみなされることになる（179条の4第3項）。

なお、当該通知または公告の費用は、特別支配株主が負担する（179条の4第4項）。対象会社による株式等売渡請求の通知または公告は、特別支配株主によ

---

[10] 法務省令で定める事項とは、会社法施行規則の改正案によると、同33条の5第1項2号に掲げる事項、すなわち株式等売渡請求に係る取引条件とされる（同改正案33条の6）。
[11] 振替株式発行会社について公告で足りるとしたのは、振替株式発行会社は上場会社であるから公告による周知がかなり期待できるとか、キャッシュ・アウト制度が使われる場合は、二段階買収において初めに公開買付けを、次にキャッシュ・アウトを利用することが考えられることから、初めの公開買付けの段階で株主にはキャッシュ・アウトがなされる予測が立つといった立案段階での指摘されたことを受けたものである（岩原・要綱案解説〔Ⅳ〕44頁）。

る売渡株主等への個別の意思表示の機能に代わる機能も有するものであり、対象会社に通知または公告コストを生じせしめたのは特別支配株主だからである（岩原・要綱案解説〔Ⅳ〕44頁）。

5 対象会社による開示

売渡株主等の救済方法の実効性を確保するため、キャッシュ・アウト条件を周知徹底させるための情報開示は手続上きわめて重要な意味を有し、対象会社は、株式等売渡請求による売渡株式等の売買の当事者ではないが、売渡株主等に対する情報開示において一定の役割を果たすことになる。対象会社に対して開示が求められる具体的な事項は、対象会社の承認に際して取締役が果すべき義務内容から導き出されるものであると解される。よって、実務においては、対象会社の取締役として検討すべき事項や講じるべき措置等、取締役にとって行動規範の指針になりうるものと考えられる（篠原＝藤田・買取請求26頁）。

(1) 事前開示

まず、対象会社には、売渡請求の承認に係る事項の開示が求められる。対象会社は、売渡株主等に対する通知を行った日または公告の日のいずれか早い日から、取得日後6か月（公開会社でない会社においては1年）が経過するまでの間、①特別支配株主の氏名（名称）・住所、②特別支配株主から対象会社への通知事項（179条の2第1項各号）、③承認をした旨、その他法務省令で定める事項[12]、につき記載した書面（または電磁的記録）を本店に備置し、売渡株主等による書面・記録の閲覧および謄抄本の請求に応じなければならない（179条の5第2項）。

このような事前開示の役割を対象会社が担う理由は、売渡請求の当事者ではないが、売渡株主の株主名簿等を管理しているのは特別支配株主ではなく対象

---

12) 会社法179条の5第1項4号における法務省令で定める事項とは、会社法施行規則の改正案によると、①売渡株式等の対価の総額の相当性に関する事項、②対象会社の承認（会社法179条の3第1項）にあたり売渡株主等の利益を害さないように留意した事項（中間補足44頁によれば、例として第三者による株式価値の評価や社外取締役等の意見等）、③売渡株式の対価として交付する金銭の額またはその算定方法および金銭の割当に関する事項の定めに関する相当性の事項に関する取締役（会）の判断およびその理由、④対価の支払いのための資金を確保する方法の相当性その他対価の交付の見込みに関する事項、⑤取引条件の相当性に関する事項であり、あわせて①〜⑤につき対象会社の取締役（会）の判断およびその理由も開示事項となる（同改正案33条の7第1項〜4項）。加えて、対象会社において会社財産の状況に重要な影響を与える事象が生じたときは、その内容についても開示事項となる（同改正案33条の7第5項）。

会社であること、また、売渡株主等にとって事前開示書面を特別支配株主よりも対象会社にて閲覧等ができるほうが便利でありそれが通例であること等からである（江頭・株式会社法278頁）。

(2) 事後開示

次に、対象会社は、取得日後遅滞なく、株式等売渡請求により特別支配株主が取得した売渡株式等の数その他当該取得に関する事項として法務省令で定める事項[13]を記載した書面（または電磁的記録）を作成し、取得日から6か月間（公開会社でない会社は1年間）、これを本店に備え置き、売渡株主等であった者の閲覧等に供しなければならない（179条の10）。これは、売渡株式等の取得無効の訴えを提起すべきか否かのための情報提供の意義を有する（岩原・要綱案解説〔Ⅳ〕45頁、宮島司『新会社法エッセンス＜第4版＞』（弘文堂、2014年）452頁）。

⑥ 売渡株式等の取得

株式等売渡請求が行われると、特別支配株主が定めた取得日（179条の2第1項5号）に、対象となる売渡株式等のすべてを特別支配株主が取得する（179条の9第1項）。これは株式の移転の効力を集団的画一的に処理する必要があるため、売渡株式等の全部が取得日に一括して特別支配株主に移転することとしたものである。特別支配株主が取得した売渡株式等が譲渡制限株式（譲渡制限新株予約権）であるときは、対象会社は、特別支配株主が当該売渡株式等を取得したことについて承諾する旨の決定（137条1項、263条1項）をしたものとみなされるため（179条の9第2項）、実際に譲渡承認を得る必要はない。特別支配株主が株式等売渡請求によって取得した株式等が質入れされていた場合、当該取得によって、当該売渡株式等の株主等が受けることのできる金銭について質権が存在することとなる（151条2項、272条4項）。対象会社が株券発行会社

---

13) 会社法179条の10第1項における法務省令で定める事後開示事項とは、会社法施行規則の改正案によると、①特別支配株主が売渡株式等の全部を取得した日、②売渡請求の撤回請求（会社法179条の7第1項または2項）に係る手続の経過、③売買価格決定の申立手続（179条の8）の経過、④株式売渡請求により特別支配株主が取得した売渡株式の数（対象会社が種類株式発行会社であるときは、売渡株式の種類および種類ごとの数）、⑤新株予約権売渡請求により特別支配株主が取得した売渡新株予約権の数、⑥⑤の売渡新株予約権が新株予約権付社債に付されたものである場合には、当該新株予約権付社債についての各社債（特別支配株主が新株予約権売渡請求により取得したものに限る）の金額の合計額、⑦①〜⑥のほか株式売渡請求に係る売渡株式等の取得に関する重要な事項、が列挙されている（施行規則改正案33条の8）。

の場合、売渡株式等のすべてが取得日において当然に特別支配株主に移転するとしても、取得日以降も売渡株主の手元に株券が残ることになれば、これにつき善意取得（131条2項）が生ずる可能性があることから、売渡株式等に係る株券等提出手続の履践が求められる（219条1項4号の2、293条1項1号）[14]。

対価である金銭は、その日のうちに売渡株主等に対し交付すべきことになる。もっとも、売渡株式等の取得の条件として、対価の支払いが規定されていないことから、特別支配株主において対価の支払いをしなくても売渡株式等の所有権を取得できることになる。つまり、売渡請求株式の取得と対価の支払いは同時履行の関係に立たないとされ、売渡株主は、民法で定められている同時履行の抗弁権が奪われることとなる。この点は、売渡株主の権利が大幅に制限される正当性が明らかではないとして国会審議において問題とされたが、結局、対象会社の取締役が対価の交付の見込みを確認した上で、対象会社に当該確認結果を売渡株主に事前に開示することで決着を図った（施行規則改正案33条の7第2項）。なお、対象会社が、特別支配株主が売渡株主等に対して、対価の交付が合理的に見込まれるかどうかを確認しなければならない。特別支配株主が法人の場合には特別支配株主の預金残高証明書や金融機関からの融資証明書を、負債については、特別支配株主の貸借対照表を確認することが求められ、また、特別支配株主が自然人の場合には、対象会社の取締役は特別支配株主に対して聞取り調査等により財産状況を確認することが必要となろう（法務委員会会議録第25号2頁（平成26年6月19日谷垣禎一法務大臣〔当時〕答弁）、坂本ほか・平26改正解説〔Ⅶ〕10頁）。

特別支配株主が一部の売渡株主に対価の交付を履行しない場合、売渡株主等は特別支配株主に対し、履行を強制することはできるものの、株式の売買契約の個別の解除の可否や、売渡株式等の取得の無効の訴え（846条の2第1項）によることの可否については解釈に委ねられることとなる。この点は本稿3.③で後述する。

---

[14] すなわち、対象会社は、株券の提出に関する公告等を行い、特別支配株主は株券を提出しない者への対価支払いを拒絶でき（219条2項2号）、取得日に株券が無効となる（219条3項）。なお、売渡株式に係る株主名簿記載事項の記載または記録（133条参照）については、各売渡株主との共同請求による時間的・手続的コストの増大を避ける観点から、特別支配会社が単独で請求できる旨の規定を設けることが望ましいとの指摘がある（篠原＝藤田・買取請求24頁）。

3. 売渡株主等の救済手段

　特別支配株主による売渡請求がなされる場合、売渡株主等に対する対価が必ずしも公正な額ではないとか、あるいは売渡株主にとって不利益な条件での売渡請求であるといった事態が生ずることが考えられる。そこで、事前の売渡株主に対する救済手続として売渡請求等の差止請求、価格決定の申立て、事後の救済手続として、売渡株式等の取得の無効の訴えの制度を設けた。

1　裁判所に対する売買価格の決定の申立て

　株式売渡請求の手続においては、売渡株主に売買価格の決定へ関与する機会は与えられていない。そこで、株式等売渡請求があった場合、売渡株主等は、取得日の20日前の日から取得日の前日までの間に、裁判所に対し、その有する売渡株式等の売買価格の決定の申立てをすることができるとされる（179条の8第1項、868条3項、870条2項5号）。この制度は、全部取得条項付種類株式の取得の場合の取得価格決定の申立て（172条1項）や、株式の併合の場合の反対株主の株式買取請求（182条の4）、買取価格決定の申立て（182条の5）に倣ったものである[15]。これにより、特別支配株主・対象会社間で決定された対価の金額が不当に低いと考える売渡株主等は、裁判所に公正な売買価格の決定を求めることができる。

　売渡株式等の売買価格の決定の申立てに係る事件は、対象会社の本店所在地を管轄する地方裁判所の管轄に属し（868条3項）、裁判所は、売渡株式等の売買価格の決定をする場合、申立人および特別支配株主の陳述を聴かなければならない（870条2項5号）。

　特別支配株主は、裁判所の決定した価格に対する取得日からの年6分の法定利率をも支払わなければならないが（179条の8第2項）、売渡株主等に対して、売渡株式の売買価格の決定がなされる前に、自らが公正な売買価格と認める額を支払うことができるとされ（いわゆる「仮払い」。179条の8第3項）、特別支配株主が利息支払いのコストを避けることができるように配慮している。

---

15) 今後、売渡株式等の売買価格の算定に関しては、全部取得条項付種類株式の取得価格の決定に関するMBO事案の裁判例の蓄積（最決平成21年5月29日金判1326号35頁、大阪高決平成21年9月1日金判1326号20頁、札幌高決平成22年9月16日金判1353号64頁、東京地決平成25年9月17日金商1427号54頁）が参考となろう。

なお、取得日以降も一定期間は申立てをすることを認めるかに関しては、中間試案の段階で、売渡株主の保護の見地からの検討を要する事項として整理されていたが（中間補足44頁）、結局、明文規定は特に置かれていない。この点に関しては、対象会社から株式売渡請求を承認した旨の通知・公告により株主への周知は図られており、取得日後に申立てがなされることによる法律関係の複雑化を回避するためにも、取得日以降の申立ては許容されないと解される。また、取得日時点における申立株主およびその保有する株式の数を事前に予測できないうえ、取得日後に想定を超えた大量の売買価格決定の申立てがなされることになれば、特別支配株主に不測の財産流出が生じるおそれがあり、制度利用の促進に結び付かないとの懸念もある（篠原＝藤田・買取請求26頁）。

② 差止請求

　売渡株主等は、特別支配株主に対し、株式等売渡請求による売渡株式等の全部の取得をやめるよう請求することができる。すなわち、①株式等売渡請求が法令に違反する場合、②対象会社が売渡株主への事前通知規制（179条の4第1項1号）もしくは事前開示規制（179条の5）に違反する場合、または③対象会社の財産の状況その他の事情に照らして売渡株式等の対価の金額またはその算定方法、その金銭の割当てに関する事項が著しく不当である場合、のいずれかの差止事由がある場合において、売渡株主等が不利益を受けるおそれがあるときは、特別支配株主に対して取得の差止めを求めることができる（179条の7）。株式売渡請求はすべての売渡株主等の有する売渡株式等を一括して取得するものであることから、売渡株式等全部の取得を一体として差止めの対象としている。

　株式等売渡請求制度は、全部取得条項付種類株式や組織再編による少数株主の締出しの場合と異なり、株主総会決議を経ずに行われる。そのため、本制度には、売渡株式等の取得の効力を対象会社の株主総会決議が著しく不公正な決議であるとして株主総会決議取消訴訟により争う手段がそもそもない。そこで、それに代わる売渡株主等の救済方法として、同様に株主総会を開催しない略式組織再編における差止請求制度（784条の2）に倣って認められたものである。よって、差止事由には、対象会社において株主総会決議がなされれば、決議取消事由となるはずの事項があげられている。

差止事由のうち、②の通知義務違反が、①の法令違反に含められていないのは、行為主体として売渡請求を行う者（特別支配株主）と手続を行う者（対象会社）が別々に存在するからである（中間補足45頁）。また、①に関して、他のキャッシュ・アウトにおける差止請求においては法令・定款違反が差止事由となっているのに対し、本制度では定款違反があげられていないのは、取引当事者が対象会社ではなく特別支配株主であるため、当該会社の定款違反を観念することができないことによる（中間補足45頁）。もっとも、対象会社の定款で特別支配株主の議決権要件を加重していた場合（179条1項括弧書）、定款条項の要件を満たさない株主による売渡請求は法令違反、すなわち①の差止事由になるものと解される（江頭・株式会社法280頁、田中亘「キャッシュ・アウト」ジュリスト1472号（2014年）43頁）。また、③の対価の額等が「著しく不当」に関しては、裁判所が株式の評価の適正さにつき、短時間で困難な審理を行うことを踏まえると、通常、少数株主の間においても株式の評価に幅があるのであって、対価の額等につき法が介入して行為を阻止すべきであると判断される場合に限られるべきであるとの見解がある（齋藤真紀「キャッシュ・アウト」ジュリスト1439号（2012年）54頁）。

　差止事由に該当するかが問題となるのは、特別支配株主が少数株主を締め出す行為自体である。なぜなら、締出し行為そのものが目的の不当な行為であるとして権利濫用との評価がなされ、差止事由①の法令違反に該当する可能性がありうるからである。この点については、公開型タイプの会社の買収後の残存少数株主を対象に行われる締出しについてはその可能性はないが、閉鎖型のタイプの会社の内紛に起因する少数株主の締出しについては、その可能性が皆無とはいえないと解される。

③ 売渡株式等の取得の無効の訴え

(1) 無効の訴えの手続

　特別支配株主の株式等売渡請求による売渡株式等の取得に無効事由がある場合、取得日から6か月以内に、売渡株式等の取得の無効の訴えにより無効を主張することができる（846条の2第1項）。

　特別支配株主による取得行為は、多数の株主の利害に影響を及ぼすことから、法的安定性と法律関係の画一的処理を図るため、売渡株式等の訴えという形成

判決によらなければ無効の主張は許されないものとする。この点において、他の無効確認訴訟とは異なる。売渡株式等の全部の取得は、対象会社の行為でないことから、会社の組織に関する行為の無効の訴え（828条1項各号）の一種とはされえないが、それと同様の手続規制に服する。

　無効の訴えにおける原告は、売渡株主等のほか、売渡株主等の利益に配慮すべき立場にある者として、取得日に対象会社の取締役（監査役設置会社（2条9号）の場合には取締役・監査役、指名委員会等設置会社（同条12号）の場合は取締役・執行役）であった者または対象会社の取締役・監査役・執行役・清算人（846条の2第2項）であり、被告は売渡株式等の取得の主体である特別支配株主（846条の3）である。証拠の所在等に配慮して、当該訴えは、対象会社の本店の所在地を管轄する地方裁判所の管轄に専属するものとされる（846条の4）。提訴期間は、対象会社が公開会社である場合、無効の訴えは取得日から6か月以内と限られているが、公開会社でない会社の場合は、取得日から1年以内に伸長されている。これは、公開会社でない会社において、提訴期間が6か月となると、通知を受けず取得の差止めの機会を逸した株主等が無効の訴えの提訴の機会も失う危険があるので、株主の地位（持株比率）の維持への関心が特に高い当該会社の株主についてのみ提訴期間を延長したものである。

　請求を認容する判決が確定したときは、その判決は、第三者に対しても効力を生じる（対世効：846条の7）。株式等売渡請求による売渡株式等の全部の取得は将来に向かって効力を失い（将来効：846条の8）、無効判決確定前に特別支配株主が売渡株式等に関し行った権利行使は影響を受けることはない。いずれも、法的安定性や法律関係の画一的処理が求められる他の会社訴訟の場面と同様の趣旨に基づくものである。無効判決が確定したときに特別支配株主が有する売渡株式等は、原権利者に返還され、他に譲渡済の売渡株式、行使済の売渡新株予約権等については、金銭による処理を行うことになる。

　その他、悪意の原告への担保提供命令（846条の5）、弁論・裁判の必要的併合（846条の6）、原告が敗訴した場合に原告に悪意または重大な過失があったときは、原告は被告に対して連帯して損害賠償責任を負う（846条の9）など、会社の組織に関する訴えの手続と同じである。

(2) 無効事由

　株式等売渡請求における売渡株式等の全部の取得の無効事由については、明

示的に定められておらず、解釈に委ねられる。具体的には、取得者の持株要件の不足（179条1項）、対価である金銭の違法な割当て（179条の2第3項）、対象会社の取締役会・種類株主総会の決議の瑕疵（179条の3第3項、322条1項1号の2）、売渡株主等に対する通知・公告・事前開示書類の瑕疵・不実記載（179条の4、179条の5）、取得の差止仮処分命令への違反（179条の7）等である（江頭・株式会社法281頁）。

　無効事由に該当するか否かで解釈が分かれる事項として、「売買価格が著しく不当である場合」、およびキャッシュ・アウト自体の「目的の不当性」があげられる。

　まず、「売買価格が著しく不当である場合」は、株式等売渡請求の差止事由にあたることになるため（179条の7第1項3号）、さらにこれを無効事由としてその取得の効力を争うことができるかは問題となる。この点は、立案段階でも論点の一つとして議論が尽くされたところである。否定説の立場からは、価格の当不当は主観的な問題で、不当と考える売渡株主が、価格決定の手続と別に無効の手続によって全部をやめることを認める必要はないとする[16]。これによると、対価の当不当の問題は、事後的に取得の効力の問題として扱うのではなく、売買価格決定（179条の8）によってのみ争うことができることになる。他方、肯定説からは、株主総会決議を経てキャッシュ・アウトした場合（たとえば、全部取得条項付種類株式の取得による場合）より、株主総会決議を要しない株式等売渡請求によるキャッシュ・アウトの場合のほうが、その効力が安定的になってしまうのはアンバランスであること、株式等売渡請求においては、募集株式の発行とは異なり、手続的瑕疵は基本的に無効事由になりうるとされていることから、組織再編のように広い無効事由を考えてもよいこと、組織再編においては新たな組織を前提に多くの利害関係人が現れ、資産も変動するのに対し、株式等売渡請求による株式等の取得の場合は、それを基にその後、法律関係が積み重なっていき、資産も変動するということが少ないことを踏まえると、組織再編よりも無効事由は広いとすら考えられる、といった意見が有力に展開された（坂本ほか・平26改正解説〔Ⅶ〕11頁、立案段階での議論につき岩原・要綱案解説〔Ⅳ〕47頁を参照）。学説においても、肯定説を支持する主張が目立つ。

16）組織再編行為に関して、無効事由にならないという判例もある（東京高判平成2年1月31日資料版商事法務77号193頁参照）。

すなわち、売買価格の著しい不当性は、取得の差止事由であるとしても、差止仮処分を求める場合、売買価格の当不当について十分に審理する時間的余裕がないことに鑑みれば、仮処分申請は保全の必要性を欠くとして却下し、無効の訴えの対象とする方が適切なケースもあるとの指摘や、所有と経営が一致する閉鎖会社の場合において、内紛が生じた場合に安易に売渡請求が用いられる懸念のあることを踏まえると、無効事由を広く捉えることが妥当であるとして、肯定説が有力に主張されている（中東正文「キャッシュ・アウト」法学教室402号2014年27頁、江頭・株式会社法281頁、田中・前掲「キャッシュ・アウト」43頁）。たしかに、売渡株式等はこれを取得した特別支配株主の手元にとどまっているのが通例であろうから、無効事由を広く解しても法的安定性の面からも問題はないものと思われる。

　また、売渡株式等の大部について対価が支払われない場合も、株式発行等や組織再編より広く無効事由をとらえてよいとして無効事由となりうると解する説が立案段階で有力であった（坂本ほか・平26改正解説〔Ⅶ〕11頁）。なお、対価の不払いを無効事由と解する肯定説の立場によっても、一部の売渡株主等に偶発的に生じた不履行は無効事由とならないとされる。そこでその場合、一部の売渡株主等が、自分の株式の売買についてのみ債務不履行等を理由に個別解除することができるかは別途議論となる。この点、偶発的な一部の不履行によって一部の売渡株式等の取得の効力が喪失することを認めると、完全子会社化の簡易な実現という制度目的を阻害することになるとの指摘がある（江頭・株式会社法279頁）。これは、無効の訴えは形成訴訟であって、個別解除はできず、無効の訴えによらなければ主張しえないと解するのである。他方、立案段階においては、株式の全部の取得の無効を主張するには無効の訴えによらざるをえないとしても、無効事由と個別解除は区別して考えることができ、組織再編等の無効の訴えの判例の流れを踏まえると、個別の売渡株主等による個別解除は妨げられないとする見解が有力に主張されていた[17]。

　次に、キャッシュ・アウト自体の「目的の不当性」が無効事由となりうるか

17）無効の訴えの制度が設けられている行為であるにもかかわらず無効の訴えによらず個別の権利変動についての効力を争うことを認めた判例として、会社分割無効の訴えによらずに労働契約承継の効力を争えるとした最判平成22年7月12日民集64巻5号1333頁、会社分割を詐害行為取消権によって取り消すことを認めた最判平成24年10月12日民集66巻10号3311頁等があげられていた（岩原・要綱案解説〔Ⅳ〕54頁）。

である。これは他のキャッシュ・アウト手法においてもその効力を争う方法につき同様に論じられている問題である。たとえば、全部取得条項付種類株式の取得決議（171条）が著しく不当な決議（831条1項3号）として取消しの対象となるかどうかが争われた東京地裁平成22年9月6日判決（判タ1334号117頁）では、「単に会社側に少数株主を排除する目的があるというだけでは足りず、……少なくとも、少数株主に交付される予定の金員が、対象会社の株式の公正な価格に比して著しく低廉であることを必要とすると解すべきである」とされ、当該事案では、著しく低廉であるとはいえないことから、目的の不当性が取消事由に該当しないとして取消請求を却下している（同旨の判例として大阪地判平成24年6月29日判タ1390号309頁）。もっとも、本判決はキャッシュ・アウトの「目的の不当性」だけでは取消事由にならない旨を述べているのであって、たとえば、少数株主が支配株主である取締役の責任追及のため代表訴訟を提起しているときに、支配株主が責任逃れのためにキャッシュ・アウトを行った場合など、キャッシュ・アウトが権利濫用目的で用いられていることが立証された場合に、決議取消またはキャッシュ・アウトを無効とする余地があるとの指摘がなされている（田中・前掲「キャッシュ・アウト」44頁）。このほか学説では、前掲大阪地判平成22年9月6日の事案にみられるように、閉鎖型の会社の株主にとって株式が経営者報酬の源泉であり、かつ株主間に経営参加に関する明示・黙示の約束があることが少なくない等複雑な事情があるのが一般であるから、「目的の不当性」をもって決議取消しまたはキャッシュ・アウトの無効を広く解すべきことが有力に主張される（江頭・株式会社法159頁）。

　今後、少数株主が本制度に基づくキャッシュ・アウトの差止めや無効を主張して争う事例が登場しその件数が増加する可能性もある。そうした裁判例において、「対価の不当性」が差止事由および無効事由との関係でどのように位置付けられていくか、その判断の蓄積には注目しなければならない。

4．解釈論上の問題点

　特別支配株主の株式等売渡請求制度の一連の手続を通して、本制度は、これまでキャッシュ・アウトの手法として用いられてきた他の制度をベースとし、かつ、こうした他の制度とのバランスを図りながら制度設計がなされているこ

とがわかる。本制度を解釈するにあたっては、効率的なキャッシュ・アウトを望む特別支配株主とキャッシュ・アウトの対象となる売渡株主の両者の利益をどのように調整をしていくかが重要な視点となる。特に、売渡株主である少数株主の権利・利益を保護する見地に立った、裁判所に対する対価決定の申立て、キャッシュ・アウトの差止請求およびその効力を争う無効の訴えの各種制度が利用される場面は、特別支配株主と少数株主とが鋭く対峙する局面であるから、実際の運用に伴いさまざまな解釈問題が浮上することが予想される。このうち、無効事由および差止事由の範囲の問題や特別支配株主による対価の支払いの遅滞問題などの論点は立案段階で最も議論のあった論点であるが、これらはすでに本稿3.で言及したところであるので、以下では、その他実務においても議論が予想されるいくつかの問題点について整理しておきたい。

1 他のキャッシュ・アウト手法の利用の可否

まず、株式等売渡請求制度が、キャッシュ・アウト専用の方法として制度化されたことを踏まえると、これまで実務で利用されてきた他のキャッシュ・アウトの手法はもはや利用できないということを意味するのではないかという疑問が生じる。立案の段階でも、会社法上キャッシュ・アウトのための制度が正面から設けられた以上、他の制度を少数株主の締出しに転用することを認めるべきではないとの意見もあった。

しかし、他のキャッシュ・アウト制度が実務で広く定着してきた現状に鑑み、立案担当者からも、株式等売渡請求の制度の創設は、他の手法によるキャッシュ・アウトに関する規律の変更を意図するものではないと説明されている（中間補足41頁）。したがって、本制度が新設されたからといって、他の手法を排他することを意図するものではなく、従来の手法をキャッシュ・アウトに用いることができなくなるわけではないというのが一般的な理解である。たとえば、キャッシュ・アウトを目論む支配株主が、公開買付けの結果、総議決権の10分の9以上の持株比率を超えることができなかった場合でも、総議決権の3分の2以上を保有していれば、従来どおり全部取得条項付種類株式を用いてキャッシュ・アウトを実行することができる[18]。

しかも、今回の平成26年改正では、全部取得条項付種類株式あるいは株式併合の制度に関しても、キャッシュ・アウト目的での利用を念頭に置いた見直

しが行われていることからも肯定されよう。すなわち、事前・事後の情報開示（173条の2、182条の2、182条の6）や、少数株主の保護手続（差止請求につき171条の3、182条の3、株式併合には端数部分の株式買取請求・価格決定申立てが新設（182条の4、182条の5））等が整備され、両制度において少数株主保護の仕組みが十分でないというこれまでの批判に応えたものとなっている[19]。すなわち、今改正により、キャッシュ・アウトに用いることができる各制度において、対象会社の少数株主を保護する方法に大差がなくなったことになる。

したがって、実務では個別事案の事情に応じて各制度の利便性をどのように活かし使い分けをしていくかの判断が求められることになろう。その意味では、株式等売渡請求制度の手続面での有用点は大きく2つある。第1に、株主総会決議が不要となる点である。株主総会決議必要型の他のキャッシュ・アウト方法を用いると、株主総会決議で可決の見込みが確実な情勢であっても、株主総会の開催に2か月程度の期間を要し、支配株主にとって大きな時間的ロスが生じてしまう。この点、株式等売渡請求制度は株主総会決議の帰趨が明確である場合には時間的・手続的コストを削減でき、実務感覚に沿った設計であるとい

18) なお、株式等売渡請求制度を利用してキャッシュ・アウトを行うことを企図する買収者が、公開買付けによって90％に届かなかった分を追加で株式取得して90％の要件を満たすに至った場合、本制度を利用することは形式上可能である。もっとも、こうした手法は、実質的に90％基準を引き下げることにほかならず、本制度の趣旨との関係で許容性が問題となりうるが、上場会社のように公開買付けを先行させる場合は、そもそも買収者以外の株主の賛同を受けて90％を目指す方法であって、最初から買収者が90％の要件を満たしている場合とは異なり、90％という要件のもつ意味を別に理解することが可能であるとする（三苫裕＝小田望未「会社法改正要綱をベースに検討する株式等売渡請求制度の概要とトップ・アップ・オプションの活用可能性」経理情報1328号（2012年）30頁）。この点、アメリカ実務では、公開買付けで90％の要件を満たせないときに備えて、対象会社があらかじめ買収者にストック・オプションを発行するトップ・アップ・オプションと呼ばれる仕組みで定着しているとされる（同30頁以下参照）。日本法の解釈として、90％要件を満たす目的で株式等を発行することが「著しく不公正な方法」（210条2号、247条2号）に該当するか問題になりうるが、90％要件の意義は単に株主総会決議を省略する点にあり、株式等売渡請求を企図する者が、少なくとも総議決権の3分の2以上を確保した場合には、本来認められないキャッシュ・アウトを可能とするものではなく、少数株主の救済方法も整備されているのであるから「著しく不公正な方法」によるものではないと解する必要はないとされる（坂本ほか・平26改正解説〔Ⅶ〕23頁）。
19) なお、東京証券取引所としては、いわゆる併合割合の大きな株式併合に関して、上場規則での厳格な対応を行ってきたが、今後は株式併合における少数株主保護策が有効に機能するかどうかを見きわめた上で、規則の見直しを検証するとされる（前田雅弘ほか「座談会『会社法制の見直しに関する要綱』の考え方と今後の実務対応」商事法務1978号（2012年）37頁〔静正樹発言〕）。

える。しかも、キャッシュ・アウトが短期間で実行可能であることは、TOBの強圧性を回避することにもつながり、この点でも実務上のメリットが高い。第2のメリットは、対象会社が新株予約権・新株予約権付社債を発行している場合でも、株式等売渡請求を行う特別支配株主は、株式と一緒にそれらも取得することができるという点である。この点、全部取得条項付種類株式と株式の併合による場合は、取得対象が株式のみに限定されており、また、現金交付型の株式交換においては、株式交換完全親会社の新株予約権を交付することで対象会社の新株予約権を消滅させることは可能であるが、交付する対価として金銭を用いることができないという制約がある（768条1項4号）。

　このように、キャッシュ・アウト手法を手続の面で比較すると、株式等売渡請求制度と実質的に近い方法は、現金交付型の略式株式交換となろう。もともと株式等売渡請求制度は、現金交付型の組織再編の制度設計に倣ったものだからである。しかし、両者の大きな相違点は、税制面での扱われ方にある。現金交付型の組織再編は、適格組織再編に該当せず、時価評価課税が適用されうるのに対して、株式等売渡請求制度では対象会社にそれが適用されないことが想定される[20]。これまでの実務での利用状況に照らせば、税制上有利な手法がやはり選好されることになろうから、株式等売渡請求制度が実務上も一般的に利用されていくことになると思われる。

　以上総括すれば、今般の法改正により、会社法上、キャッシュ・アウトを行うための制度間の足並みが揃い、少数株主保護の見地からも制度間に大きな相違がなくなったと評価できる。このように考えると、法が既存のキャッシュ・アウト制度の歪みを改善するとともに、より効率的なキャッシュ・アウトの制度を新設したことは、まさにキャッシュ・アウト実務の期待に応えようとする法改正の意図に基づくものであるといえ、キャッシュ・アウトを行う手法として、株式等売渡請求制度とともに、従来の制度を利用した方法もその選択肢として残しておく必要性も許容性もあるといえる。今後は、実務の運用において、個別の事情や状況の変化等に応じて、利害関係者の利益に配慮した適切な手法を選択していくことが望まれる。

---

20) 株式等売渡請求制度において、売渡株主についての税制は株式譲渡損益課税になるといわれている（江頭・株式会社法279頁）。この点で、全部取得条項付種類株式が用いられる場合と同様の税制面での利点があるといえる。

2 対象会社の取締役の義務

　特別支配株主の株式売渡請求制度は、株主間の株式の売買という法形式によるものであるが、特別支配株主が株式売渡請求権を行使するためには、対象会社が取締役会設置会社の場合には取締役会の承認が必要とされている（179条の3）。一般的に、この場面における取締役は、キャッシュ・アウトが会社の企業価値を高めるかどうかという視点から承認の可否を判断しなければならないと考えられる。ただ、今般の補足説明によると、対象会社の取締役は、少数株主である売渡株主の利益に配慮し、キャッシュ・アウトの条件が適正なものといえるかどうかを検討しなければならないとされる。すなわち、対象会社には、事前開示事項として、「承認に当たり売渡株主等の利益を害さないように留意した事項」のほか、対価の交付の見込み、特別支配株主が示した支払いの資金を確保する方法やキャッシュ・アウト条件に関する相当性が挙げられていることから（179条の5、施行規則案33条の7）、取締役は承認の判断においてこれらの事項を確認しなくてはならない[21]。要するに、取締役は、キャッシュ・アウトの適正性につき、少数株主のために善管注意義務を尽くして検討することが求められるということになる[22]。

　しかしながら、会社法上、取締役が職務執行に際し善管注意義務を負うのは会社に対してであって（330条、民法644条）、株主に対して負っているわけではないから、キャッシュ・アウトの場面においても、本来、対象会社の取締役は、特別支配株主あるいは売渡株主の利益のために最善を尽くす善管注意義務を負うことにはならないはずである。あるいは、従来取締役の会社に対する一

---

21) たとえば、売渡株式の対価の交付を確保するために、特別支配株主に資金の裏付けがあるか否かも開示させ、取締役は対価の交付の見込みとして資金の準備状況等を確認する義務を負うとされている（岩原・要綱案解説〔Ⅳ〕53頁の注16）。なお、他のキャッシュ・アウトに比べ、株式等売渡請求制度では、取締役に「対価の交付の見込み」について確認が求められる点で義務が加重されているとされるが（森本・キャッシュ・アウト89頁）、現在の二段階買収による非公開化を前提とした場合、公開買付けの時に公開買付届出書の添付書類として求められる「公開買付けに要する資金……の存在を示すに足る書面」（発行者以外の者による株券等の公開買付けの開示に関する内閣府令13条1項7号）になるので、実務的にはそれほど重い負担にならないと指摘されている（岩原ほか・座談会〔下〕14頁〔仁科秀隆発言〕）。
22) 同様に、特別支配株主の売渡請求の撤回に対して取締役(会)が承認を与える場面においても、取締役には少数株主の利益保護の見地からの判断が求められる。

般的な善管注意義務の内容は、会社の構成員である「総株主」の利益の最大化を図る義務と解されてきた（落合誠一「企業法の目的―株主利益最大化原則の検討」岩波講座『現代の法<7>企業と法』(岩波書店、1998年) 23頁、江頭・株式会社法22頁)。したがって、このような取締役が少数株主のために対価の適正を確保する義務の内容に関しては、従来正面から論じられてこなかった義務内容であるから、よってその義務は、取締役が会社に対して負う善管注意義務とは内容が異なるものが想定されているとも思われる。このようにキャッシュ・アウトの場面における取締役の善管注意義務の意味するところが必ずしも明確ではないとなると、取締役の責任追及の根拠をどのように構成すべきであるのかが今後実務でも議論の一つになってこよう。

　立案時の議論では、ごく限られた場面では、取締役に少数株主のために価格の適正を確保する義務を負うことまで認めてよいとの意見が多数を占めていた[23]。すなわち、対象会社の取締役の承認の意味は、その立法趣旨からも、また条文の読み方からも、会社の利益だけではなく、少数株主の利益を考慮する義務が課せられているとされ、また、東京高判平成25年4月17日（判時2190号96頁）においても、MBOの場面における取締役は、株主に対する善管注意義務の一内容として、公正価値移転義務と適正情報開示義務を負うものと示された点を明文で定めたと説明されている（岩原ほか・座談会〔下〕13頁〔岩原紳作発言〕)。

　これに対して、学説では、取締役が個々の売渡株主に対して直接的に義務を負うものと認めることについては消極的な見解が多い。とはいえ、売渡株主といった個別の株主の利益保護を取締役の会社に対する義務の内容として理解することは容易ではない[24]としながら、MBOなどキャッシュ・アウト場面において、取締役が9割以上の議決権を有する株主から自由に判断できるのかは疑わしく、こうした利益相反構造を打開するため、取締役の行動規範を明らかにする必要性が学説上強く認識されてきたところである。

---

23) 株式を意に反して手放さなければならない少数株主が受けるおそれのある不利益の大きさを考えると、差止請求、価格決定の申立て、無効の訴えの制度だけではその救済措置としてやや弱いといった判断があったようである（前田ほか・前掲注19座談会34頁〔前田雅弘発言〕)。
24) 白井正和・ビジネス法務2013年11月号50頁、弥永真生・ジュリスト1456号 (2013年) 3頁等。

そこで、学説では、従来取締役の義務が会社（ないし総株主）に対するものであると一般的に理解されてきた中で、キャッシュ・アウトの場面で求められる少数株主の利益を保護する義務内容をどのように位置付けるか議論が展開されている。それによれば、株主間の利益移転が生じうる場面においては、取締役は株主間の公正を図る義務を負い、少数株主が不当な不利益を被ることを防止する任務があると理解し、伝統的な会社法との整合性を図ろうとする立場が有力といえる（江頭憲治郎ほか「＜座談会＞MBO取引・完全子会社化時の取締役の行為規範を考える（上）」ビジネス法務2011年6月号33頁〔江頭憲治郎発言〕、松尾順介＝大杉謙一＝岡村秀夫「新しいファイナンスをめぐる問題について──MSCBおよび新株予約権をめぐって」証券経済研究64号（2008年）80頁、85頁〔大杉謙一発言〕）。すなわち、株主間の価値移転が予想される場面で株主間の公平を図らなければならないという義務内容が、取締役の一般的義務（会社法330条、民法644条、会社法355条）の中に含まれていると解することになる[25]。取締役の義務の名宛人が会社であることと、善管注意義務の内容の解釈とを分けて論じるべきであるとの立場から、会社に対する善管注意義務の内容として株主利益に配慮する義務を負うとする見解もある（内田修平「平成26年会社法改正がM&A法制に与える示唆〔上〕」商事法務2052号（2014年）16頁）。

　いずれにしても、取締役の少数株主の利益を保護する義務は、キャッシュ・アウトの場面における取締役の利益相反的行動を規制する趣旨に基づくものである。したがって、この義務は、会社法上異質ではあるものの、少数株主の利益を守る義務を盛り込まざるをえないとの政策的判断によって定められたものと考えられる。仮に、キャッシュ・アウトを承認する場面における取締役の義務を会社に対する義務として明文化したのでは、利益相反的行動を規制する趣旨が十分に機能しないおそれがあろう。法が取締役に少数株主の利益を害しな

---

25) また、キャッシュ・アウトが株主の地位の問題に関する行為であることから、取締役は、実質的な株主平等の観点から、キャッシュ・アウトを行うか否かの判断が求められると理解する見解も主張されている（山本・M&A516頁）。玉井利幸「株式等売渡請求、キャッシュ・アウト、取締役の義務(1)」南山法学36巻3・4号（2013年）246頁は、取締役の忠実義務として、少数株主から支配株主への富の移転を防止し、少数株主の利益を保護する義務を負うとする。会社法にはすでに株主間の富の移転を防止する規定が存在し（210条1号等）、取締役は法令遵守義務を介して少数株主に対する義務を負うことになるとして、売渡株主の利益に配慮する義務は、従来から存在していた会社法の考えが明示されたものと理解する。

い判断をする義務を明確に課すことによって、結果として、特別支配株主と少数株主との利益衡量を図ることが可能になるのである[26]。

したがって、キャッシュ・アウトの可否を判断する取締役は少数株主の利益への配慮をしなければならないという義務内容を前提とすれば、たとえば、売渡株式等の対価が適正な範囲を下回っている場合、取締役はこれを承認してはならないことになる[27]。この場合、もし取締役が承認の判断をすれば、善管注意義務違反、つまり任務懈怠として評価されることになり、かかる任務懈怠につき悪意・重過失があれば売渡株主等に対して損害賠償責任（429条1項）を負うこととなる[28]。

このように取締役の行為規範を理解しても、現実問題として、対象会社の取締役が特別支配株主から独立した判断をなしうるかという課題は残る。それゆえ、実務上は、対象会社の取締役（会）の承認判断の独立性および客観性を保つ対策が求められる。たとえば、特別支配株主に対して独立性を有する者からなる第三者委員会を設置してその意見を尊重するとか、特別支配株主や対象会社から独立した専門家からなる第三者評価機関から売渡価格の相当性に関する算定書や意見等を取得することが考えられる[29]。

なお、対象会社の取締役の地位の独立性がないと判断される場合、たとえば、

---

[26] さらに、取締役は特別支配株主との間で少数株主にとって最善の対価を引き出すべく価格交渉を行う義務までも負うかという問題もある。立案時の議論では、会社の売却または支配権の異動が生じる局面では、取締役は株主にとって合理的に獲得しうる最善の価格を引き出すべき行動する義務、いわゆるレブロン義務については、必ずしもそこまでの義務を取締役に課す意図はないと説明されている（議事録18回〔平24.3.21〕29頁〔内田修平発言〕）。また、東京地判平成23年2月18日金商1363号48頁でも、MBO事案で原告が取締役に求めた「合理的に得られる最高の価格になるように公開買付先と価格交渉する義務」につき認めていない。

[27] もっとも、対価が適正な範囲に収まっていても、少数株主を排除することにより会社の企業価値を低下させる場合の取締役の行動規範は問題となろう（山本・M＆A516頁）。

[28] 前田ほか・前掲注19座談会35頁〔前田雅弘発言〕。また、価格決定の申立てのための期間が取得日の20日前から取得日の前日までという設定が（179条の8第1項）短すぎるとして、申立の機会を逸した売渡株主であっても、善管注意義務に違反する取締役に対して、少なくとも公正価格との差額の賠償を請求できる（429条1項）と解すべきであるとの指摘がある（山本・M＆A517頁の注36）。

[29] 陳宇「上場会社MBOにおける対象会社の意見表明―取締役が負うべき義務を中心に」山本爲三郎編『企業法の法理』（慶應義塾出版会、2012年）357頁。現在の実務においても、二段階取引が予定されている公開買付けにおいて、対象会社の取締役（会）が応募推奨の意見表明を行う場合には独立した第三者からの株価評価書を取得することがほぼ定着している（柴田寛子・前掲注3・26頁の注41）。

対象会社の取締役が特別支配会社の取締役を兼務している場合や、特別支配株主と対象会社の取締役との間でキャッシュ・アウト後も対象会社の取締役としての地位を約束する合意がある場合には、当該取締役は特別利害関係のある取締役に該当し（369条2項）、その者が議決に加わった取締役会決議には瑕疵があると解される（山本・M＆A516頁、柴田・前掲注3・22頁）。

株式売渡請求制度における対象会社の承認が要件化されたことで、取締役の義務内容に新たな解釈を加える根拠が与えられたともいえる[30]。取締役の少数株主のために尽くす義務を定めたとして位置付けられるにせよ、この義務内容をめぐる解釈論は今後深化させていかなければならないところである。

③ その他の問題点

(1) 金融商品取引法との関係

金融商品取引法（金商法）との関係で、まず問題となるのは、株式等売渡請求による株式の取得が公開買付けに該当するか否かである。本来、株式等売渡請求によって特別支配株主が株式を取得することは、当該株式の有償の譲受けにあたるため、公開買付規制（金商法27条の2第1項・6項）に服することになる。しかし、本制度が時間的・手続的コストの削減を目的としたものであり、他のキャッシュ・アウトの手法による株式取得については公開買付規制が及ばないことから、公開買付規制を及ぼす合理的必要性は乏しいと指摘されている（篠原＝藤田・買取請求29頁）。

もう1つは、継続開示義務との関係である。全部取得条項付種類株式によるキャッシュ・アウトの場合は、自己株式となった全部取得条項付種類株式を消却することで（178条）、継続開示義務の対象となる種類の株式がなくなり、対象会社による有価証券報告書の提出義務が消滅すると解されているが、これに対して、株式等売渡請求制度による場合は、株主間の取引であるから、自己株式の消却手続を実施できず、現行の金商法の下では特別支配株主は継続開示義務の対象となる株券等を取得することとなり、これによって継続開示義務が消滅することにはならないと解されている（篠原＝藤田・買取請求29頁、森本・

---

[30] 清水毅「キャッシュ・アウトに関する改正ポイント」経理情報1370号（2014年）25頁。この議論は、他の手法を用いたキャッシュ・アウトの場面においても、かかる取締役の行為規範の理解が波及する可能性を指摘する。

キャッシュアウト90頁)。しかし、本制度が手続の簡素化を目的としていることに鑑みて、全部取得条項付種類株式による場合と同様の扱いを享受できるのが望ましい。

いずれの問題点に関しても、特別支配株主の株式等売渡請求制度の趣旨に配慮し、キャッシュ・アウトの手法間の均衡を図るかたちで、金商法上の所要の手当てが今後なされることが期待される。

(2) 「支配株主との重要な取引等に係る遵守事項」との関係

東京証券取引所は、企業行動規範の一つとして、「支配株主との重要な取引等に係る遵守事項」を定め、支配株主を有する上場会社に対し、支配株主と会社との取引によって少数株主が不利益を被らないように、当該取引その他の決定に際して支配株主と利害関係を有しない者による意見の入手をし、必要かつ十分な適時開示を求める（有価証券上場規程441条の2)。すなわち、支配株主と会社との取引がなされる場合に適切な情報開示を会社に要求し、少数株主の利益を保護せんとする趣旨である。

株式等売渡請求制度を利用した株式の取得は、特別支配株主と株主間の取引であるが、東京証券取引所が定める「支配株主との重要な取引等に係る遵守事項」における「支配株主との重要な取引」に該当し、遵守事項の対象になるのかが問題となる。たしかに、株式等売渡請求制度による株式の取得は、対象会社と支配株主との間の取引に形式的には該当しないが、本制度が対象会社の取締役会の決議を当該取引の手続に組み込ませることで少数株主の利益保護を図るのであり、この点で遵守事項と同様の趣旨に基づくといえる。よって、対象会社で、株式等売渡請求を承認する取締役会決議は、遵守事項の対象になることが指摘されている（前田ほか・前掲座談会35頁〔静正樹発言〕)。

5. おわりに

今回の平成26年改正により、特別支配株主の株式等売渡請求制度が創設され、キャッシュ・アウトの選択肢が増えるとともに、それぞれのキャッシュ・アウト手法において横断的に少数株主の保護策も講じられたことで、実務において積極的かつ確実にキャッシュ・アウトを進めていくことが可能となった。特に、特別支配株主の株式等売渡請求制度は、これまでネックだった株主総会

の決議を省略できるなどメリットが大きいことから、従来主に用いられてきた全部取得条項付種類株式による手法に取って代わり、実務で大いに活用が進むことが予想される。

ただその一方で、特別支配株主の株式等売渡請求制度においては、対象会社の取締役にキャッシュ・アウトの可否を決定するに際して困難な判断を強いられる場面が出てくることになろう。少数株主の利益をいかに保護するかが本制度の根幹をなしている以上、本制度が絵に描いた餅となるかどうかの命運は、その重要な役割を担うことになった対象会社の取締役の適切な判断にかかっているともいえる。本制度に残された他の解釈論とともに、キャッシュ・アウトにおける取締役の行為規範に関して今後の議論の方向性に注視していかなければならない。

III 株式買取請求に係る規定の整備等

1. 株式等の買取りの効力が生ずる時点

1 改正前会社法における問題点

(1) 株式買取請求を行った反対株主による剰余金配当と法定利息の二重取り

改正前は、116条1項各号の行為をする株式会社、事業譲渡等する株式会社、存続株式会社等（＝吸収合併存続株式会社、吸収分割承継株式会社、株式交換完全親会社）、吸収分割株式会社または新設分割株式会社に対する株式買取請求の効力が生ずる時点は、当該株式の代金支払いの時と定められていた（改正前117条5項、470条5項、786条5項括弧書、798条5項、807条5項括弧書）。この結果、株式買取請求を行った反対株主は、会社から当該株式の買取代金が支払われるまでは当該会社の株主の地位を有し続けるため、当該株式に係る剰余金の配当を受ける権利を有していた。他方で、裁判所に対して価格決定の申立てがなされた場合には、会社は株式買取請求を行った反対株主に対し、買取代金に加え、裁判所の決定した買取価格に対する会社法116条1項各号の行為、事業譲渡等、

組織再編等の効力発生日から60日の期間満了後年6分の利息をも支払わなければならなかった（改正前117条4項、470条4項、786条4項、798条4項、807条4項）。この結果、株式買取請求をした反対株主は、利息発生日から代金支払日までは剰余金の配当を受けることができ、さらに裁判所の決定した買取価格に対するこの間の年6分の法定利息も受けることが可能であった。そのため、これは利益の二重取りになっておかしいという批判がなされていた[31]。

(2) 規定の不統一

他方で、改正前は、吸収合併における吸収合併消滅会社・株式交換における株式交換完全子会社に対する株式買取請求の効力発生時点は、当該吸収合併または株式交換の効力発生日と（改正前786条5項）、新設合併における新設合併消滅株式会社・株式移転における株式移転完全子会社に対する株式買取請求の効力発生時点は、新設合併設立会社または株式移転設立完全親会社の成立の日と定められていた（改正前807条5項）。この結果、これらの場合には(1)のような不都合は生じず、消滅会社等の株主と存続会社等の株主との間での取扱いの差異が生じていた。

2 改正法の解説

上記のような不都合を解消するため、改正法は、株式買取請求に係る株式の買取りの効力が発生する時点を統一した。すなわち、会社法116条1項各号の行為をする株式会社、事業譲渡等をする株式会社、存続株式会社等、吸収分割株式会社または新設分割株式会社に対する株式買取請求についても、当該請求に係る株式の買取りは、これらの行為の効力発生日に、その効力を生ずるとした（117条6項、470条6項、786条6項、798条6項、807条6項）。この改正により、株式買取請求を行った反対株主は、これらの行為の効力発生日に当該会社の株主としての地位を失うこととなり、剰余金配当と法定利息の二重取りが発生しうる状況は回避されることになった。

同様の趣旨から、新株予約権買取請求に係る新株予約権の効力が発生する時

---

[31] 岩原・要綱案解説〔V〕6頁。改正前会社法の株式買取請求権に関する問題点を網羅的に指摘したものとして、仁科秀隆「株式買取請求権に関する手続上の問題点」岩原紳作＝小松岳志『会社法施行5年 理論と実務の現状と課題』ジュリスト増刊（2011年）138頁参照。

点を、118条1項各号の行為をする株式会社に対するものは定款変更日とされ（119条6項）、承継型組織再編の消滅株式会社等（＝吸収合併消滅株式会社、吸収分割株式会社、株式交換完全子会社）に対するものは効力発生日に統一され（788条6項）、新設型組織再編の消滅株式会社等（＝新設合併消滅株式会社、新設分割株式会社、株式移転完全子会社）に対するものは設立会社の成立の日に統一された（809条6項）。

2. 株式買取請求の撤回制限の実効化

1 改正前会社法における問題点

改正前は、株式買取請求をした株主がその請求を撤回できるのは、株式会社の承諾を得た場合に限られていた（改正前116条6項、469条6項、785条6項、797条6項、806条6項。改正法ではすべて7項に繰下げ）。これは、株式買取請求権の投機的利用などの濫用を防ぐために設けられたものであったが、反対株主が株式買取請求に係る株式を市場で売却してしまえば、事実上、会社の承諾を得ずに株式買取請求の撤回が可能となっているという問題が指摘されていた（中間補足48〜49頁参照）。

2 改正法の解説

上記のような株式買取請求の撤回制限をより実効化するために、改正法は以下のような規定を新設した。第一に、株券発行会社においては、株式買取請求を行った反対株主は、株式会社に対し当該株式に係る株券を提出しなければならないとした（116条6項、469条6項、785条6項、797条6項、806条6項）。これにより、株券発行会社では株式買取請求に係る株式を有効に譲渡することができなくなった（128条1項参照）。第二に、株式買取請求に係る株式を譲り受けた者は、株主名簿の名義書換請求をすることができないものとした（133条の適用の排除）（116条9項、469条9項、785条9項、797条9項、806条9項）。株券不発行会社では株主はその株式を意思表示のみで譲渡できるが（128条1項参照）、上記規定の新設により、株券不発行会社においても株式買取請求に係る株式の譲渡の防止が可能となろう。なお、わが国の上場会社はすべて振替株式

を利用しているが、振替株式についても、社債、株式等の振替に関する法律（振替法）の改正（平成26年法律91号）により、これと同趣旨の規定が新設されている（反対株主の株式買取口座の開設。改正振替法155条参照）。

同様の趣旨から、新株予約権証券が発行されている新株予約権について新株予約権買取請求がなされたときには新株予約権証券の提出義務が（118条6項、777条6項、787条6項、808条6項）、新株予約権付社債券が発行されている新株予約権付社債に付された新株予約権について新株予約権買取請求がなされたときには新株予約権付社債券の提出義務が規定された（118条7項、777条7項、787条7項、808条7項）。加えて、新株予約権買取請求に係る新株予約権を取得した者は新株予約権原簿の記載請求ができないことも規定された（260条の適用排除）（118条10項、777条10項、787条10項、808条10項）。

3. 株式買取請求に係る株式等の価格決定前の支払制度

1 改正前会社法における問題点

本節1.1(1)で指摘したように、裁判所に対して価格決定の申立てがなされた場合には、会社は株式買取請求を行った反対株主に対し、裁判所の決定した買取価格に対する会社法116条1項各号の行為、事業譲渡等、組織再編等の効力発生日から60日の期間満了後年6分の利息も支払わなければならない（改正前117条4項、470条4項、786条4項、798条4項、807条4項）。裁判所による買取価格の決定までに時間を要した場合には、会社は反対株主に対して高額の利息を支払わなければならない。さらに、年6分という利率は、現在のわが国の経済状況を踏まえると高率である。そのため、これらのことが株式買取請求の濫用を招く原因であるという指摘もあったが、これに対する対応策は改正前は規定されていなかった。

2 改正法の解説

上記のような問題に対応するため、改正法は、裁判所による株式の買取価格の決定がされる前に、株式買取請求を受けた会社が公正な価格と認める額を反対株主に対して支払うことができるという規定を新設した（117条5項、470条

5項、786条5項、798条5項、807条5項)。これにより、株式買取請求を受けた会社は、反対株主に対し、裁判所による価格決定前にまず当該会社が公正な価格と認めた額につき年6分の利息を支払い、裁判所による価格決定後に決定価格と当該会社が公正な価格と認めた額の差額を支払えばよいこととなり、会社の利息の負担が大きく軽減されることとなった。これは①で指摘した株式買取請求の濫用の防止につながることにもなろう。なお、反対株主が会社による価格決定前の支払いを受領しない場合には、弁済供託を利用すればよいとされている（野村修也「組織再編―株式買取請求・差止請求」ジュリスト1439号（2012年）60頁）。

同様の趣旨から、新株予約権の買取価格決定の申立てがされた場合においても、裁判所による新株予約権買取価格の決定がされる前に、新株予約権買取請求を受けた会社は自らが公正な価格と認める額を買取請求をした新株予約権者に支払うことができるという規定も新設された（119条5項、778条5項、788条5項、809条5項)。

4. 簡易組織再編、略式組織再編等における株式買取請求

① 改正前会社法の問題点

(1) 簡易組織再編・簡易事業譲渡における株式買取請求

吸収合併、吸収分割、株式交換をする場合において、簡易組織再編の要件を満たすとき、すなわち存続株式会社等が消滅会社等の株主に対して交付する対価の帳簿価格が存続株式会社等の純資産額の5分の1を超えないときは、存続株式会社等の株主総会決議を要しない（改正前796条3項。改正後は2項に繰上げ)。同様に、事業の全部の譲受けの場合において、簡易事業譲渡の要件を満たすとき、すなわち譲渡会社に対して交付する対価の帳簿価格が譲受会社の純資産額の5分の1を超えないときも、譲受会社の株主総会決議を要しない（468条2項)。これは、組織再編や事業譲渡の株主や会社に与える影響が軽微な場合には株主総会決議を省略して簡易にこれを行えるようにしたものである。これらの場合においても、存続株式会社等や譲受会社の全株主に株式買取請求権が認められていたが（改正前797条2項2号、469条1項2号)、簡易組織再編・簡易事業譲渡

が会社組織の基礎に本質的変更をもたらす行為ではないことを考えると、株式買取請求権を認めて株主を保護する必要性がないことが指摘されていた（中間補足51頁参照）。

(2) 略式組織再編・略式事業譲渡における株式買取請求

吸収合併、吸収分割、株式交換をする場合において、略式組織再編の要件を満たす場合、すなわち存続会社等が消滅株式会社等の特別支配会社（一方の当事会社が他方の当事会社の議決権の10分の9以上を有する場合の、当該一方の当事会社）である場合には消滅株式会社等の株主総会決議が不要であり（784条1項）、また消滅会社等が存続株式会社等の特別支配会社である場合にも存続株式会社等の株主総会決議を要しない（796条1項）。同様に、事業譲渡等（467条1項1号～4号）をする場合において、略式事業譲渡の要件を満たす場合、すなわち当該事業譲渡等に係る契約の相手方が当該事業譲渡等をする株式会社の特別支配会社である場合にも、当該事業譲渡等をする株式会社の株主総会決議を要しない（468条1項）。これは、特別支配会社の影響力の強さゆえ当該組織再編や事業譲渡等には被支配会社の株主総会で当然に承認されるため、株主総会を開催する意味がないと考えられるためである。これらの場合においても、被支配会社の全株主に株式買取請求権が認められていたが（改正前785条2項2号、797条2項2号、469条2項2号）、被支配会社の株主のうち特別支配会社は、仮に株主総会を開いたとしても当該組織再編・事業譲渡等に賛成することが明らかであり、株式買取請求権を認めて保護する必要性がないことが指摘されていた。

2 改正法の解説

(1) 簡易組織再編・簡易事業譲渡における株式買取請求

そこで、改正法は、簡易組織再編または簡易事業譲渡を行う場合の存続会社等または譲受会社の株主に株式買取請求権を認めないこととした（797条1項但書、469条1項2号）。簡易株式交換をする場合は、株式交換完全親株式会社の資産および負債に対する影響が小さいことから、当該会社の反対株主に株式買取請求を認める必要はない。これに対し、簡易合併、簡易分割、簡易事業譲渡をする場合は、存続会社または譲受会社が承継する事業に潜在債務が存在するおそれが大きく、反対株主に株式買取請求権を認めるべきであるとの指摘もある。このような場合には、一定数の株式を有する株主が反対して株主総会決議

を求めることや（796条3項、468条3項。株主総会決議が必要とされた場合には反対株主に株式買取請求権が認められる（797条2項1号イ、469条2項1号イ））、役員等の損害賠償責任（423条）を追及することによって対応すべきであろう（中間補足51頁参照）。

(2) 略式組織再編・略式事業譲渡における株式買取請求

1⃣(2)で述べた理由から、略式組織再編または略式事業譲渡を行う場合に株式買取請求権を行使することのできる株主から特別支配会社を除き（785条2項2号括弧書、797条2項2号括弧書、469条2項2号括弧書）、これに係る通知の対象からも除くものとした（785条3項括弧書、797条3項括弧書、469条3項括弧書）。

Ⅳ 全部取得条項付種類株式の取得

1. 改正の背景

全部取得条項付種類株式は、株主総会の特別決議により会社がその種類の株式の全部を取得することができるという種類株式であり（108条1項7号）、平成17年制定の会社法により新たに導入された制度である。全部取得条項付種類株式は、当初は債務超過会社が法的な倒産手続によらずに事業再生を円滑に行うこと（いわゆる「100パーセント減資」）を目的として構想された制度であった。しかし、立法過程において制度の利用を事業再生目的に限定するための要件が削られたことから、事業再生以外の目的にも利用できることが早くから指摘されていた（笠原武朗「全部取得条項付種類株式制度の利用の限界」黒沼悦郎＝吉原和志編『企業法の理論：江頭憲治郎先生還暦記念＜上巻＞』（商事法務、2007年）233頁）。その結果、会社法施行後は、株式取得による企業買収後に残存する少数株主を締め出すために全部取得条項付種類株式が利用されることが通例となった（その手続については、渡辺邦広「全部取得条項付種類株式を用いた完全子会社化の手続」商事法務1896号（2010年）25頁）。しかしながら、上述のように全部取得条項付種類株式がキャッシュ・アウトの目的で利用されることは立法過程では想定されていなかったため、同じくキャッシュ・アウト目的で利用される金銭対価の組織再編の場合に比べて、情報開示の規律が不十分であることなど、株主保

護が不十分であることが指摘されていた。

　そこで、改正法は、全部取得条項付種類株式がこれまでどおりキャッシュ・アウトに利用されることを前提として、全部取得条項付種類株式の取得に際しても、金銭対価の組織再編の場合と同様の株主保護を図るための規定を整備した。具体的には、情報開示制度の新設、取得価格決定の申立てに関する規律の整備、差止請求権の新設である。このうち、価格決定の申立てに関する規律については、組織再編における株式買取請求（本章第Ⅲ節参照）や株式の併合により端数となる株式の買取請求に係る価格決定の申立てに関する規律（本章第Ⅴ節参照）とも整合するように整備され、キャッシュ・アウトの各手法間における均衡を図ろうとしている（中間補足46〜47頁参照）。

2．改正法の解説

① 情報開示の充実に関する制度の新設

　全部取得条項付種類株式はキャッシュ・アウト目的で利用されることが多いにもかかわらず、同じくキャッシュ・アウト目的で行われることの多い金銭対価の組織再編に比べ、株主に対する情報開示の規律が不十分であった。そのため、金銭対価の組織再編の場合と同様に株主が締出しに関する情報を入手できるように、事前および事後の開示手続が整備された。

(1) 事前開示手続

　改正前は、全部取得条項付種類株式の株主が会社による取得に関する情報を入手するにあたっては、株主総会の招集通知の記載事項を参照するしかなかった。これでは締め出されようとしている株主の情報入手手段としては不十分であるとして、改正法は、全部取得条項付種類株式を取得する会社は、171条1項各号列挙の事項、すなわち取得対価に関する事項、取得対価の割当てに関する事項、取得日、その他法務省令で定める事項[32]を記載した書面または記録

---

32) 法務省令で定める事項は、会社法171条1項1号に規定する取得対価の相当性に関する事項、取得対価について参考となるべき事項、計算書類に関する事項、備置開始日（同171条の2第1項各号に掲げる日のいずれか早い日）後株式会社が全部取得条項付種類株式の全部を取得する日までの間に計算書類に掲げる事項に変更が生じたときは変更後の当該事項である（施行規則33条の2）。

した電磁的記録を本店に備え置かなければならないと規定した。備置期間は、会社が全部取得条項付種類株式の取得を決議する株主総会の日の2週間前の日、全部取得条項付種類株式の株主に当該種類株式の全部を取得する旨を通知または公告する日のいずれか早い日から、取得日後6か月を経過する日までである（171条の2第1項）。全部取得条項付種類株式を取得する会社の株主は、この書面の閲覧、謄本または抄本の交付、この電磁的記録に記録された事項を表示したものの閲覧、電磁的方法による提供またはその事項を記載した書面の交付を、当該会社に対して、その営業時間内はいつでも請求することができ（同条2項）、これにより株主は行われようとしている取得に関する情報を取得日以前に入手することが可能となった。この情報は取得価格の申立てや差止請求をする場合にも役立つこととなろう。なお、これは金銭対価の組織再編の場合の事前開示手続（782条1項1号）と同様の規定である。

(2) 事後開示手続

全部取得条項付種類株式の取得については、当該取得により株主としての地位を失った者が当該取得の目的をめぐって株主総会決議取消しの訴え（831条1項）を提起することがある（東京地判平成22年9月26日判タ1334号117頁（インターネットナンバー事件）など）。このような訴えの提起にあたっては当該取得について事後的に情報を入手することが必要であるが、改正前は、これは株主総会議事録の閲覧・謄写請求権（318条4項）を行使して入手するしかなかった。そこで、改正法は、株式会社は、取得日後遅滞なく、株式会社が取得した全部取得条項付種類株式の数その他の全部取得条項付種類株式の取得に関する事項として法務省令で定める事項[33]を記載した書面または記録した電磁的記録を作成し、取得日から6か月間、本店に備え置かなければならないとした（173条の2第1項・2項）。全部取得条項付種類株式を取得する会社の株主、および取得日に全部取得条項付種類株式の株主であった者は、この書面の閲覧、謄本または抄本の交付、この電磁的記録に記録された事項を表示したものの閲覧、電磁的方法による提供またはその事項を記載した書面の交付を、当該会社に対し

---

[33] 法務省令で定める事項は、株式会社が全部取得条項付種類株式の全部を取得した日、全部取得条項付種類株式の取得をやめることの請求（会社法171条の3）に係る手続の経過、裁判所に対する全部取得条項付株式の取得価格決定の申立て（同172条）による手続の経過、株式会社が取得した全部取得条項付種類株式の数、その他全部取得条項付種類株式の取得に関する重要な事項である（施行規則33条の3）。

て、その営業時間内はいつでも請求することができ（同条3項）、これにより当該取得に関する情報の入手が可能となった。これは、金銭対価の組織再編の場合の事後開示手続（791条1項）と同様の規定である。

② 取得の価格の決定の申立てに関する規律

全部取得条項付種類株式の取得価格はあらかじめ定款で定められてはおらず、取得を決定する株主総会決議ではじめて決定されるものである（171条1項参照）。したがって、この取得価格が公正なものであるという保証はない。そのため、株主総会で決定された取得価格に不満をもつ株主には、裁判所に対して取得価格の決定の申立てをする権利が認められている。具体的には、①全部取得条項付種類株式の取得について決議した株主総会において議決権を行使することができる株主のうち、当該株主総会に先立って当該株式会社による全部取得条項付種類株式の取得に反対する旨を当該株式会社に対して通知し、かつ、当該株主総会において当該取得に反対した株主、および②当該株主総会において議決権を行使することができない株主は、裁判所に対し、全部取得条項付種類株式の取得価格決定の申立てをすることができるとされている（172条1項）。

(1) 取得価格決定の申立ての申立期間

この申立ての期間は、改正前は全部取得条項付種類株式の取得を決議する株主総会の日から20日以内であった（改正前172条1項）。しかし、株主総会の日と取得日が近接している場合には申立期間満了前に取得日が到来するため、取得日後に取得価格決定の申立てがなされると法律関係が複雑化することが指摘されていた（中間補足46〜47頁参照）。このような事態を回避するため、改正法は、申立期間を取得日の20日前の日から取得日の前日までと改めた（172条1項）。

(2) 全部取得条項付種類株式の株主に対する通知・公告

取得価格決定の申立てをする権利は、全部取得条項付種類株式の取得について決議する株主総会で議決権を行使できない株主にも認められている（172条1項2号）。しかし、改正前は、株主総会の招集通知の記載により当該取得を知るほかなかったため、このような株主は取得価格決定の申立権があるにもかかわらず当該取得を知らないまま申立期間が経過する可能性があった。そこで、改正法は、このような株主にも申立権を保障するため、株式会社は、全部取得

条項付種類株式の取得日の20日前までに、全部取得条項付種類株式の株主に対して、当該全部取得条項付種類株式の全部を取得する旨を通知または公告しなければならないことを新たに規定し（同条2項・3項）、これにより当該取得を周知させることにした。これは、金銭対価の組織再編の場合の通知・公告（785条3項・4項）と同様の規定である。

(3) 全部取得条項付株式の取得に係る株式の価格決定前の支払制度

改正法は、株式会社は、全部取得条項付種類株式の取得の価格の決定があるまでは、株主に対し、当該株式会社がその公正な価格と認める額を支払うことができることを新たに規定した（172条5項）。これは取得価格決定の申立ての濫用を防止するための規定であり、買取請求に係る株式等の価格決定前の支払制度（117条5項）とその趣旨を同じくするものである。そのため、詳細は第Ⅲ節 **3.** を参照されたい。

(4) 全部取得条項付種類株式の取得の効力発生時期

株式会社は、取得日に全部取得条項付種類株式の株主から当該株式の全部を取得する（173条1項）。これに対応して、改正前は、当該株式会社以外の全部取得条項付種類株式の株主は、取得日にその対価を取得するものとされていた（改正前173条2項）。しかし、取得価格決定の申立てがなされている場合にまで取得日に対価を交付する必要があるか否かについての規定は存在せず、またこれは合理的ではないとの指摘があった（中間補足47頁参照）。そこで、改正法は、当該株式会社以外の全部取得条項付種類株式の株主のうち、取得価格決定の申立てをした株主については、取得日に株主総会決議に定められた取得価格の支払いを受けないことを明記した（173条2項）。当該株主が支払いを受けるのは、裁判所による取得価格の決定後となる。

③ 全部取得条項付株式の取得に関する差止請求

全部取得条項付種類株式の取得により締め出された株主が当該株式会社の株主としての地位を回復する方法としては、当該取得の決議をした株主総会決議取消しの訴え（831条1項）を提起することが考えられる。しかし、全部取得条項付種類株式の取得後に、事後的にその効力を否定すると、法律関係が不安定となるおそれがある。そこで、改正法は、全部取得条項付種類株式の取得をその効力が発生する前に差し止めることを請求できる制度を新設した。すなわち、

全部取得条項付種類株式の取得が法令または定款に違反する場合において、株主が不利益を受けるおそれがあるときは、株主は、株式会社に対し、全部取得条項付種類株式の取得をやめることを請求できることが新たに規定された（171条の3）。ちなみに、特別支配株主の株式等売渡請求の差止請求（179条の7）の場合と異なり、対価が著しく不当であることは差止事由とはされていない。全部取得条項付種類株式の取得の差止請求は、実務上は、仮処分命令申立事件として行われることになろう。なお、前述した事前開示手続（171条の2（本節**2.**1(1)参照））および通知・公告制度（172条2項・3項（本節**2.**2(2)参照））は、この差止請求に資する制度となると思われる。

　全部取得条項付種類株式の取得に関する差止請求は、組織再編等の差止請求と同趣旨の規定であるため、詳細は第6章第Ⅴ節を参照されたい。

Ⅴ　株式の併合により端数となる株式の買取請求

1．改正の背景

　株式の併合は、通常は株価を引き上げるためなど、株式の投資単位を調整するために行われる。しかし、株式の併合は、その併合の割合を大きくすること、すなわち併合の割合をほとんどの株主にとって併合後の保有株式が1株未満になるようにすることにより、キャッシュ・アウトの手段として利用することも可能となっている（田中亘「キャッシュ・アウト」ジュリスト1472号（2014年）44頁）。わが国でも、平成19（2007）年に、当時東証マザーズ上場の株式会社が、併合の割合を10対1とする株式の併合を行って多くの株主の持株を端数とすることによって締出しを行い、これにより余裕のできた発行可能株式総数を利用して大量の新株予約権の第三者割当てを行うことで既存株主の権利を希釈化するという事件が発生した（モック事件[34]）。このような株式の併合を濫用し

---

[34] この事件の詳細は、日本経済新聞2007年9月8日朝刊、大杉謙一「大規模第三者割当増資」岩原紳作＝小松岳志編『会社法施行5年　理論と実務の現状と課題』ジュリスト増刊（2011年）85頁を参照。

て行われるキャッシュ・アウト事件の発生は、わが国の資本市場が株主・投資家の利益を軽視し、経営者側の事情を優先させる不公正な市場であることの象徴であるとして海外投資家等からの批判を招き、株式の併合に関する会社法制を見直すきっかけとなった（岩原・要綱案解説〔Ⅳ〕51頁、岩原紳作「総論—会社法の見直しの経緯と意義」ジュリスト1439号（2012年）16頁）。具体的には、株式の併合によって多くの端数が生ずる場合に、端数となる株式の株主に対して適正な対価が交付されるための方法として金銭交付による端数の処理（234条、235条）に加え、株主が会社に対して端数となる株式の買取りを請求することができる制度を創設することとなった（中間補足21頁以下参照）。

以下では、まず端数となる株式の買取請求の制度の概要を説明し、それを実効化するための情報開示制度について解説する。その上で、他のキャッシュ・アウトの手段として用いられる制度と同様に新設される差止請求の制度について解説する。

なお、株式の併合については、効力発生日における発行可能株式総数に関する規制が新設されたが（180条2項3項）、これについては第1章第Ⅲ節を参照されたい。

2．改正法の解説

株式の併合によって多くの端数が生じる場合には、端数となる株式の株主に対して適切な対価が交付されなければならない。この方法としては、すでに金銭交付による端数処理の制度（234条、235条）が存在しているが、この制度にしたがって処理をした場合、市場価格の下落や売却先の確保が困難となること等により、端数について適切な対価が交付されないおそれがあった。これに加えて、金銭対価の組織再編によるキャッシュ・アウトの場合と異なり、株式の併合によりキャッシュ・アウトが行われる場合には反対株主の株主買取請求権が認められていなかったため、株主の保護に欠けるとの指摘もあった。そこで、改正法は、金銭交付による端数処理の制度に加えて、反対株主が会社に対して端数となる株式の買取りを請求することができる制度を創設した（以上につき、中間補足21頁以下参照）。これは、金銭対価の組織再編における反対株主の株式買取請求権（785条）とほぼ同様の規定であり、全部取得条項付種類株式の取得の価格の決定の申立てに関する規律（172条（前節2.[2]参照））とも整合する

ものである。

1 株式の併合により端数となる株式の買取請求

(1) 対象となる株式の併合

株式の併合により端数となる株式が買取請求の対象となる株式の併合は、定款に単元株式数の定めのない場合はすべての場合であり、定款に単元株式数の定めのある場合にはその単元株式数に株式の併合の割合（180条2項1号）を乗じて得た数に1に満たない端数が生ずる場合である（182条の2第1項）。後者については、例えば、1単元＝100株という定款の定めのある会社において2株を1株に併合するという株式の併合を行う場合にあっては、$100 \times 1/2 = 50$ となり、1に満たない端数が生じないため、端数となる株式は買取請求の対象とならない。これに対し、同様に1単元＝100株という定款の定めのある会社において3株を1株に併合するという株式の併合を行う場合にあっては、$100 \times 1/3 = 33.33\cdots$ となり、1に満たない端数が生ずるため、端数となる株式は買取請求の対象となる。株式の併合により端数となる株式の買取請求が認められる場面は、株式買取請求権が発生する場面を株式の併合によって生ずる端数の数等に照らして、端数が生ずることによる株主への影響が小さくないと考えられる場面であるとされている。株式買取請求権が生じる場面をこのような場面に限定しているのは、株式の買取請求がされると買取代金の支払い等による資金負担や価格決定に係る時間的・手続的コストが増大することにつながりうるためであるとされている（以上につき、中間補足21頁以下参照）。

事前開示・事後開示をしなければならない場合や差止請求権が認められる場面も、182条の2第1項の規定により株式買取請求権が発生する場合に限られている。そのため、以下の記述で「株式（の）併合」という場合には、特に断りのない限り、182条の2第1項に規定する株式の併合をさすこととする。

(2) 端数となる株式の買取請求の手続

株式会社が株式の併合をすることにより株式の数に1株に満たない端数が生ずる場合には、反対株主は、当該株式会社に対し、自己の有する株式のうち1株に満たない端数となるものの全部を公正な価格で買い取ることを請求することができる（182条の4第1項）。反対株主が有する端数の株式の一部についてのみ買取請求がされると、端数の処理が無用に複雑化するおそれがある。その

ため、買取請求は、反対株主の有する株式のうち買取請求の対象となりうるもの全部について一括してされなければならないとされている（中間補足21頁以下参照）。この点は、組織再編における株式買取請求権（785条5項など）と異なっている。反対株主とは、①株式の併合に関する事項を決議する株主総会において議決権を行使できる株主のうち、当該株主総会に先立って当該株式の併合に反対する旨を当該株式会社に対し通知し、かつ当該株主総会において当該株式の併合に反対した株主、および②当該株主総会において議決権を行使することができない株主のことである（182条の4第2項）。反対株主が株式買取請求権を行使できる期間は、株式の併合の効力発生日の20日前の日から効力発生日の前日までの間であり、当該買取請求は、会社に買取りを請求する株式の数（種類株式発行会社にあっては、株式の種類および種類ごとの数）を明らかにしてしなければならない（同条4項）。

(3) 株主への通知・公告

通常の株式併合の場合には、株式会社は、効力発生日の2週間前までに株主（種類株式発行会社にあっては併合する種類の種類株主）に通知または公告をすればよい（181条1項2項）。これに対し、端数となる株式が買取請求の対象となる株式併合の場合には、効力発生日の20日前までに、これをしなければならない（182条の4第3項）。通常の株式併合の場合は、株主への通知・公告は株式の併合に関する事項を株主等に周知するためのものにすぎないのに対し、端数となる株式が買取請求の対象となる株式併合の場合は、株主への通知・公告は反対株主に株式買取請求権を行使させる機会を保障する機能をも有するものである。そのため、通知・公告の期間を前倒しして、反対株主が株式買取請求権を行使できる期間の起点（182条の4第4項）にその期限を合わせた。この通知・公告は、株式の併合の差止め（182条の3（本節**2.**⑤参照））の機会を与えるという機能も有している。

反対株主の株式買取請求は、株式の併合に関する事項について決議する株主総会で議決権を行使できない株主にも認められている（182条の4第2項2号）。このような株主は株主総会の招集通知では株式の併合に関する事項を知ることができず、これに反対する場合には株式買取請求権があるにもかかわらず当該株式併合を知らないまま請求期間が経過する可能性があった。株主に対する通知・公告は、このような株主に株式買取請求を行使させる機会をも保障するも

第2章　締出しに関する改正　**113**

のである。

(4) 買取りの効力発生時期

株式買取請求に係る株式の買取りの効力が発生するのは、株式の併合の効力発生日である（182条の5第6項）。これは、端数の処理の機動性を確保するためである（中間補足21頁以下参照）。なお、今回の改正により、株式買取請求に係る株式の買取りの効力発生時期は、株式買取請求全般に関して、効力発生日に統一されたが、これについての詳細は本章第Ⅲ節1.を参照されたい。

なお、株券発行会社は、株券が発行されている株式について株式買取請求があったときは、株券と引換えに、その株式買取請求に係る株式の代金を支払わなければならない（182条の5第7項）。

(5) 買取請求に応じて株式を取得した場合の業務執行者の塡補責任

株式の併合により端数となる株式の買取請求がなされ、会社がこれに応じると、会社は自己株式を取得することになる。自己株式の取得は剰余金の配当と同様の機能を有しているため、通常は461条2項によって算出される分配可能額を超えてされてはならないという厳格な財源規制（461条）に服する。これに対し、株式買取請求に応じてなされる自己株式の取得は、株主保護のためになされるものであるから、461条の規定する厳格な財源規制には服さない。しかし、株式の併合は会社が単独で行うことができるため、端数となる株式の買取請求が濫用的な会社財産の還元に用いられるおそれもないとはいえないという指摘があった（中間補足21頁以下参照）。

そこで、株式の併合により端数となる株式の買取請求に応じて自己株式を取得する場合は、当該株式の取得に関する職務を行った業務執行者（業務執行取締役（代表取締役および取締役会が選定したその他の業務執行取締役（363条1項）および当該会社の業務を執行したその他の取締役（2条15号イ））（指名委員会等設置会社にあっては、執行役）その他当該業務執行取締役の業務執行に職務上関与した者として法務省令（会社計算規則159条）で定めるもの（462条1項））に対し、当該請求に応じて株主に支払った金銭の額が当該支払日における461条2項によって算出される分配可能額を超えるときは会社に対して連帯してその超過額を支払う義務を課すという形で、財源規制をすることが規定された（464条1項本文）。ただし、その業務執行者がその職務を行うについて注意を怠らなかったことを証明した場合には、この義務を負わない（同項但書）。これは、116条1項の株

式買取請求に応じて自己株式を取得する場合と同様の規制である。これに対し、組織再編行為の場合の株式買取請求に応じて自己株式を取得した場合にはこのような規制はない。組織再編行為の場合にされた株式買取請求に応じて会社が自己株式を取得する際の財源規制がないのは、会社が当該行為を行う必要性の高さと反対株主の保護を両立させるためのやむをえない措置であるためである。他方、株式の併合により端数となる株式の買取請求に応じて自己株式を取得する場合および116条1項の株式買取請求に応じて自己株式を取得する場合に業務執行者に塡補責任を課すという形で財源規制がされているのは、会社の財産状態が悪い時期に反対株主の株式買取請求の原因となる当該行為を行うことの緊急性が組織再編行為の場合ほどには認めがたいためである（江頭・株式会社法263頁）。

(6) 株式買取請求の撤回制限とそれを実効化するための制度

株式買取請求をした株主は、株式会社の承諾を得た場合に限り、その株式買取請求を撤回することができる（182条の4第6項）。これは、株式買取請求権の投機的利用などの濫用を防ぐための制度であるが、この制度しか存在しないと、反対株主が株式買取請求に係る株式を市場で売却してしまえば、事実上、会社の承諾を得ずに株式買取請求の撤回が可能となるという抜け穴が発生しうる。

そこで、株式買取請求の濫用を防ぎつつ、上記の株式買取請求の撤回制限を実効化するために、改正法は以下のような規定を置いている。第一に、株券発行会社においては、株式買取請求を行った反対株主は、株式会社に対し当該株式に係る株券を提出しなければならない（182条の4第5項）。これにより、株券発行会社では株式買取請求に係る株式を有効に譲渡することができなくなった（128条1項参照）。第二に、株式買取請求に係る株式を譲り受けた者は、株主名簿の名義書換請求をすることができない（133条の適用の排除）（改正法182条の4第7項）。株券不発行会社では株主はその株式を意思表示のみで譲渡できるが（128条1項参照）、上記規定の新設により、株券不発行会社においても株式買取請求に係る株式の譲渡の防止が可能となろう。なお、わが国の上場会社はすべて振替株式を利用しているが、振替株式についても、社債、株式等の振替に関する法律の改正（平成26年法律第91号）により、これと同趣旨の規定が新設されている（反対株主の株式買取口座の開設。改正振替法155条参照）。

2 株式の価格決定の手続

これについても、金銭対価の組織再編における株式の価格決定の手続（786条）と同様の規定を設けている。

(1) 原　則

株式の買取価格が決められるのは、株主と株式会社の協議においてである。この協議は、反対株主が株式買取請求をしたのちに行われる。この協議が調ったときは、株式会社は、株式の併合の効力発生日から60日以内に、株式の買取価格の支払いをしなければならない（182条の5第1項）。

(2) 価格決定の申立て

株式の買取価格についての協議が株式の併合の効力発生日から30日以内に調わない場合には、株主または株式会社は、その期間の満了後30日以内に、裁判所に対し、株式の買取価格の決定の申立てをすることができる（182条の5第2項）。これは、反対株主が公正な価格で株式を買い取る権利を保障するための制度である。株式の併合の効力発生日から30日以内に買取価格決定の協議が調わず、かつ効力発生日から60日以内に株式の買取価格決定の申立てもない場合には、その期間の満了後は、株主は、いつでも株式買取請求を撤回することができる（182条の5第3項（182条の4第6項の例外））。

(3) 株式買取請求に係る株式等の価格決定前の支払制度（仮払制度）

株式会社は、裁判所の決定した価格に対する、株式の併合の効力発生日から60日の期間満了後の年6分の利率により算定した利息をも支払わなければならない（182条の5第4項）。すなわち、裁判所の決定した価格に加え、当該価格に対する効力発生日の60日後から支払日までの利息も支払うのが原則である。しかし、裁判所による買取価格の決定までに時間を要した場合には、会社は反対株主に対して高額の利息を支払わなければならないことになるという弊害があり、このことと年6分という利率が高率であることが相まって株式買取請求の濫用を招く原因となっているという指摘があった。そこで、これを回避するため、株式会社は、株式の買取価格についての裁判所の決定があるまでは、株主に対し、当該株式会社が公正な価格と認める額を支払うことができるとした（182条の5第5項）。これにより、裁判所による価格決定前にまず当該会社が公正な価格と認める額を支払い、裁判所による価格決定後に決定価格と前払

いした額との差額および当該差額に対する利息を支払うことが可能となり、会社の利息の負担が大きく軽減されることとなった。このことが、前述した株式買取請求の濫用を防止することにつながることが期待される。

③ 情報開示の充実に関する制度の新設

端数となる株式の買取請求が認められる株式の併合は、多くの端数を生じ、一部の株主が株主たる地位を失う可能性もあるなど、株主の権利に大きな影響を及ぼすことが考えられる（中間補足21頁以下参照）。しかし、改正前は、株式の併合はキャッシュ・アウト目的で利用されることがあるにもかかわらず、同じくキャッシュ・アウト目的で行われることの多い金銭対価の組織再編に比べ、株主に対する情報開示の規律が不十分であった。そのため、改正法では、金銭対価の組織再編の場合と同様に株主が締出しに関する情報を入手できるように、事前および事後の開示手続が整備された。

(1) 事前開示手続

端数となる株式が買取請求の対象となる株式の併合をする会社は、180条2項各号列挙の事項、すなわち株式併合の割合、株式の併合がその効力を生ずる日（効力発生日）、種類株式発行会社である場合には併合する株式の種類、効力発生日における発行可能株式総数、その他法務省令で定める事項[35]を記載した書面または記録した電磁的記録を本店に備え置かなければならない。備置期間は、会社が当該株式の併合に関する事項を決議する株主総会の日の2週間前の日、株主に対して株式の併合に関する事項を通知または公告する日のいずれ

---

[35] 法務省令で定める事項は、株式の併合をする株式会社に親会社等がある場合には当該株式会社の株主（当該親会社等を除く）の利害を害さないように留意した事項（当該事項がない場合にあっては、その旨）、および会社法235条の規定により1株に満たない端数の処理をすることが見込まれる場合における当該処理の方法に関する事項、当該処理により株主に交付することが見込まれる金銭の額および当該額の相当性に関する事項その他の併合の割合（会社法180条2項1号）、種類株式発行会社である場合には併合する株式の種類（同3号）についての定めの相当性に関する事項、当該株式会社において最終事業年度の末日（最終事業年度がない場合にあっては、当該株式会社成立の日）後に重要な財産の処分、重大な債務の負担その他の会社財産の状況に重要な影響を与える事象が生じたときはその内容（備置開始日（会社法182条の2第1項に掲げる日のいずれか早い日）後株式の併合がその効力を生ずる日までの間に新たな最終事業年度が存することとなる場合にあっては、当該新たな最終事業年度の末日後に生じた事象の内容に限る）、当該株式会社において最終事業年度がないときは当該株式会社成立の日における貸借対照表、備置開始日後株式の併合がその効力を生ずる日までの間にこれらの事項に変更が生じたときは変更後の当該事項である（施行規則33条の9）。

か早い日から、効力発生日後6か月を経過する日までである（182条の2第1項）。端数となる株式が買取請求の対象となる株式の併合をする会社の株主は、この書面の閲覧、謄本または抄本の交付、この電磁的記録に記録された事項を表示したものの閲覧、電磁的方法による提供またはその事項を記載した書面の交付を、当該会社に対して、その営業時間内はいつでも請求することができる（同条2項）。これにより、株主は効力発生日以前に株式の併合に関する情報の入手が可能となり、この情報は株式買取請求や差止請求をする場合に役立つこととなろう。なお、これは、金銭対価の組織再編の場合の事前開示手続（782条1項1号）と同様の規定である。

(2) 事後開示手続

株式の併合により株主としての地位を失った者は、全部取得条項付種類株式の取得により株主としての地位を失った者と同様、株主総会決議取消しの訴え（831条1項）を提起することが考えられる。このような訴えの提起にあたっては、当該株式併合について事後的に情報を入手する必要がある。そこで、改正法は、株式会社は、効力発生日後遅滞なく、端数となる株式が買取請求の対象となる株式の併合が効力を生じたときにおける発行済株式（種類株式発行会社にあっては、併合する株式の種類の発行済株式）の総数その他の株式の併合に関する事項として法務省令で定める事項[37]を記載した書面または記録した電磁的記録を作成し、取得日から6か月間、本店に備え置かなければならないとした（182条の6第1項・2項）。端数となる株式が買取請求の対象となる株式の併合をした会社の株主、および効力発生日に当該会社の株主であった者は、この書面の閲覧、謄本または抄本の交付、この電磁的記録に記録された事項を表示したものの閲覧、電磁的方法による提供またはその事項を記載した書面の交付を、当該会社に対して、その営業時間内はいつでも請求することができ（同条3項）、これにより当該株式の併合に関する情報の入手が可能となった。これは、金銭対価の組織再編の場合の事後開示手続（791条1項）と同様の規定である。

36）法務省令で定める事項は、株式の併合が効力を生じた日、株式の併合をやめることの請求（会社法182条の3）に係る手続の経過、反対株主の株式買取請求（同182条の4）の手続の経過、株式の併合が効力を生じたときにおける発行済株式（種類株式発行会社にあっては、併合する株式の種類（同180条2項3号）の発行済株式）の総数、その他株式の併合に関する重要な事項である（施行規則33条の10）。

4 株式の併合の差止請求

　株式の併合により締め出された株主が当該株式会社の株主としての地位を回復する方法としては、当該株式併合の決議をした株主総会決議取消しの訴え（831条1項）を提起することが考えられる。しかし、株式の併合の後に事後的にその効力を否定すると、法律関係が不安定となるおそれがある。そこで、改正法は、全部取得条項付種類株式の取得の場合と同様に、株式の併合をその効力が発生する前に差し止めることを請求できる制度を新設した。すなわち、株式の併合が法令または定款に違反する場合において、株主が不利益を受けるおそれがあるときは、株主は、株式会社に対し、当該株式の併合をやめることを請求することができる（182条の3）。ちなみに、特別支配株主の株式等売渡請求の差止請求（179条の7）の場合と異なり、対価が著しく不当であることは差止事由とはされていない。株式の併合の差止めは、実務上は、仮処分命令申立事件として行われることになろう。なお、前述した事前開示手続（182条の2（本節2.4(1)参照））および通知・公告制度（改正法182条の4第3項（本節2.1(3)参照））は、この差止請求のために資する制度となると思われる。

　株式の併合の差止請求は、前節でふれた全部取得条項付種類株式の取得に関する差止請求と同様に、組織再編等の差止請求と同趣旨の規定であるため、詳細は本編第6章第Ⅴ節を参照されたい。

第3章 機関に関する改正1：社外取締役、監査制度

I 社外取締役および社外監査役に関する改正が実務に与える影響

1. 企業統治における社外取締役の在り方

わが国企業のコーポレート・ガバナンスの在り方に関し、過去の会社法改正において取締役会の制度改革が十分に実現できていなかったという反省や、昨今の企業業績・株価の低迷ないし日本経済全般の競争力の低下を背景に、近時、経営者から影響を受けない外部者による経営の監督の必要性など、経営者である取締役の業務執行に対する監督の制度を見直すべきではないかといった指摘がなされてきた（法制審議会第162回会議議事録30頁参照）。

こうした状況を踏まえ、社外取締役等による株式会社の経営に対する監査等の強化ならびに会社とその企業集団の運営の一層の適正化等を図るため、社外取締役の要件等を改める必要があるとして、今般の会社法改正に至ったものである（改正法案の提出理由）。すなわち、社外取締役を活用することにより、取締役会のコーポレート・ガバナンスの監督機能を強化することが、改正法の本質的課題の一つであった。

社外取締役の役割は、
①経営効率の向上のための助言を行う機能（助言機能）
②経営全般の監督機能
③利益相反の監督機能
の3点に要約される（法制審議会会社法制部会・部会資料2の5頁参照）。

このうち②の経営全般の監督機能には、取締役会における重要事項の決定に際して議決権を行使することなどを通じて経営全般を監督する機能と、経営全般の評価に基づき、取締役会における経営者の選定・解職の決定に関して議決権を行使することなどを通じて経営者を監督する機能（経営評価機能）がある。また、③利益相反の監督機能には、会社と経営者との間の利益相反を監督する機能と、会社と経営者以外の利害関係者との間の利益相反を監督する機能がある。ただし、社外取締役に求められる各役割の濃淡は、会社の業種・業態・事業規模等によって異なる点に留意が必要であろう（東京弁護士会会社法部編『新・取締役会ガイドライン』（商事法務、2011年）10頁）。

特に社外取締役は、社外監査役と比較すれば、取締役会において議決権を行使できる点が特徴的であり、改正法においても、社外取締役の活用による取締役会の監督機能の強化が色濃く滲み出ている。

2. 改正の俯瞰

社外取締役・社外監査役に関する主な改正項目は、①社外要件の改正（2条15号・16号）、②社外取締役を置いていない場合の理由の開示（327条の2）、③責任限定契約を締結できる取締役・監査役の範囲（427条1項）である。

1 社外要件の改正

改正法では、社外取締役・社外監査役の要件を見直した。

社外取締役の要件として、2条15号は、取締役であって、下記の要件のいずれにも該当することと規定している。

❶ 当該株式会社またはその子会社の業務執行取締役もしくは執行役または支配人その他の使用人でなく、かつその就任の前10年間当該株式会社またはその子会社の業務執行取締役等であったことがないこと（15号イ）
❷ 10年の冷却期間には、取締役、会計参与または監査役であった期間は参入されない（15号ロ）
❸ 当該株式会社の親会社（自然人であるものに限る）または親会社等の取締役もしくは執行役もしくは支配人その他の使用人でないこと（15号ハ）
❹ 当該株式会社の親会社等の子会社等（当該会社およびその子会社を除く）

の業務執行取締役等でないこと（15号ニ。いわゆる兄弟会社の関係者でないこと）
❺当該株式会社の取締役もしくは執行役もしくは支配人その他の重要な使用人または親会社等（自然人であるものに限る）の配偶者または二親等内の親族でないこと（15号ホ）

前記要件のうち、「過去に」ではなく「その就任の前10年間」と過去要件を緩和する一方で（前記❶）、現在要件のほうは加重している点に留意しなければならない（前記❷❸❹❺）。

また、社外監査役の要件については、2条16号が社外取締役とほぼ同様の規定を設けている。

②　社外取締役を置いていない場合の理由の開示

取締役会の監督機能を充実させるために、社外取締役の選任を法的に義務付けるか否かが最大の争点であったが、改正法では、法律上の選任義務付けは見送られた。

この点、327条の2は、社外取締役を置いていない場合の理由の開示として、事業年度の末日において監査役会設置会社・公開会社・大会社・金商法上の有価証券報告書提出会社が、社外取締役を置いていない場合には、取締役は、当該事業年度に関する定時株主総会において、社外取締役を置くことが相当でない理由を説明しなければならないとした。また、事業報告および株主総会参考書類にも「社外取締役を置くことが相当でない理由」を記載する必要がある（施行規則74条の2、124条2項・3項）。

なお、東京証券取引所は、有価証券上場規程を改正し、「上場会社は、取締役である独立役員を少なくとも1名以上確保するよう努めなければならないもの」として、独立役員の確保の努力義務を求めている（上場規程445条の4）。

③　責任限定契約を締結できる取締役・監査役の範囲

従前、責任限定契約を締結できるのは社外取締役・社外監査役であったものが、改正法では、業務を執行していない取締役とすべての監査役が締結できるようになった（427条1項）。すなわち、「社外か否か」の基準が、「業務執行をしているか否か」に変更されたものである。なお、当該株式会社における業務執行の有無が基準となるため（425条～427条）、仮に子会社において業務執行

している場合であっても、責任限定契約を締結することは可能である。

経過措置については、「施行日前の行為に基づく責任については、なお従前の例による」とされている（附則16条）。

3. 解釈上の論点

社外取締役に関する改正では、特に社外取締役を置いていない場合の理由の開示について、いくつかの解釈上の論点がある（詳細は第Ⅳ節 **5.** および **7.** 参照）。

その第一は、理由の相当性、すなわち、「相当でない理由」の内容である。何をもって「社外取締役を置くことが相当でない理由」であるかは、実務的に難しい課題である。

各社の個別的なガバナンスを尊重すべきであるから、「相当でない理由」は、個々の株式会社の各事業年度における事情に応じたものでなければならない（施行規則74条の2第3項、124条3項）。また、「社外取締役を置くことが相当でない理由」であるから、単に「置かない理由」ではなく、置くことが相当でない積極的理由であることが求められる。たとえば、適任者がいないなどといった消極的な理由の説明では、「相当でない理由」として足りないと解せられる。同様に、監査役会を設置していることのみをもって「相当でない理由」とすることはできない。こうした理由は、「必要でない理由」には該当するものの、「相当でない理由」としては足りないからである。この点、法務省令では、社外監査役が2名以上あることのみをもって「相当でない理由」とすることはできないと例示している（施行規則74条の2第3項、124条3項）。

第二には、「社外取締役を置くことが相当でない理由」の説明に不備があった場合の法的効果という論点もある。

この点、定時株主総会当日に「相当でない理由」の説明に不備があれば、決議の方法に法令違反の瑕疵があったとして、取締役選任決議について決議取消事由になりうるなどと説明される。しかし、当該定時株主総会において、社外取締役候補者を含む取締役選任議案が提出されている場合には、たとえ「相当でない理由」の開示を怠ったとしても、そもそも取り消すべき決議の対象たる議案自体が存在しないのであるから、決議取消しの問題は生じない。したがって、「相当でない理由」の説明不備が決議取消事由になりうるのは、そのこと

が当該定時株主総会に上程された取締役選任議案に関する株主の合理的な理解・判断に直接に影響を及ぼしたといえるような場合に限られるであろう。この点に関する詳細は、第Ⅳ節**7.**（145頁）参照。

4. 実務に与える影響

①　社外要件の改正の影響

　社外取締役の現在要件が新たに追加されたため（2条15号ハ・ニ・ホ）、指名委員会等設置会社（旧委員会設置会社）など、社外取締役の選任が義務付けられている会社においては、従前の社外取締役がその要件を充足しなくなる可能性がある。そこで、社外性の要件を満たさなくなる当該社外取締役の取扱いを検討しなければならない。また、今後、社外取締役を選任するに際しては、改正法の要件を充足するかどうかを慎重に吟味する必要がある。

　社外取締役を欠いた状態で取締役会決議が行われた場合、その決議の効力が問題となる。法律に社外取締役の選任が義務付けられている会社では、原則として決議は無効と解すべきである。したがって、あらかじめ社外取締役または補欠の社外取締役を選任しておくなどの方法を講じておかなければならない。これに対して、東京証券取引所などの規則で社外取締役の選任に関する努力義務が定められている場合には、社外取締役を欠いた状態での決議も有効である（有価証券上場規程445条の4参照）。

　ところで、社外監査役においても、社外取締役と同様、現在要件が追加されている（2条16号ハ・ニ・ホ）。そこで、社外監査役の選任が義務付けられている監査役会設置会社においては（335条3項）、実務上、次のような対応を検討する必要があろう。

　まずは、社外性の要件を満たさなくなる社外監査役の取扱いを検討しなければならない。また、社外監査役の兼任が認められなくなることの影響も考慮する必要がある。すなわち、親会社の社外監査役は、子会社の社外監査役の要件を充足せずに、社内監査役になってしまう（2条16号ハ）。特に留意すべきは、改正法の社外要件の厳格化は、非公開会社にも適用される点である。したがって、親子会社間における社外役員の兼任はできなくなることを前提に、社外監査役

の候補者を別途検討しなければならない。さらには、監査等委員会設置会社への移行や非上場子会社における機関設計の見直しなども検討する必要もあろう。

現在要件の追加の一方で、過去要件のほうは緩和されている。すなわち、過去に一度でも自社または子会社の業務執行取締役等となった経験がある者は社外取締役の要件を満たさないとの過去要件を緩和し、「その就任前10年間」とした（2条15号イ後段）。この要件緩和によって、社外役員に適する識見を有した人材を得られる可能性が高まり、社外役員の選任が促進されることも想定される。

2 社外取締役を置いていない場合の理由の開示

監査役会設置会社・公開会社・大会社・金商法上の有価証券報告書提出会社が社外取締役を置いていない場合には、社外取締役を置くことが相当でない理由を説明しなければならないが、前記**3.**にも記述したとおり、どのような内容の開示を行うかが実務上の重要な課題となる。その理由は、個々の株式会社の各事業年度における事情に応じたものでなければならないから、各社において、自社に個別のガバナンスの在り方を吟味したうえで、株主が客観的な合理性が備わっていると判断できるような理由を検討する必要がある。

改正法により、社外取締役を置くことが相当でない理由を開示しなければならないことから、証券取引所規則や機関投資家の動向と相俟って、社外取締役の選任が促進されることが予想される。この点、議決権行使助言機関であるインスティテューショナル・シェアホルダー・サービシーズ（ISS）は、すでに2013（平成25）年から、総会後に社外取締役が1名もいない会社について、経営トップである取締役の選任に反対を推奨しているが、今般の改正を踏まえて、その基準を変更する可能性もある。また、東京証券取引所は、前記**2.** 2 のとおり、上場会社に対し、1名以上の独立役員の確保の努力義務を求めている（有価証券上場規程445条の4）。さらには、金融庁と東京証券取引所が、上場企業各社に対し、社外取締役だけで構成する会議体を創設するよう促す動きもある（いわゆる「日本版コーポレートガバナンス・コード」の策定）。

実務的には、こうした取引所規則や機関投資家・議決権行使助言機関の動向を注視しつつ、自社の機関設計の変更の可否について慎重に検討する必要があろう。たとえば、法務省令では「社外監査役が2名以上あることのみをもって」

第3章　機関に関する改正1：社外取締役、監査制度　　**125**

と例示していることから（施行規則74条の2第3項、124条3項）、社外監査役の重複感・負担感を解消しうる監査等委員会設置会社（2条11号の2、326条2項）への移行の可否を検討する会社が増えることも予想される。

③ 責任限定契約を締結できる取締役・監査役の範囲

責任限定契約を締結するためには、その旨の定款規定が必要である（427条1項）。したがって、社内監査役を含めたすべての監査役と責任限定契約を締結するのであれば、定款を変更（たとえば、定款上「社外監査役」と定めている場合には、「社外」の文字を削除し、「監査役」と変更）したうえで、当該契約を締結するという対応が求められる。多くの会社にとって、この点が平成27年の定時株主総会の実務的なポイントとなろう。

II 監査制度に関する改正が実務に与える影響

1. はじめに

会社法は、監査役会設置型（監査役会設置会社）と委員会型（このたび「指名委員会等設置会社」と改称した）との「ハイブリッド」な形態として、「監査等委員会設置会社」なる株式会社形態を創設し、併せて同形態への移行を勧奨する措置を設けている。「監査役会」が設置される監査役会設置会社、「監査等委員会」が設置される監査等委員設置会社、「監査委員会」が設置される指名委員会等設置会社と、類似した名前で、かつ「等」が置かれる位置が微妙に異なっており、紛らわしいことこの上ない。

「監査等委員会設置会社」についての詳細は、本章第V節で詳説することにして、ここでは、その概要をざっくりと紹介し、かつ、若干ではあるが今後の展望を考えてみたい。

2. 監査等委員会設置会社の概要

1 定　義

監査等委員会設置会社とは、監査等委員会設置会社監査等委員会を置く株式会社をいう（2条11号の2）。監査等委員会設置会社は、取締役会および会計監査人の設置と、監査役の不設置が強制されている（327条1項・4項・5項）。

2 構　成

監査等委員会は、監査等委員から構成され（399条の2第1項）、監査等委員は取締役でなければならない（同条2項）。監査等委員会設置会社においては、監査等委員は3人以上で、その過半数は、社外取締役（2条15号）でなければならない（331条6項）。

3 選解任および任期

監査等委員である取締役（以下、「監査等委員」という）は、他の取締役と同様、株主総会により選任されるが（329条1項）、監査等委員は、それ以外の取締役と区別して選任されなければならない（同条2項）。監査等委員である取締役には、兼任禁止規制が課され、監査等委員会設置会社もしくはその子会社の業務執行取締役もしくは支配人その他の使用人または当該子会社の会計参与（会計参与が法人であるときは、その職務を行うべき社員）もしくは執行役を兼ねることができない（331条3項）。

監査等委員会設置会社においては、取締役の任期についても、特則が置かれる。すなわち、監査等委員については2年とされ、短縮が認められない一方（332条1項4項）、それ以外の取締役の任期は、1年とされる（同条3項）。

解任については、監査等委員については、株主総会の特別決議が要求される（339条1項、309条2項7号括弧書）。

4 監査等委員会の権限

監査等委員会の権限については、399条の2以下で詳細に規定される。それらは若干の出入りはあるものの、基本的には、指名委員会等設置会社における

監査委員会や各監査委員が有している権限とほぼ同様のものである。

5 勧奨措置

会社法は、監査等委員会設置会社への移行を誘導するため、手厚い勧奨措置をとっている。これらは、監査役会設置会社、指名委員会等設置会社にはみられないものである。

第1に、監査等委員会設置会社は、取締役会の決議によって重要な業務執行（399条の13第5項各号に掲げる事項を除く）の決定の全部または一部を取締役に委任することができる旨を定款で定めることができる（399条の13第6項）。

第2に、利益相反取引に関し特則が置かれ、取締役（監査等委員を除く）との利益相反取引につき、監査等委員の承認を受けた場合には、取締役の任務懈怠推定の規定は適用されない（423条4項）。

3. 監査等委員会設置会社における監査等委員会の構造：監査役会設置会社における監査役会、指名委員会等設置会社における監査委員会と対比して

次に、監査等委員会設置会社における監査等委員会の構造を監査役会設置会社における監査役会、指名委員会等設置会社における監査委員会と対比してみよう。具体的には130～131頁の表のとおりとなる。

真ん中に監査等委員会を置き、両端に監査役会、監査委員会を配置し、類似している部分を灰色で網掛けしてみた。監査等委員会設置会社が、監査役会設置会社、指名委員会等設置会社の「ハイブリッド」であることが一目瞭然となろうし、配合比率についてどちらかというと後者寄りであることも理解できよう。

4. 検 討

1 会社法の意図

以上のところからわかるように、このたび会社法が導入した監査等委員会設置会社は、監査役会設置会社、指名委員会等設置会社の、かつどちらかというと後者に傾斜した「ハイブリッド」である。その上で、前述のごとく、会社法

は、監査等委員会設置会社への移行を勧奨するための規定をいくつか設けている。これは、従来型の監査役会設置会社に向けた措置であることが明らかである。会社法が、監査役制度を存置しつつも、委員会型への移行を念頭に置いていることは間違いないものと思われる。

② 監査制度の実効性への疑問とその原因

これまで、監査役に関しては、度重なる制度改正がなされ、その趣旨は決まって「監査制度の実効性確保」であった。このことは監査制度の不幸を何よりも物語っている。監査制度は、条文をみる限り、それ自体かなりよくできた制度である。それが何故機能しないと評されるのかに関し、最近では、その一つの要因として、「実査」の負担があげられている。条文上必ずしも実査を要求する構造にはなっていないはずであるが、これまでの伝統からか、何とはなしに、専門的資格を要求していない監査役にも実査が要求されるような状況になっている。これでは適法性監査の枠をでることは難しいし、かつ、社外者を入れても、十分な活用ができるとはいえまい。社外者をボードに入れ、モニタリングの実効を期すためには、その者から実査の負担を解放する必要があり、かつ妥当性にまで口を挟ませるためには、その者を正式な経営陣（＝取締役）として受け入れる必要がある。

③ 委員会型が採用されない要因

他方、モニタリング型である指名委員会等設置会社も、わが国での採用は、ごくわずかといってよい。外国の機関投資家から資金を受け入れることを念頭に置かない限り、委員会型への移行など問題外というのが実務の感覚であろう。その要因としては、社外者を正式な経営陣として受け入れることへの懸念はもちろんあるであろう。ただ、それを措くとして、「三委員会」の強制が規制として重すぎることを指摘しておかなければならない。実務上、委員会型を採用しない前提で、「任意」の委員会を設ける例が多い現実は、このことの傍証となろう。

表◆三者の対比（監査等委員会／監査役会／監査委員会）

	監査役会設置会社における監査役会
監査対象	適法性監査（学説上争いあり）
構成員	監査役（390条1項）
員数	3人以上（335条3項）
構成員の選任（選定）方法	株主総会が選任（329条1項）
構成	社外監査役が半数以上（335条3項）
常勤者の要否	必要（390条3項）
任期	4年（336条1項） ※非公開会社では10年に伸張可能（336条2項）
解任する機関	株主総会（339条1項）
解任要件	特別決議（309条2項7号括弧書）
兼任制限	会社もしくは子会社の取締役もしくは支配人その他の使用人または当該子会社の会計参与（会計参与が法人であるときは、その職務を行うべき社員）もしくは執行役を兼ねることができない（335条2項）
会計監査人の選解任・不再任についての権限	議案内容の決定権（344条3項）
会計監査人の報酬に関する権限	同意権（399条2項）
取締役等に対する報告請求権、業務等調査権、子会社調査権	独任制であり、各監査役が行使（381条2項・3項）
取締役等の違法行為差止請求権	各監査役が行使（385条1項）
取締役会の招集請求権、招集権	各監査役の権限（383条2項・3項）
取締役会に対する報告義務	各監査役の義務（382条）
会社と取締役（執行役）との訴えにおける会社の代表者	各監査役（386条）
監査の方法	独任制
事実の報告義務者	取締役（357条2項）
株主総会への報告義務	各監査役（384条）
監査報告の作成者	各監査役が作成し、その上で監査役会報告も作成（381条1項、390条2項1号）

＊西村高等法務研究所責任編集、落合誠一ほか編『会社法改正要綱の論点と実務対応』(商事法務、2013年) 4頁〔太田洋〕を元に作成

監査等委員会設置会社における監査等委員会	指名委員会等設置会社における監査委員会
適法性監査＋妥当性監査	適法性監査＋妥当性監査
委員たる取締役（399条の2第2項）	取締役
3人以上（331条6項）	3人以上（400条1項）
株主総会で選任（329条2項）	取締役会で選定（400条2項）
社外取締役が過半数（331条6項）	社外取締役が過半数（400条3項）
不要	不要
2年（332条1項・4項）	1年（332条6項）
株主総会（339条1項）	株主総会（339条1項）
特別決議（309条2項7号括弧書）	普通決議（309条2項7号）
監査等委員である取締役は、監査等委員会設置会社もしくはその子会社の業務執行取締役もしくは支配人その他の使用人または当該子会社の会計参与（会計参与が法人であるときは、その職務を行うべき社員）もしくは執行役を兼ねることができない（331条3項）	指名委員会等設置会社の取締役は、当該指名委員会等設置会社の支配人その他の使用人を兼ねることができない（331条4項）
議案内容の決定権（399条の2第3項2号）	議案内容の決定権（404条2項2号）
同意権（399条3項）	同意権（399条4項）
監査等委員会が選定する監査等委員が行使（399条の3第1項・2項）	監査委員会が選定する監査委員（405条1項・2項）
各監査等委員が行使（399条の6第1項）	各監査委員が行使（407条1項）
監査等委員会が選定する監査等委員の権限（399条の14）	監査委員会が選定する監査委員の権限（417条1項・2項）
各監査等委員の義務（399条の4）	各監査委員の義務（406条）
監査等委員会が選定する各監査等委員（399条の7）	監査委員会が選定する監査委員（408条）
組織監査	組織監査
取締役（357条3項）	執行役（419条）
各監査等委員（399条の5）	
監査等委員会による監査報告のみ（399条の2第3項1号）	監査委員会報告のみ（404条2項1号）

4 終わりに

　かような観点から、監査等委員会設置会社をみてみると、この形態は、監査役会から実査を取り払ったものとみることも可能であろうし、委員会型の理念をより「コンパクト」に実現したものと理解することも可能であろう。まさに「ハイブリッド」といわれるゆえんである。このことは、明確な理念が欠けていることの現れであるとの指摘もあるが（江頭・株式会社法572頁）、わが国の現実に配慮したものと評価することも可能であろう。ハイブリッドであるから、単に監査役会を監査等委員に置き換えただけの形態として運用すること、「ミニ委員会型」のモニタリングシステムの会社形態として運用することの、いずれも可能であり、きわめて柔軟な形態といえる（江頭・株式会社法572頁）。

　立法は政治であり、政治は妥協である。妥協の結果、監査等委員会設置会社の今後は、運用に委ねられたということになる。今後の運用を注視したい。
（126〜132頁は科学研究費基盤研究(c)「株式会社監査の公監査的再構築」（課題番号26380131）の研究成果の一部である。）

III　社外取締役および社外監査役の要件

1．規律の概要

　今般の改正では、社外取締役の経営に対する監督機能の実効性を高めるという観点から、社外取締役・社外監査役の要件を見直した。

　社外取締役の要件として、2条15号は、取締役であって、下記の要件のいずれにも該当することと規定している。

❶当該株式会社またはその子会社の業務執行取締役もしくは執行役または支配人その他の使用人でなく、かつその就任の前10年間当該株式会社またはその子会社の業務執行取締役等であったことがないこと（15号イ）

❷10年の冷却期間には、取締役、会計参与または監査役であった期間は参入されない（15号ロ）

❸当該株式会社の親会社（自然人であるものに限る）または親会社等の取締役も

しくは執行役もしくは支配人その他の使用人でないこと（15号ハ）
❹当該株式会社の親会社等の子会社等（当該株式会社およびその子会社を除く）の業務執行取締役等でないこと（15号ニ。いわゆる兄弟会社の関係者でないこと）
❺当該株式会社の取締役もしくは執行役もしくは支配人その他の重要な使用人または親会社等（自然人であるものに限る）の配偶者または二親等内の親族でないこと（15号ホ）

前記要件のうち、「過去に」ではなく「その就任の前10年間」と過去要件を緩和する一方で（前記❶）、現在要件のほうは加重している（前記❷❸❹❺）。

また、社外監査役の要件については、2条16号が社外取締役と同様の規定を設けているが、その詳細については、後記**4.**にて解説する。

なお、改正法における社外要件の厳格化は、非公開会社にも適用される。したがって、親子会社間における社外役員の兼任はできなくなることに注意しなければならない。

2. 社外取締役の現在要件

① 自社および子会社における非業務執行性

社外取締役の現在要件の第一は、当該株式会社またはその子会社の業務執行取締役もしくは執行役または支配人その他の使用人でないことである（2条15号イ前段）。

業務執行取締役とは、株式会社の363条1項各号に掲げる取締役および当該株式会社の業務を執行したその他の取締役をいう（施行規則2条2項3号）。すなわち、代表取締役・代表取締役以外の取締役であって取締役会の決議によって取締役会設置会社の業務を執行する取締役として選定された取締役（たとえば、専務・常務取締役）および当該株式会社の業務を執行したその他の取締役のことである。そして、社外取締役となりえない者（業務執行取締役＋執行役＋支配人その他の使用人）を「業務執行取締役等」と総称する（施行規則2条2項3号）。

なお、この自社および子会社における非業務執行性には、後記**3.**①のとおり、「就任の前10年間」という対象期間の限定が設けられている（法2条15号イ後段）。

② 親会社等の関係者

社外取締役の現在要件の第二は、当該株式会社の親会社（自然人であるものに限る）または親会社等の取締役もしくは執行役もしくは支配人その他の使用人でないことである（2条15号ハ）。この点は、今回の改正により、要件が強化されたところである。

同号では「親会社等の取締役もしくは執行役もしくは支配人その他の使用人でないこと」と規定されているため、親会社等の定義が問題となる。この点、2条4号の2によれば、親会社等とは、次のいずれかに該当する者として、

イ　親会社
ロ　株式会社の経営を支配している者（法人であるものを除く）として法務省令で定めるもの

を列挙する。

イの親会社とは、ある株式会社の議決権総数の過半数を有するなど、当該株式会社の経営を支配している法人として法務省令で定めるものをいう（2条4号）。この点に関しては、今回改正されていない。

ロの法務省令では、株式会社の財務および事業の方針の設定を支配している場合における「当該あるもの」と規定しており（施行規則3条の2第2項。「財務および事業の方針の設定を支配している場合」とは、同条3項）、その例として、いわゆる大株主をあげることができる。

親会社等との関係では、業務執行取締役かどうかは問わない。親会社等の取締役である以上、業務執行者であるかどうかにかかわらず、株式会社の業務執行者が当該会社の利益を犠牲にして親会社等の利益を図る行為に関し、実効的な監督を期待することが困難だからである（坂本ほか・平26改正解説〔Ⅰ〕15頁）。

以上により、たとえば、親会社の取締役・執行役・支配人その他の使用人は、子会社の社外取締役になることができない。親会社の社外取締役も、子会社の社外取締役に就任できないため、要するに、親子会社間で社外取締役を兼任することは認められなくなる。

従前は、子会社の業務執行取締役が親会社の社外取締役になることはできなかった。改正法では、このことに加えて、親会社の関係者を子会社の社外取締役から排除している。親会社の関係者が子会社の社外取締役に就いた場合には、

親会社の利益と子会社の利益が衝突するような場面において、親会社関係者が子会社の利益のために行動することは期待しにくいからである。

このように、社外取締役の親子会社間での兼任が認められなくなることから、今後は親会社以外から社外役員候補者を見出すなどの実務的な留意が必要である。ちなみに、親会社の関係者は、子会社の社外取締役にはなれないが、社内役員（社内の非業務執行取締役や社内監査役）になることは可能である。

なお、親会社の会計参与・監査役であることは、社外取締役の要件としては除外されていないが、これは、もともと兼任禁止の規制対象となっているからである（333条3項1号、335条2項）。

3 兄弟会社の関係者

社外取締役の現在要件の第三は、いわゆる兄弟会社の関係者でないことであり、当該株式会社の親会社等の子会社等（当該株式会社およびその子会社を除く）の業務執行取締役等でないことを要件とする（2条15号ニ）。この点も、今回の改正により、要件が強化された。

同号では「当該株式会社の親会社等の子会社等（当該株式会社およびその子会社を除く）の業務執行取締役等でないこと」と規定されているため、子会社等の定義が問題となる。この点、2条3号の2によれば、子会社等とは、次のいずれかに該当する者として、

　イ　子会社
　ロ　会社以外の者がその経営を支配している法人として法務省令で定めるもの

を列挙する。

イの子会社とは、会社がその総株主の議決権の過半数を有する株式会社その他の当該株式会社がその経営を支配している法人として法務省令で定めるものをいうが（2条3号）、この点に関しては、今回改正されていない。また、ロの法務省令では、他の会社等の財務および事業の方針の設定を支配している場合における「当該他の会社等」と規定する（施行規則3条の2第1項。「財務および事業の方針の設定を支配している場合」とは、同条3項）。

法文上「当該株式会社の親会社等の子会社等」などともって回ったような表現を用いているが、要するに、兄弟会社の業務執行取締役等は、社外取締役に

なることができない。

　親会社から指揮命令を受ける立場にある会社の兄弟会社の業務執行者には、当該会社の業務執行者がその会社の利益を犠牲にして親会社の利益を図ることに関し、実効的な監督を期待することが困難だからである（坂本ほか・平26改正解説〔Ⅰ〕6頁）。

　ただし、兄弟会社間には、相互に直接的な支配や監督という関係があるわけではなく、親子会社と同様に取り扱うという必要性までは認めがたい。すなわち、業務執行取締役等でなく、親会社等の指揮命令を受ける立場にない取締役まで、当該会社の社外取締役になることができないとする必要はない（坂本ほか・平26改正解説〔Ⅰ〕6頁）。そこで、兄弟会社の業務執行取締役等の社外性は否定されるが、業務執行性のない取締役であれば、兄弟会社間で社外取締役に就くことは可能である。すなわち、兄弟会社の業務執行取締役以外の取締役は、社外取締役になることができる。

④　取締役等の近親者

　社外取締役の現在要件の第四は、取締役等の近親者でないことである。すなわち、当該株式会社の取締役もしくは執行役もしくは支配人その他の重要な使用人または親会社等（自然人であるものに限る）の配偶者または二親等内の親族でないことが、社外取締役の要件となる（2条15号ホ）。この点も、今回の改正により、要件が強化された部分である。

　近親者の場合、経済的利益の同一性から、業務執行者等や自然人である親会社等（たとえば、オーナー株主）が会社の利益を犠牲にして自身またはその近親者の利益を図ることに関し、実効的に監督することが期待しがたいからである（坂本ほか・平26改正解説〔Ⅰ〕6頁）。

　この場合の近親者の対象は自社のみであって、当該株式会社以外の会社（親会社・兄弟会社）の取締役等の近親者は除外されていない点に留意しなければならない。

　なお、使用人については、「重要な使用人」に限定されている。法制審議会・会社法制部会長の岩原紳作教授は、重要な使用人の範囲について、「経営者に準ずるもの、たとえば執行役員が該当」などと説明されており（岩原紳作「会社法制の見直しに関する要綱案の解説」別冊商事法務372号（2012年）11頁）、地方

の支店長などは該当しない場合が多いであろう。この点、362条4項3号の「重要な使用人」との平仄からは、取締役会で選解任すべき使用人がこれに該当するとの考え方もある（前田雅弘『『会社法制の見直しに関する要綱』の考え方と今後の実務対応」別冊商事法務372号89頁）。しかし、社外取締役の要件としての法的安定性を重視するならば、「重要な使用人」とは経営者にきわめて近い地位にある者をさすものであって、362条4項3号の「重要な使用人」よりは狭く解釈すべきものと解する。

ここでの「配偶者」は、法律的な婚姻関係ある者をいい（民法739条）、事実婚を含まない。また、二親等内の「親族」には血族と姻族を含む（同法725条）。

5 取引先の関係者の非要件化

重要な取引先の関係者については、客観的な形式的基準を設定することができず、改正法では、社外性を否定しないこととされた。したがって、たとえば顧問弁護士なども社外役員になることができる。

3. 社外取締役の過去要件

1 非業務執行性の対象期間の限定

改正法では、自社および子会社における非業務執行性に加えて、「その就任前10年間当該株式会社またはその子会社の業務執行取締役等であったことがないこと」として、就任前10年間という対象期間を設けている（2条15号イ後段）。

この対象期間の限定の意義は、過去に一度でも自社または子会社の業務執行取締役等となった経験のある者は社外取締役の要件を満たさない、という過去要件を緩和した点にある。いったん会社経営陣の指揮命令系統に属したとしても、退任・退職後10年を経れば、経営者との関係も希薄になり、社外取締役に期待される役割を果たすことが可能であって、一定の冷却期間の経過後は「社外性」を認めうるからである。

2 冷却期間に関する追加要件

改正法は、「その就任の前10年以内のいずれかの時において当該株式会社またはその子会社の取締役、会計参与または監査役であったことがある者（業務執行取締役等であったことがあるものを除く）にあっては、当該取締役、会計参与または監査役への就任の前10年間当該株式会社またはその子会社の業務執行取締役等であったことがないこと」という要件を追加している（2条15号ロ）。

平成13年改正前は、社外監査役の冷却期間として5年間を規定していたが、取締役や使用人であったものが監査役に就任し、5年経過後に社外監査役になる例がみられた。これでは、社外監査役制度の機能が十分に発揮できないとして、そのような事態を避けるため、5年の期間限定を廃止し、新たに導入された社外取締役についても対象期間の制約を設けなかった。これを会社法も継承し、過去において一度でも自社または子会社の業務執行取締役等となった経験のある者は社外取締役の要件を満たさないという規律となっている。

かかる事情を踏まえて、改正法は、社外取締役の就任前10年以内のいずれかの時に、当該株式会社またはその子会社の取締役・会計参与・監査役であった経験のある者について、当該取締役・会計参与・監査役への就任前10年間、当該会社またはその子会社の業務執行取締役等であったことがないことを要件とした。

実務的には、社外取締役に登用しようとする対象者について、その過去10年間の経歴を確認すればよい。

これに対して、親会社等の関係者、兄弟会社の関係者および取締役等の近親者については、こうした過去要件がないことに注意が必要である。

4. 社外監査役の要件

社外監査役の要件については、社外取締役の要件とほぼ同様の規定となっている。すなわち、社外監査役とは、監査役であって、下記の要件のいずれにも該当することと規定している（2条16号）。

❶その就任の前10年間当該株式会社またはその子会社の取締役、会計参与（会計参与が法人であるときは、その職務を行うべき社員。ロにおいて同じ）もしくは

執行役または支配人その他の使用人であったことがないこと（16号イ）

❷その就任の前10年間のいずれかの時において当該株式会社またはその子会社の監査役であったことがある者にあっては、当該監査役への就任の前10年間当該株式会社またはその子会社の取締役、会計参与もしくは執行役または支配人その他の使用人であったことがないこと（16号ロ）

❸当該株式会社の親会社等（自然人であるものに限る）または親会社等の取締役、監査役もしくは執行役もしくは支配人その他の使用人でないこと（16号ハ）

❹当該株式会社の親会社等の子会社等（当該株式会社およびその子会社を除く）の業務執行取締役等でないこと（16号ニ）

❺当該株式会社の取締役もしくは支配人その他の重要な使用人または親会社等（自然人であるものに限る）の配偶者または二親等内の親族でないこと（16号ホ）

　したがって、親会社の取締役は、子会社の社外監査役に就けず、また、親会社の社外監査役は、子会社の社外監査役になることができない（2条16号ハ）。このように、親子会社間では社外監査役の兼任が許されないから、親会社の社外監査役が子会社の監査役に就任する場合には、社外監査役ではなく、（社内）監査役になってしまう。

　なお、社外監査役についても、社外取締役と同様に、「過去に」ではなく「その就任の前10年間」と過去要件を緩和する一方で（前記❶）、現在要件のほうは加重している（前記❷❸❹❺）。ただし、親会社等またはその取締役・監査役・執行役・支配人その他の使用人でないことは、就任の時点で充足していれば足り、過去においてそのような地位になかったことは、社外監査役の要件に含まれていない（2条16号ハ）。

　そもそも監査役になることのできない場合（335条2項、333条3項1号）、たとえば、当該株式会社または子会社の取締役・業務執行者・会計参与である場合には、社外監査役の要件としては除外されていないが、もともと兼任禁止の対象であるから、2条16号は、これらの場合の兼任禁止を重ねて規定していない。

5. 経過措置

　改正法施行の際、現に改正前会社法2条15号に規定する社外取締役または同条16号に規定する社外監査役を置く株式会社の社外取締役・社外監査役については、改正法の施行後最初に終了する事業年度に関する定時株主総会の終結の時までは、改正法2条15号または同条16号の規定にかかわらず、なお従前の例による（附則4条）。

　改正法は平成27年5月1日施行であるから、3月決算・6月総会の会社の社外監査役を例にとるならば、翌28年6月の定時株主総会終結時点までは、その社外性を保持できるが、同月の総会終結以降は社内監査役となってしまう。この場合、社外監査役が半数以上という監査役会の構成に影響が出ることもありうるため（335条3項）、事前に監査役会の構成を再検討しておかなければならない。

IV　社外取締役を置いていない場合の理由の開示

1. 改正法における規律の概要

　327条の2は、社外取締役を置いていない場合の理由の開示として、「事業年度の末日において監査役会設置会社（公開会社であり、かつ、大会社であるものに限る）であって金融商品取引法24条1項の規定によりその発行する株式について有価証券報告書を内閣総理大臣に提出しなければならないものが社外取締役を置いていない場合には、取締役は、当該事業年度に関する定時株主総会において、社外取締役を置くことが相当でない理由を説明しなければならない」と規定する。この対象となる会社は、監査役会設置会社・公開会社・大会社・金商法上の有価証券報告書提出会社という4要件をすべて充足した株式会社である。

　また、後記**3.**のとおり、事業報告および株主総会参考書類にも「社外取締役を置くことが相当でない理由」を記載することとなった（施行規則74条の2、124条2項・3項）。

加えて、社外取締役の選任義務付けに関する規律の見直しを行う旨の附則を新設した。すなわち、政府は、この法律の施行後2年を経過した場合において、社外取締役の選任状況その他の社会経済情勢の変化等を勘案し、企業統治にかかる制度の在り方について検討を加え、必要があると認めるときは、その結果に基づいて、社外取締役を置くことの義務付け等所要の措置を講ずるものとしている（附則25条）。

社外取締役を置くことが相当でない理由の開示について、見直し要綱第1の2（社外取締役及び社外監査役に関する規律）の（前注）では、「監査役会設置会社（公開会社であり、かつ、大会社であるものに限る）のうち、金融商品取引法24条1項の規定によりその発行する株式について有価証券報告書を提出しなければならない会社において、社外取締役が存在しない場合には、社外取締役を置くことが相当でない理由を事業報告の内容とするものとする」としていた。しかし、改正法においては、定時株主総会で具体的に口頭説明することとし、事業報告の記載等は、法務省令（会社法施行規則）の改正で対応している。

2. 適用時期

定時株主総会における「相当でない理由」の説明義務は、改正法の施行直後から適用となる点に留意しなければならない。すなわち、改正法は平成27年5月1日の施行となるため、平成27年6月の定時株主総会には適用があることとなる。

3. 法務省令の規定

1 株主総会参考書類の記載事項

株主総会参考書類（取締役選任議案）の記載事項については、
①株式会社が社外取締役を置いていない特定監査役会設置会社（当該株主総会の終結の時に社外取締役を置いていないこととなる見込みであるものを含む）であって、かつ、
②取締役に就任したとすれば社外取締役となる見込みである者を候補者とする

取締役の選任に関する議案を当該株主総会に提出しないとき、株主総会参考書類には、社外取締役を置くことが相当でない理由を記載しなければならない（施行規則74条の2）。

ここでいう「特定監査役会設置会社」とは、監査役会設置会社（公開会社であり、大会社であるものに限る）であって、その発行する有価証券報告書を内閣総理大臣に提出しなければならないものである。

記載事項として重要なのは、「会社の当該事業年度における事情に応じて記載し、または記録しなければならない。この場合において、社外監査役が2名以上あることのみをもって当該理由とすることはできない」と規定している点である（施行規則74条の2第3項）。すなわち、

・「相当でない理由」は、個々の株式会社のその時点における事情に応じて記載しなければならない。

・社外監査役が2名以上あることのみをもって「相当でない理由」とすることはできない。

なお、「相当でない理由」に関する記載事項は、WEB開示の対象とすることができない点にも留意が必要である（施行規則94条）。

② 事業報告の記載事項

事業報告の記載事項については、

①事業年度の末日において監査役会設置会社（大会社に限る）であってその発行する株式について有価証券報告書を内閣総理大臣に提出しなければならないものが、

②社外取締役を置いていない場合、

株式会社の会社役員に関する事項として、社外取締役を置くことが相当でない理由を事業報告の内容に含めなければならない（施行規則124条2項・3項）。

事業報告の内容として、社外取締役が存在しない場合に、「社外取締役を置くことが相当でない理由」を記載する必要が生ずる会社は、監査役会設置義務のある会社で金商法24条1項の規定によりその発行する株式について有価証券報告書を提出する必要のある株式会社である。すなわち、上場会社と必ずしも同一ではなく、上場会社でなくとも事業報告に記載しなければならない会社があることに注意を要する。

記載事項としての重要点は、株主総会参考書類の場合と同様である。すなわち、
・「相当でない理由」は、個々の株式会社の各事業年度における事情に応じて記載しなければならない。
・社外監査役が2名以上あることのみをもって「相当でない理由」とすることはできない。

　事業報告は監査役会監査の対象となる。また、社外役員に関する事項のうち、この「相当でない理由」についてのみは、WEB開示の対象とすることができない点にも留意が必要である（施行規則133条3項1号）。

　なお、事業報告に関する経過措置であるが、施行日以後に作成される事業報告については、改正後の会社法施行規則124条2項・3項の規定が適用されるから、改正会社法の施行日である平成27年5月1日以後に事業報告を作成する場合には、「相当でない理由」の記載義務がある。

4. 理由説明の基準時と法的性質

　取締役は、当該事業年度に関する定時株主総会において、社外取締役を置くことが相当でない理由を説明しなければならない（327条の2）。したがって、説明が求められる「相当でない理由」の基準日は、事業年度の末日ということになる。この点は、事業報告の記載も同様である（施行規則124条2項・3項）。たとえば、3月決算6月総会の会社の場合ならば、3月末において社外取締役を置くことが相当でなかった理由を開示することとなる。

　ところで、株主総会での「社外取締役を置くことが相当でない理由」の説明は、独立の説明事項とするまでの必要はないと解されるが、株主からの質問を待たずに説明しなければならない点で、314条の説明義務とは異なるものであることに留意しなければならない。この点、最終事業年度の末日において社外取締役を置くことが相当でない理由の説明は、株主総会の議案と関係ない事項の説明であるため、制度として異例なものであるとの指摘もある（江頭・株式会社法384頁）。

　このように、327条の2の「相当でない理由」の説明が314条の説明義務とは異質なものであることを踏まえて、その説明義務に違反した場合の効果についても検討しなければならない（後記**7.**）。

第3章　機関に関する改正1：社外取締役、監査制度

5．「相当でない理由」の内容

　何をもって「社外取締役を置くことが相当でない理由」であるかは、実務的に難しい問題である。

　各社の個別的なガバナンスを尊重すべきであるから、「相当でない理由」は、個々の株式会社の各事業年度における事情に応じたものでなければならない（施行規則74条の2第3項、124条3項）。たとえば、どこかで作成された説明のひな型に準拠して、定型的な記載をすれば足りるということにはならない。

　また、「社外取締役を置くことが相当でない理由」であるから、単に「置かない理由」ではなく、置くことが相当でない積極的理由であることが求められる。たとえば、適任者がいないなどといった消極的な理由の説明では、「相当でない理由」として足りないと解せられる。

　同様に、監査役会を設置していることのみをもって「相当でない理由」とすることはできない。こうした理由は、「必要でない理由」には該当するものの、「相当でない理由」としては足りないからである。

　この点、法務省令では「社外監査役が2名以上あることのみをもって」と例示するが（施行規則74条の2第3項、124条3項）、実務対応の面からすれば、社外監査役が2名以上あることのほかに、どのような場合が当該理由とできないかはわかりにくい。

　思うに、法は、社外取締役を設置する必要はないと判断した理由ではなく、「社外取締役を置くことが相当でない理由」を説明して株主の判断を仰ぐことを求めている。したがって、開示された理由に客観的な合理性が備わっているかどうかは、それをみた株主が判断すべき事項である。各社においては、自社に個別のガバナンスの在り方を吟味したうえで、株主が客観的な合理性が備わっていると判断できる理由を検討する必要があろう。

6．総会説明・事業報告・株主総会参考書類の異同

　社外取締役を置いていない場合の理由の開示は、定時株主総会における説明、株主総会参考書類の記載、事業報告の記載という、いわば3点セットになっている。それぞれに共通した面もあるが、その時系列的な取扱いには若干の違い

があるので、注意が必要である。

　前記**4.**のとおり、総会での説明と事業報告の記載は、終了した事業年度の末日に関するものである。たとえば、3月決算6月総会の会社の場合ならば、3月末において社外取締役を置くことが相当でなかった理由を開示するものである。

　これに対して、株主総会参考書類のほうは、当該定時株主総会に提出する取締役選任議案について、社外取締役を置くことが相当でない理由を記載しなければならない。

7. 説明義務違反の効果

① 総会説明の場合

　「社外取締役を置くことが相当でない理由」の説明に不備があった場合の法的効果についても、一つの問題である。

　定時株主総会当日に「相当でない理由」の説明に不備があれば、決議の方法に法令違反の瑕疵があったとして、取締役選任決議について決議取消事由になりうるなどと説明される場合がある（岩原ほか・座談会〔上〕11・12頁）。確かに説明義務の違反は、決議の方法の法令違反に該当し（831条1項1号）、決議取消事由となる（東京地判昭和63年1月28日判時1263号3頁）。

　しかし、社外取締役を置くことが相当でない理由の説明に不備があったときの法的効果に関し、実務的な観点から、314条の説明義務に違反する場合とまったく同様に解してよいかは疑問である。

　株主総会決議取消しの訴えとは、当然のことながら、議案に対する決議を取り消すものであるから（831条1項）、取消しの対象となる決議（さらには、決議の対象となる議案）の存在が前提となる。しかるに、定時株主総会当日（たとえば、6月下旬）に説明するのは、すでに終了した事業年度の末日（同年3月末）に社外取締役を置いていなかったことが相当でない理由である。すなわち、327条の2の理由の開示とは、株主総会の議案と関係のない事項の説明なのである（江頭・株式会社法384頁）。

　したがって、当該定時株主総会において、社外取締役候補者を含む取締役選

任議案が提出されている場合には、たとえ「相当でない理由」の開示を怠ったとしても、そもそも取り消すべき決議の対象たる議案自体が存在しないのであるから、決議取消しの問題は生じない。このことは、仮に定時株主総会において取締役選任議案に社外取締役候補者を含まない場合であっても同様である。原則的には、終了した事業年度末日に関する説明不備が、直ちに当該議案の決議取消事由となるとは解せられない。

以上のとおり、「相当でない理由」の説明不備が決議取消事由になりうるのは、たとえば、「相当でない理由」が虚偽の説明であった、そもそも理由を説明しない、または、株主の質問に対して説明を拒否したなどにより、そのことが当該定時株主総会に上程された取締役選任議案に関する株主の合理的な理解・判断に直接に影響を及ぼしたといえるような場合に限られるであろう。

2 事業報告の場合

事業報告の「相当でない理由」の記載も、総会説明の場合と同様、終了した事業年度の末日に関するものであり（施行規則124条2項・3項）、定時株主総会の議案と関係のない事項である。また、事業報告の当該記載に基づき株主総会で行う説明も報告事項に関するものであって、決議事項に関する説明ではない（新谷勝『詳解改正会社法──平成26年改正の要点整理──』（税務経理協会、2014年）44頁）。

したがって、仮に事業報告の記載が「相当でない理由」に該当しないとしても、取締役選任決議の取消事由とはならないものと解する。

3 株主総会参考書類の場合

株主総会参考書類については、当該定時株主総会に提出する取締役選任議案について、社外取締役を置くことが相当でない理由を記載しなければならない（施行規則74条の2）。

したがって、株主総会参考書類における「相当でない理由」の記載に不備があった場合、たとえば、虚偽記載または記載不十分（記載なし）の場合には、株主総会の招集手続の法令違反があるものとして（法831条1項1号）、その取締役の選任議案にかかる株主総会の決議に瑕疵を帯び、決議取消事由があると判断される場合もある（岩原ほか・座談会〔上〕11頁）。

8. 社外取締役の義務化の動向

　327条の2は、社外取締役に関し、"Comply or explain（遵守するか、遵守しないときは説明せよ）"を導入したものと考えられる。この点、政府は、この法律の施行後2年を経過した場合において、社外取締役の選任状況その他の社会経済情勢の変化等を勘案し、企業統治にかかる制度の在り方について検討を加え、必要があると認めるときは、その結果に基づいて、社外取締役を置くことの義務付け等所要の措置を講ずるものとしている（附則25条）。

　また、前記第Ⅰ節2.②でも記したとおり、東京証券取引所は、有価証券上場規程を改正し、「上場会社は、取締役である独立役員を少なくとも1名以上確保するよう努めなければならないもの」として、独立役員の確保の努力義務を求めている（上場規程445条の4）。

　さらには、金融庁と東京証券取引所が、上場企業各社に対し、社外取締役だけで構成する会議体を創設するよう促す動きもある（いわゆる「日本版コーポレートガバナンス・コード」の策定）。そのなかでは、資質を十分に備えた独立社外取締役を少なくとも2名以上選任すべきであるとか、互選で「筆頭独立社外取締役」を決定することにより、経営陣との連絡・調整や監査役会との連携にかかる体制整備を図るべきであるなどの提言が盛り込まれている。

　したがって、今後とも社外取締役義務化の動向には注視が必要であろう。

Ⅴ　監査等委員会設置会社制度の創設

1. 総　論

　平成26年改正前会社法において株式会社は、大枠、監査役会設置会社（2条10号）と委員会設置会社（同条12号）の二つのタイプの機関構造から選択することが求められていた。

　ただ、監査役会設置会社に対しては、度重なる商法改正や会社法制定に伴う監査役制度の充実と監査役権限の強化にもかかわらず、監査機能に限界があることが問題点として指摘されていた。

これは、監査役会設置会社では監査役会のメンバーとして必ず社外監査役が置かれるものの、そもそも監査役自体、会社の意思決定機関である取締役会のメンバーではないため、経営への参画あるいはチェックにおいて限界があることなどを理由とする。

　他方、委員会設置会社に対しても、そもそも全株式会社数およそ250万社のうち、当該タイプの機関構造を選択している会社はおよそ60社程度にとどまっていることが問題点として指摘されていた。これは、過半数の社外取締役で構成される指名委員会が取締役を指名し、報酬委員会が取締役および執行役の報酬を決めるため、これに対する経営陣の抵抗感からほとんど普及しなかったこと、などを理由とする。

　このように、実効性ある監査機能の伴った社外取締役の設置が求められる監査役会設置会社と、平成14年の制度創設以来まったく会社の数が伸びない委員会設置会社、それぞれに抱えている問題点を解消する必要があった。

　そこで、平成26年改正によって、監査役会設置会社と委員会設置会社の中間的な制度として監査等委員会設置会社（2条11号の2）が設けられることになった。なお、監査等委員会設置会社の創設に伴い、委員会設置会社は指名委員会等設置会社（2条12号）に名称が変更されている。また、要綱案段階では、監査・監督委員会設置会社という名称であったが、新法においては監査等委員会設置会社という名称となった。この名称変更（監査等とされた）理由は、監査等委員である取締役以外の取締役の選解任等および報酬等について株主総会で意見を述べることができること（342条の2第1項）や、利益相反取引につき取締役の任務懈怠を推定する規定（423条3項）が、当該取引につき監査等委員会の承認を受けたときには適用されないこと（同条4項）など、監査等委員の機能が監査機能にとどまらず、監督機能をも担っているためである。

2. 監査等委員会設置会社および監査等委員の機関

1 監査等委員会設置会社の機関設計

◆監査等委員会設置会社の組織

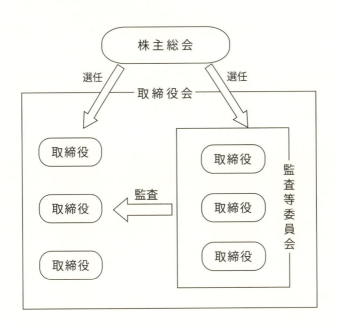

　監査等委員会設置会社は、株式会社のうち、定款の定めにより監査等委員会を置くものである（2条11号の2、326条2項）。つまり、株式会社は、その規模の大小や公開・非公開に関わらず、監査等委員会設置会社になることができる。

　監査等委員会設置会社は、取締役会（327条1項3号）と会計監査人（同条5項）を設置しなければならない。また、取締役会には、取締役である監査等委員が設置され（399条の2第2項）、監査等委員会が監査を担うことから、監査役を設置することはできない（327条4項）。

　なお、会計参与は、監査役会設置会社および指名委員会等設置会社と同様に、定款の定めによって任意に、設置することが可能である（326条2項）。同じように、任意の機関、すなわち執行役員制度のような社内組織としてならば、指

第3章　機関に関する改正1：社外取締役、監査制度

名委員会等設置会社の法定機関である指名委員会や報酬委員会と同じように、役員の指名や報酬に関する組織（委員会など）を社内に設置することは可能である。

② 監査等委員会の組織構成

監査等委員会設置会社においては、監査等委員である取締役は3人以上によって構成され、その過半数は社外取締役でなければならない（331条6項）。つまり、監査等委員会設置会社における取締役会には、監査等委員である取締役と、監査等委員以外の取締役とが存在すること、社外取締役を2人以上選任する必要がある。

社外取締役が過半数を占めるべきとした点については、平成26年改正前会社法における委員会設置会社および監査役会設置会社とほぼ同じ内容である。ただし、監査役会設置会社においては、監査役の半数以上が社外監査役でなければならない（335条3項）のに対して、監査等委員会設置会社における監査等委員会および指名委員会等設置会社における監査委員会が、ともに過半数の社外者を要する点で異なる。かかる点については、立法論として監査役についても社外者の員数を過半数とすべきとする見解も従来から存在していた（末永敏和ほか『逐条解説会社法〈第4巻〉機関1』（中央経済社、2008年）284頁）。

③ 監査等委員の任期

監査等委員である取締役の任期は、選任後2年以内に終了する事業年度のうち最終のものに関する定時株主総会の終結の時までとされ、定款や株主総会決議によって任期を短縮することはできない（332条1項・4項・5項）。監査等委員以外の取締役の任期は、選任後1年以内に終了する事業年度のうち最終のものに関する定時株主総会の終結の時までとされ、定款や株主総会決議による任期の短縮が可能とされている（同条3項）。

監査等委員会設置会社においては指名委員会の制度が採用されていないため、不再任について経営者からの強い圧力に監査等委員が晒されることになる。そこで、任期を通常の取締役よりも長い2年とすることで身分の安定を図り、監査等委員会の独立性を確保しようとしている。

他方、監査等委員も取締役として業務執行の決定にかかわる者でもあること

から、任期を4年とするのでは長すぎると判断された（なお、指名委員会等設置会社の取締役の任期が1年であることは、利益処分権限が取締役会に移譲されることとの関係で説明される（始関正光「平成14年改正商法の解説〔Ⅴ〕」商事法務1641号（2002年）21頁））。

4 監査等委員の資格と役割

　監査等委員である取締役は、その会社もしくはその子会社の業務執行取締役もしくは支配人その他の使用人または当該子会社の会計参与もしくは執行役を兼ねることができない（331条3項、333条3項1号）。また、取締役会は、監査等委員である取締役以外の取締役の中から代表取締役を選定しなければならないため（399条の13第3項）、監査等委員会設置会社には、最低4人の取締役を置く必要があることとなる。

　改正作業の中で、監査等委員会設置会社に対する常勤監査委員の選定義務付けについて議論がなされていたが、監査等委員会設置会社がモニタリング・システムを前提とした組織形態であり、監査等委員は会社の内部統制システムを利用して監査を行うことが予定されているとして、結局、常勤監査委員の選任義務付けはなされなかった。

　したがって、監査等委員会が任意に常勤の監査等委員を選定すること自体は可能である。そのような場合に、監査等委員会における常勤の監査等委員の選定の有無およびその理由を事業報告の記載事項として株主等に開示させる方向で法務省令の改正が検討されている。

　ただ、そもそも監査役会設置会社と指名委員会等設置会社の中間形態として創設された監査等委員会設置会社がモニタリング・システムを前提としたものとして位置付けられてよいのか、さらには、仮に監査等委員会設置会社がモニタリング・システムを前提としているとして、かかるシステムと内部統制システムないし内部監査部門を通じた監査が指名委員会等設置会社と同じように論理必然的に結びつくものであるかについては不透明性が残る。

3. 監査等委員である取締役の選解任および報酬等の決定の手続

1 監査等委員である取締役の選解任手続

　監査等委員会の監査等委員である取締役は、それ以外の取締役とは区別して、株主総会の普通決議によって選任される（329条2項、309条1項）。この規定は、監査の実効性の確保を念頭に置くと、監査等委員である取締役には、監査等委員でない取締役からの独立性が必要とされるため、株主総会において、監査等委員以外の取締役と区別して選任するために設けられた。

　取締役は、監査等委員会がある場合において、監査等委員である取締役の選任に関する議案を株主総会に提出するには、監査等委員会の同意を得なければならない（344条の2第1項）。また、監査等委員会は、取締役に対し、監査等委員である取締役の選任を株主総会の目的とすることまたは監査等委員である取締役の選任に関する議案を株主総会に提出することを請求することができる（同条2項）。さらに、監査等委員である取締役は、株主総会において、監査等委員である取締役の選任について意見を述べることができる（342条の2第1項）。

　監査等委員である取締役の解任は、株主総会の特別決議による（344条の2第3項、309条2項7号）。すなわち、監査等委員である取締役を解任するための株主総会決議は、議決権の過半数を有する株主が出席し、出席株主の議決権の3分の2以上の多数が必要となる。

　監査等委員である取締役は、株主総会において、監査等委員である取締役の解任または辞任について意見を述べることができる（342条の2第1項）。また、監査等委員である取締役を辞任した者は、辞任後最初に招集される株主総会に出席して、辞任した旨およびその理由を述べることができる（同条2項）。その場合、取締役は、監査等委員である取締役を辞任した者に対し、株主総会を召集する旨および株主総会の日時および場所を通知しなければならない（同条3項、298条1項1号）。

　監査等委員会が選定する監査等委員は、株主総会において、監査等委員である取締役以外の取締役の選任もしくは解任または辞任について監査等委員会の意見を述べることができる（342条の2第4項）。

改正にあたって公表された中間試案補足説明においては、監査の実効性を確保するためには、監査等委員の地位が経営者から独立している必要があるとされていた。そのうえで、委員の選解任の方法について、①株主総会選任型と、②取締役会選定型の2つが考えられるところ、前述したとおり、②については、委員会の経営者からの独立性に懸念が示され、①が採用された。このように、株主総会によって委員を選任する方法は、監査等委員の地位と取締役の地位とを一体のものとし、両者を分離しないということを前提とするものであり、その選任・解任の方法については、監査役の選任・解任の方法を参考としているものと解される。

　なお、監査等委員を株主総会普通決議に基づいて監査等委員でない取締役と区別して選任し、他方でその解任には株主総会の特別決議が必要であるとする規制は、平成26年改正前会社法における委員会設置会社に対する規制と対比すると、むしろ、監査等委員の地位が強化されている側面をみてとることができる。

　それはたとえば、取締役の選任議案との関係では、委員会設置会社においては、指名委員会の決定する取締役選任議案に現経営者が不満である場合、取締役会決議によって当該指名委員会の委員を解職し（401条1項）、改めて新委員会で選任議案の決定を行うことが考えられる。すなわち、指名委員会の制度は、社外取締役が過半数を占める指名委員会において取締役選任議案を作成する点で、取締役会の経営者からの独立性の確保に資するものであるが、指名委員会自体も、取締役会による解職の可能性があるという点で、この機能は制約されている。

　これに対して、監査等委員については、株主総会の特別決議をもってしか解任できないことから、身分はきわめて安定している。このように比較的安定した地位にある監査等委員が、監査等委員以外の取締役の選任議案について意見陳述権を有する（361条5項）ことで、経営や監査に対してどのような影響を及ぼすのかは引続き注視する必要があろう。

　なお、監査等委員である取締役は、取締役としての地位と監査等委員としての地位とが不可分であるため、監査等委員である取締役が、監査等委員のみを辞任し、取締役の地位にとどまることはできないと解される。

2 監査等委員の報酬等

　監査等委員である取締役の報酬等についても、監査等委員以外の取締役からの独立性を確保するため、監査等委員である取締役と、それ以外の取締役とを区別して規律されている。すなわち、監査等委員会設置会社においては、取締役の報酬等に関する規定（361条1項）をベースとしつつ、報酬等については、監査等委員である取締役とそれ以外の取締役とを区別して定めなければならないとされている（同条2項）。

　これは、監査役会設置会社における監査役と同様の独立性を確保するための規定である。なお、監査等委員である各取締役の報酬等について定款の定めまたは株主総会の決議がないときは、当該報酬等は、取締役の報酬等に関する規定（同条1項）の範囲内において、監査等委員である取締役の協議によって定める（同条3項）。したがって、取締役会や代表取締役が、監査等委員の報酬等につき委任をもとに何かを定めるということはできない。

　また、各監査等委員である取締役は、株主総会において、監査等委員である取締役の報酬等について意見を述べることができ（同条5項）、監査等委員会が選定する監査等委員は、株主総会において、監査等委員である取締役以外の取締役の報酬等について監査等委員会の意見を述べることができる（同条6項）。

　監査等委員の報酬等に関する規定は、監査役の報酬等を定める387条の規定と類似する。指名委員会等設置会社では、取締役の報酬は報酬委員会によって決定され（404条3項）、これによって、監査委員の経営者からの独立性が保障される関係にあるが、監査等委員会設置会社においては、報酬委員会がそもそも存在しないため、そのような手当てはなしえない。一般の取締役と同様、株主総会において報酬の総額のみを定めて、配分については取締役会に一任するとしたのでは監査等委員の独立性の観点からは問題があるから、結局、監査役と同様の報酬規制にしたものと解される。

　こうした監査等委員の選解任手続きおよび報酬手続きによって、人事・報酬の両面から監査等委員の独立性を保障したものと解される。

4. 監査等委員会および各監査等委員の職務と権限

1 監査等委員会の職務・権限

　基本的に、監査等委員会の権限は、指名委員会等設置会社の監査委員会・監査委員の権限と同様の規律に服する。ただし、会社法399条の5に定める株主総会に対する報告義務は、監査役と同様の規律（384条）であり、監査委員について同様の定めはない。

　これは、指名委員会等設置会社と比べて、取締役会の会社経営者からの独立性が不十分であるため、監査等委員が株主総会へ直接報告する制度を設けるものとしたことが説明されている（岩原・要綱案解説〔Ⅰ〕7頁）。

　監査等委員会は、①取締役（会計参与設置会社にあっては、取締役および会計参与）の職務執行の監査および監査報告の作成（436条2項2号、399条の2第3項1号）、②株主総会に提出する会計監査人の選解任ならびに会計監査人を再任しないことに関する議案の内容の決定（同項2号）、③監査等委員以外の取締役の選解任・辞任・報酬等に関する監査等委員会としての意見の決定（同項3号）、をそれぞれ職務として行う。

　前記のうち、①および②は、監査役会設置会社の監査役や指名委員会等設置会社における監査委員会の職務と同様であるが、監査等委員会設置会社においては常勤監査役を置くことが要求されていないため、監査役会設置会社とは異なり、内部統制システムを利用することが想定されている。

　この点は、指名委員会等設置会社における監査方法と同じである。すなわち、監査役会設置会社の監査役は、独任制の機関であるため、監査にあたっては自ら会社の業務財産の調査等を行うが、指名委員会等設置会社の監査委員会は、会議体として組織的な監査を行い、かかる監査の実効性を確保するために内部統制システムを活用する。

　③については、監査等委員会設置会社に独自の職務であり、監査役会設置会社や指名委員会等設置会社には存在しない。これは、株主総会において監査等委員が監査等委員会以外の取締役の選解任・辞任や報酬について意見を述べることができるとするもので（他の取締役の選任・報酬に関する意見陳述権）、これをもって、監査等委員会制度が、指名委員会等設置会社制度と監査役会設置会

社制度の間にある第三の制度といえるものと解される。

　指名委員会等設置会社では、取締役選任議案を社外取締役が過半数を占める指名委員会で決定するという制度を採用することによって、社外取締役による経営者に対する監督が実効的になることが期待されている。こうした社外取締役による人事権の掌握の消極的な側面として、経営者に実質的な取締役選任議案の決定権があることによる取締役会の経営者に対する従属性が解消されることも期待されている。

　このような指名委員会等設置会社における人事権の帰趨の問題を監査等委員会設置会社に置き換えてみると、監査等委員会設置会社においては、社外取締役の機能が監査等委員の意見陳述権によって「ある程度」代替されることになると解されよう。

　ただ、監査等委員に認められた意見陳述権によって、どの程度指名委員会等設置会社における指名委員会の機能を代替することが可能であるのかという点については今後問題となる可能性がある。監査等委員によって、かかる権限、すなわち監査等委員以外の取締役の選任に関する株主総会において反対の意見を陳述することや、報酬等につき同様の意見を陳述することなど、が行使されることを想定すると、実務に対して相当大きなインパクトを与えることになろう。

　指名委員会等設置会社の採用数が現状増えていない理由の一つに指名委員会に人事権が掌握されることへの経営陣の反発の存在が指摘されているが、事前の議案の決定に際して、監査等委員の発言力が大きなものとなる可能性があることからすると、指名委員会等設置会社のように監査等委員会設置会社に移行する会社数が伸び悩むという事態も想定されよう。

　監査役会設置会社から監査等委員会設置会社へ移行したいとの要望が、（実際にどれほど存在するかは別として）実務界に存在することが改正作業の中で述べられているが、実際問題として、経営者が監査等委員に認められた前記意見陳述権をどのように評価するのかは未知数である。また、監査等委員会設置会社に移行することを予定している会社の現在の監査役に意見陳述権を認めたうえで、経営者の能力を適切に測定・評価することができるのか、そして、そのための制度的手当てが整っているのかについても同様に未知数である。

　ただ、監査役会設置会社から監査等委員会設置会社への移行を前提とした場合、既存の監査役会設置会社の人的関係が引き継がれるため、監査等委員の意

見陳述権が、単なる「お飾り」になってしまい、経営者からの独立性に寄与しない事態も想定される。監査等委員会設置会社のガバナンスの観点からの評価に関わることではあるが、経営計画の策定・評価を適切に実行できる能力を有する人材が監査等委員として登用される慣行が今後確立することは、現状の監査役会設置会社の実務に鑑みると、課題が多く困難であろう。

　取締役と会社との間の利益が相反する取引（356条1項2号・3号）によって会社に損害が生じたときは、一定の取締役につき任務懈怠を推定することとされているところ（423条3項）、監査等委員会設置会社においては、取締役（監査等委員である取締役を除く）との利益相反取引について、監査等委員会が事前に承認した場合には、前記取締役の任務懈怠の推定規定を適用しないものとされている（同条4項）。

　これも、平成26年改正前会社法下、監査役会設置会社においてはもとより、委員会設置会社においても認められていなかったものである。指名委員会等設置会社においては、利益相反取引の承認は、取締役会の専決事項であり、執行役に決定を委任することはできないものとされ（416条4項6号）、監査委員会の権限ではない。監査等委員会は業務執行者から独立した立場で会社と業務執行者との間の利益相反を監督する機能が期待される社外取締役がその委員の過半数を占めており（331条6項）、また前記意見陳述権による監督機能をも有していることを理由として、監査等委員会が利益相反取引を承認した場合には任務懈怠の推定規定を適用しないこととした。この点については、監査等委員会設置会社の利用促進という政策的根拠を念頭に、監査等委員会の監督機能がどの範囲にまで及ぶのかについて問題となろう。

　指名委員会等設置会社における監査委員会は、妥当性監査の権限を有するものとされており（始関・前掲「平成14年改正商法の解説（V）」24頁）、このことから、指名委員会、報酬委員会との緊密な連携の必要性が指摘されてきた（森本滋「委員会等設置会社制度の理念と機能（中）監査委員会と監査役制度の比較を中心に」商事法務1667号（2003年）22頁）。

　そうであるとすると、指名委員会・報酬委員会に近い機能が与えられている監査等委員会にも妥当性を監査する権限を有するものと解されよう。それは、監査等委員会の場合、監査等委員である取締役以外の取締役の選解任および報酬等についての同委員会の意見を決定する必要があることからも明らかである。

次に、監査等委員会による利益相反取引の承認に前記のような効果を認める以上、将来的には、監査役会を利益相反取引の承認機関とし、同様の規制を適用することは考えられるのであろうか。一般的には、監査役会が妥当性監査権限を有しないとされる関係上、否定的に解されることになろうかと思われる。しかし、監査役の権限を適法性監査に限定することは、それが適切であるとしても、それほど厳格に考える必要はないであろう。平成26年改正前会社法においても、内部統制の相当性および買収防衛策の相当性に関する判断が監査報告に記載されるなど、妥当性に関わる判断を監査役会が行う例はすでに存在している。

なお、利益相反取引に関する監査等委員会の承認に関する論点は、前記の各機関設計の間の規律の整合性の問題のほか、そもそも、社外取締役が過半数を占める合議体における承認に、任務懈怠推定の排除を認めることが適当か、という問題がある（議事録19回〔平24.4.18〕14頁〔田中発言〕）。これについては、①社外取締役の審査能力の問題と、②中立性の問題があろう。利益相反取引がなされる典型的な局面は、親子会社間の取引であると考えられるが、社外取締役の要件について、親会社関係者が含まれることとなったため、②についてはクリアされたものとみることができる（議事録21回〔平24.6.13〕15頁〔前田発言〕）。

監査等委員会が選定する監査等委員は、いつでも、取締役（会計参与設置会社にあっては、取締役および会計参与）および支配人その他の使用人に対し、その職務の執行に関する事項の報告を求め、または監査等委員会設置会社の業務および財産の状況の調査をすることができる（399条の3第1項）。また、監査等委員会が選定する監査等委員は、監査等委員会の職務を執行するため必要があるときは、監査等委員会設置会社の子会社に対して事業の報告を求め、またはその子会社の業務および財産の状況の調査をすることができる（同条2項）。なお、当該子会社は、正当な理由があるときは、かかる報告または調査を拒むことができる。

これは、指名委員会等設置会社における監査委員会と同様であり（405条）、監査等委員会設置会社の取締役等および子会社に対する報告徴求・業務財産調査権を監査等委員会が有していることを意味する。

ただ、監査等委員会は内部統制システムの構築・運用を前提としつつ、会議

体として組織的な監査を行うため、個々の監査等委員に前記各権限が付与されているわけではない。報告の徴収または調査に関する事項についての監査等委員会の決議があるときは、監査等委員はこれに従わなければならない（399条の3第4項）。

そのほか、監査等委員会には、監査等委員会設置会社と取締役（監査等委員である者を除く）との間の訴訟等に関し、監査等委員会設置会社を代表する監査等委員を選定する権限（399条の7）、招集権者の定めがある場合であっても取締役会を招集することができる監査等委員を選定する権限（399条の14）を有している。

② 監査等委員の職務・権限

監査等委員は、取締役が不正の行為をし、もしくは当該行為をするおそれがあると認めるとき、または法令もしくは定款に違反する事実もしくは著しく不当な事実があると認めるときは、遅滞なく、その旨を取締役会に報告しなければならない（399条の4）。また、監査等委員は、取締役が株主総会に提出しようとする議案、書類その他法務省令で定めるものについて法令もしくは定款に違反し、または著しく不当な事項があると認めるときは、その旨を株主総会に報告しなければならない（399条の5）。

かかる点については、指名委員会における監査委員や監査役との比較が必要となる。すなわち、監査委員は取締役として議案などを検討したうえで、法令・定款違反が認められるときは取締役会に報告しなければならない（406条）。それに対して、監査等委員会設置会社においては、指名委員会および報酬委員会が設置されないことを理由として、監査等委員に対し監査役と同様に（384条）、取締役会だけでなく株主総会にも報告しなければならないことが規定されている。

監査等委員は、取締役が監査等委員会設置会社の目的の範囲外の行為その他法令もしくは定款に違反する行為をし、またはこれらの行為をするおそれがある場合において、当該行為によって当該監査等委員会設置会社に著しい損害が生ずるおそれがあるときは、当該取締役に対し、当該行為をやめることを請求することができる（399条の6第1項）。その場合、裁判所が仮処分をもって当該取締役に対し、その行為をやめることを命ずるときは、担保を立てさせない

ものとする（同条2項）。

　こうした監査等委員の報告義務や差止請求権は、緊急性を要する場合が想定されるため、監査等委員会ではなく、個々の監査等委員に属するものとされている。

5．監査等委員会の運営

　監査等委員会は、各監査等委員が招集することによって開催され（399条の8）、招集にあたって監査等委員は、監査等委員会の日の1週間前までに、各監査等委員に対してその通知を発しなければならないとされている（399条の9）。

　監査等委員会の招集権限は各監査等委員にあるため、特定の者に招集権限を限定していない。かかる点については、取締役会の招集権限を定款または取締役会で定めたときに個別の取締役に付与できる（366条1項但書）点で異なる。

　監査等委員会招集通知の発出から会日までの期間については、1週間よりも短い期間を定款で定めることも可能であり（399条の9第1項括弧書）、そもそも監査等委員の全員の同意があるときは、招集手続自体を省略して監査等委員会を開催することができる（同条2項）。かかる期間の短縮については、指名委員会等設置会社の指名委員会等では取締役会決議が必要である（411条1項括弧書）点で異なる。

　これは、監査等委員の位置付けが、指名委員会等設置会社における取締役ではなく、監査役会設置会社における監査役と類似していることを念頭に置いたうえで、監査等委員会を取締役会から一定程度独立したものとして位置付けているためである（392条1項括弧書参照）。

　取締役（会計参与設置会社にあっては、取締役および会計参与）は、監査等委員会の要求があったときは、監査等委員会に出席し、監査等委員会が求めた事項について説明をしなければならない（399条の9第3項）。この規定は、監査等委員会がその職務を遂行するうえで、監査等委員である取締役以外の取締役の説明を聞く必要が生ずることが想定されている。

　監査等委員会の決議は、議決に加わることができる監査等委員の過半数が出席し、その過半数をもって行う（399条の10第1項）。この際、決議について特別の利害関係を有する監査等委員は、議決に加わることができない（同条2項）。

また、監査等委員会の取締役会からの独立性を確保するため、指名委員会等設置会社の指名委員会等とは異なり（412条1項）、監査役会と同様の規律（393条1項）、すなわち監査等委員会の定足数および決議要件については、取締役会の決議によって荷重することはできないこととした。

　監査等委員会の議事については、法務省令で定めるところにより、議事録を作成し、議事録が書面をもって作成されているときは、出席した監査等委員は、これに署名し、または記名押印しなければならない（同条3項）。かかる議事録が電磁的記録をもって作成されている場合においても署名または記名押印に代わる措置をとらなければならない（同条4項）。そして、監査等委員会の決議に参加した監査等委員であって書面による議事録に異議をとどめないものは、その決議に賛成したものと推定される（同条5項）。

　監査等委員会設置会社は、監査等委員会の日から10年間、前記書面による議事録をその本店に備え置かなければならない（399条の11第1項）。また、監査等委員会設置会社の株主は、その権利を行使するため必要があるときは、裁判所の許可を得て、①議事録が書面をもって作成されているときは、当該書面の閲覧または謄写の請求、②議事録が電磁的記録をもって作成されているときは、当該電磁的記録に記録された事項を法務省令で定める方法により表示したものの閲覧または謄写の請求、を請求することができる（同条2項）。

　これらの監査等委員会の運営に関する規定については、概ね指名委員会等設置会社の監査委員会の規定と類似する。他方、指名委員会等設置会社における監査委員会の議事録につき、取締役に閲覧・謄写権を認めている（413条2項）のに対して、監査等委員会設置会社の監査等委員会の議事録につき、取締役の閲覧・謄写権を認めていない（399条の11）点や、指名委員会等設置会社において、指名委員会等がその委員の中から選定する者は、遅滞なく、当該指名委員会等の職務の執行の状況を取締役会に報告しなければならないこととされているが（417条3項）、監査等委員会にはそもそもこのような規定がない点、で異なる。

　これは、監査等委員会の取締役会からの独立性を確保するため、監査役会設置会社の規制が念頭に置かれたものである。

　なお、取締役、会計参与または会計監査人が監査等委員の全員に対して監査等委員会に報告すべき事項を通知したときは、当該事項を監査等委員会へ報告

することを要しない（399条の12）。

6. 監査等委員会設置会社の取締役会の権限等

1 監査等委員会設置会社の職務

　監査等委員会設置会社においては、指名委員会等設置会社と異なり、執行役は選任されず、代表取締役など職務執行権限を有する取締役が職務を執行する（399条の13第3項）。
　その理由として、
　①監査等委員会設置会社には指名委員会・報酬委員会が置かれないため
　②その業務を執行するものを代表取締役等の取締役としているため
　③経営者による業務執行の適正を確保する仕組みとしての指名委員会および報酬委員会が置かれないため
　④取締役会決議による慎重な意思決定の必要性が高いことを踏まえ、取締役会から業務執行の決定の委任を受ける者を取締役に限定するほか、委任が認められる事項の範囲も限定する必要があるため
などをあげることができる。
　平成26年改正前会社法における委員会設置会社は、執行と監督が分離される建前となっており、それは、取締役の業務執行の禁止（415条）に現れている（ただし、兼任は禁止されていない。402条6項）。その意義は、執行と監督を分離することにより監督の実効性を確保することにあると解される。そうであるとすれば、経営者への監督のシステムが十分ではないことを理由に、業務執行者を取締役に限定することはどのような意味で正当化できるのであろうか。
　現実には、執行役で上位の職階にある者は、取締役を兼務していることが通常であるところ、「取締役の選任・解任ないし不再任が同時に会社の代表執行役の選定・解職ないし不再任をも意味することとなる」とされる（若林泰伸ほか『逐条解説会社法〈第5巻〉機関2』（中央経済社、2011年）255頁）。すなわち、平成26年改正前会社法の委員会設置会社における指名委員会による経営者のコントロールのしくみはここに求めることができ、少なくともこの観点からは、業務執行者は取締役でなければならないとの規制は、経営者に対する指名委員

会、ひいては、取締役会のコントロールを強める要因になりうる。

　しかし、そもそも指名委員会を設置しないのであれば、このような衡量はあまり意味がない（もっとも、監査等委員会には、取締役選任議案に関する意見陳述権が保障されていることから、まったく機会として存在しないわけではない。議事録21回〔平24.6.13〕19頁〔野村発言〕は、監査等委員会設置会社においては、「取締役の地位と代表者の地位がリンクして」いることから、「取締役の報酬あるいは代表取締役の選定および解職といったところの発言権を持つということ」を肯定的に評価している）。

　一般論としては、取締役会の監督機能が限定的であることは、意思決定機関としての取締役会の専決事項を拡大する方向には働きうる。しかし、経営者を取締役会構成員から選出しなければならない、とする規制の合理性は疑わしい。そもそも、監督機関の構成員と業務執行機関の構成員の人的な重なり合いについては、監督の実効性を確保する観点からは、むしろ、両者が一致してはならない（監督機関構成員は執行機関構成員を兼ねることはできない）とするのが一つの在り方である。

　他方で、とりわけ効率性に関するモニタリングの観点からは、監督機関に経営の最高責任者が参加することが望ましいとも考えられる。わが国の監査役設置会社において、取締役会構成員の中から選任すべきものとされてきたのは、取締役会制度を従来の慣行の法認として説明した昭和25年商法改正の経緯によるものであり、取締役会を監督機関としてとらえる見方とは整合しないきらいがある。

　そのほか、監査等委員がその職務の執行（監査等委員会の職務の執行に関するものに限る）について監査等委員会設置会社に対して、①費用の前払の請求、②支出をした費用および支出の日以後におけるその利息の償還の請求、③負担した債務の債権者に対する弁済（当該債務が弁済期にない場合にあっては、相当の担保の提供）の請求、をしたときは、当該監査等委員会設置会社は、当該請求にかかる費用または債務が当該監査等委員の職務の執行に必要でないことを証明した場合を除き、これを拒むことができない（399条の2第4項）。

2　監査等委員会設置会社の取締役会の権限

　監査等委員会設置会社の取締役会は、取締役会の権限に関する362条の規定

にかかわらず、①以下（イ）～（ハ）（（イ）経営の基本方針に関する事項、（ロ）監査・監督委員会の職務の執行のため必要なものとして法務省令で定める事項、（ハ）取締役の職務の執行が法令および定款に適合することを確保するための体制その他株式会社の業務の適正を確保するために必要なものとして法務省令で定める体制の整備に関する事項）その他監査等委員会設置会社の業務執行の決定、②取締役の職務の執行の監督、③代表取締役の選定および解職、を職務として行う（399条の13第1項）。そのうえで、監査等委員会設置会社の取締役会は、前記（イ）～（ハ）までに掲げる事項を決定しなければならない（同条2項）。

　これらは、指名委員会等設置会社における取締役会の権限（416条、420条）と同様の規定である。前記（イ）については、取締役会および代表取締役等が業務執行を決定し、取締役会が取締役の職務の執行を監督する際の基本方針を意味する。また、前記（ロ）および（ハ）については、内部統制システムに関する事項であるため、監査等設置会社の規模のいかん（大会社か否か）に関わらず、監査等委員会設置会社における取締役会は内部統制システムに関する事項を決定しなければならないことを意味する。

　監査等委員会設置会社の取締役会は、原則として、重要な財産の処分および譲受け・多額の借財・支配人その他の重要な使用人の選解任など、重要な業務執行の決定を取締役に委任することができない（399条の13第4項）。

　これは、監査等委員会設置会社には、指名委員会等設置会社とは異なり、指名委員会および報酬委員会が置かれないことを理由に、同じく同委員会が設置されない監査役会設置会社の規定と平仄が合わされた。

　ただし、監査等委員会設置会社の取締役会で決定すべき業務執行の範囲を広げることは、かえって監査業務量だけをいたずらに増加させ、ひいては監査の実効性そのものにも影響を与えかねない。

　そこで、監査等委員会設置会社の取締役会は、原則として、監査役会設置会社と同じ範囲を法定決議事項（専決事項）とすることが定められ、取締役の過半数が社外取締役である場合に当該監査等委員会設置会社の取締役会の決議によって、取締役にその決定の委任をすることができる（399条の13第5項）。

　また、監査等委員会設置会社は、取締役会の決議によって重要な業務執行の決定の全部または一部を取締役に委任することができる旨を定款で定めることができる（同条6項）。ただし、指名委員会等設置会社の法定決議事項（416条3

項、4項)以外の事項については取締役に委任することはできない(399条の13第5項但書)。

　そもそも、指名委員会等設置会社において、取締役会の専決事項が限定的なものとして規制されてきた理由としては、三委員会の設置によって取締役会メンバーの経営者からの独立性が確保され、取締役会の監督機能が強化されることから、取締役会決議事項の大幅な移譲が可能となると説明されてきた(始関・前掲「平成14年改正商法の解説〔V〕」20頁)。これとは裏表の関係にある説明は、おそらく、いわゆるモニタリング・モデルにおいては、取締役会は監督機能に特化し、個別的な経営上の判断については経営者が行うという役割分担を前提とするものであることから、取締役会の専決事項は限定的になる、というものであろう(議事録21回〔平24.6.13〕20頁〔藤田発言〕)。

　監査等委員会設置会社については、会社法制部会での審議においても、それがモニタリング・モデルに依拠するものであることが、繰返し強調されてきた経緯がある(たとえば、常勤の監査・監督委員の義務付けに関する第19回会議〔平24.4.1〕議事録21頁〔上村発言〕)。しかし、むしろ、監査等委員会設置会社は監査役会設置会社ときわめて類似した制度であり、実際、監査役会設置会社からの移行が見込まれている(前田雅弘ほか「座談会『会社法制の見直しに関する要綱』の考え方と今後の実務対応」商事法務1978号(2012年)19頁〔牧野発言〕)。取締役会の監督機能が委員会設置会社と同程度に強化されるといいうるのかという問題であるが、少なくとも、その制度的前提のないまま、モニタリング・システムであるから権限の大幅な移譲を可能とすべきであるとは言えないのではなかろうか。

　監査等委員会設置会社の取締役会は、監査役会設置会社の取締役会と同様に、原則として、重要な業務執行の決定を取締役に委任することができないことから、監査等委員会設置会社においても、原則として、重要な財産の処分および譲受けならびに多額の借財について、特別取締役による取締役会の決議の制度を認めることとした(373条1項)。

　ただし、監査等委員会設置会社においては、取締役の過半数が社外取締役であり当該監査等委員会設置会社の取締役会の決議あるいは定款の定めがある場合に、大幅に重要な業務執行の決定を取締役に委任することが可能となっていることから、そのように委任がなされている場合には、指名委員会等設置会社

と同様に、当該制度を利用することができないとされている（同条括弧書）。

7．その他

　設立しようとする株式会社が監査等委員会設置会社である場合には、設立時取締役の選任は、設立時監査等委員である設立時取締役とそれ以外の設立時取締役とを区別してしなければならず（38条2項）、設立時取締役は、3人以上でなければならない（39条3項）。

　監査等委員会設置会社においては、監査等委員である取締役は3人以上で、その過半数は社外取締役でなければならないこと（331条6項）はすでに述べたが、かかる規定に違反して、社外取締役を監査等委員である取締役の過半数に選任しなかったときは、100万円以下の過料に処せられる（976条19号の2）。

　監査等委員会設置会社は、①監査等委員会設置会社である旨、②監査等委員である取締役およびそれ以外の取締役の氏名、③取締役のうち社外取締役であるものについて、社外取締役である旨、④重要な業務執行の決定の取締役への委任についての定款の定めがあるときは、その旨、に関する事項を登記しなければならない（911条3項22号）。

　上記①および③は、指名委員会等設置会社の登記内容（同項23号）と同様である。また、前記②は、監査等委員会設置会社には監査等委員である取締役とそれ以外の取締役がいることと、監査等委員である取締役の取締役としての地位と監査等委員としての地位が不可分であることを理由に登記事項とされた。そして、前記④は、監査等委員会設置会社においては、取締役の過半数が社外取締役であり当該監査等委員会設置会社の取締役会の決議あるいは定款の定めがある場合に、大幅に重要な業務執行の決定を取締役に委任することが可能となっていることから、機関設計に関する公示（911条3項15号以下）の一環としてこれを登記することとされた。

VI 会計監査人の選任等に関する議案の内容の決定

　会計監査人は、株主総会の決議によって選解任され（329条1項、339条1項）、任期を選任後1年以内に終了する事業年度のうち最終のものに関する定時株主総会の終結の時までとしたうえで（338条1項）、同総会において別段の決議がされなかったときは、再任されたものとみなされる（同条2項）。

　平成26年改正前会社法において、監査役設置会社では、会計監査人の選解任ならびに再任しないことに関する議案等の決定は取締役または取締役会が行うこととしつつ、会計監査人の独立性を確保するため、監査役（監査役会設置会社にあっては、監査役会）は、会計監査人の選解任等に関する議案等についての同意権および提案権を有することとされていた（改正前298条1項・4項、344条）。

　しかし、このような制度枠組みでは、監査役または監査役会による会計監査人の選解任等に関する議案等につき、あまり同意権および提案権が行使されてこなかった状況を考慮すると、取締役から会計監査人の独立性を確保するには、制度として必ずしも十分ではないとの指摘がされていた。

　そこで、株主総会に提出する会計監査人の選解任ならびに会計監査人を再任しないことに関する議案の内容は、監査役が決定し（344条1項）、監査役が2人以上ある場合には監査役の過半数をもって決定し（同条2項）、監査役会が設置されている場合には監査役会が決定する（同条3項）こととされた。

　かかる規定によると、取締役または取締役会は、会計監査人の選解任等に関する議案の内容を決定することができなくなる。また、監査役または監査役会が決定した当該議案の内容の取消しや変更をしたりすることもできないため、監査役または監査役会が当該議案の内容を決定した場合には、取締役または取締役会は、当該議案を決議するための株主総会の招集の決定（298条）をすることとなる。

Ⅶ　監査役の監査の範囲に関する登記

　監査役の職務は、取締役の職務執行を監査することである（381条）。ただし、公開会社でない株式会社（監査役会設置会社および会計監査人設置会社を除く）は、その監査役の監査の範囲を会計に関するものに限定する旨を定款で定めることができる（389条1項）。

　監査役設置会社（監査役の監査の範囲を会計に関するものに限定する旨の定款の定めがある株式会社を含む）であるときは、その旨および以下（イ）および（ロ）の事項（（イ）監査役の監査の範囲を会計に関するものに限定する旨の定款の定めがある株式会社であるときは、その旨、（ロ）監査役の氏名）を登記しなければならない（911条3項17号）。

　平成17年会社法制定前においては、商法特例法上の小会社（商法特例法1条の2第2項）の監査役の権限を会計監査に限定する旨の定めがあるものとみなされていたため（会社法整備法53条）、かかる定款の定めを置く株式会社は中小企業に多く、そのような企業に登記義務を課すことによって負担が増すといった懸念が示されていた。ただ、株式会社の監査役の権限が会社法の原則どおり業務監査権限を有する監査役であるのか、それとも定款の定めにより会計に関するものに限定された監査役であるのかは、当該株式会社の運営等の規律を画するものであって定款を確認する必要があったところ、その区別を登記によって公示し明らかにすることは評価できよう。

(147〜168頁は科学研究費基盤研究(c)「株式会社監査の公監査的再構成」（課題番号20380131）の研究成果の一部である。)

第4章 機関に関する改正2：株主代表訴訟

I 株主代表訴訟に関する改正が実務に与える影響

1. 多重代表訴訟制度

1 会社法制の見直しに関する中間試案

　企業結合に関する立法論的検討は、昭和50年の法務省民事局参事官室が公表した「会社法改正に関する問題点」による意見照会を緒とするが、当時の議論は、親会社の子会社に対する事実上の影響力に鑑みて、どちらかというと子会社の少数株主や債権者の保護のほうに力点があった（神作裕之「法制審議会会社法制部会での議論の経緯と中間試案の内容」商事法務1961号（2012年）9頁）。その後、商法・会社法による組織再編制度の充実および独占禁止法による純粋持株会社の解禁等の事実と相俟って企業集団による経営が法的環境としても整備されてくると、親会社株主の保護の視点も入るようになる。たとえば、純粋持株会社の株主となった投資家は実質的には子会社の事業に投資しているにもかかわらず、子会社の役員等の責任追及等から排除されてしまうという問題が生じる。実際には当該会社の一事業部門にすぎないのに別法人化することによって義務や責任関係も切り離すことができるのは不当にさえ思える。親子会社に関する規律の見直しが子会社の利害関係者のみならず親会社の利害関係者についても会社法の重要な改正課題の一つとなったのにはこのような背景がある[1]。
　このうち、いわゆる多重代表訴訟は、企業集団における親会社株主の保護の

観点から、子会社と直接的な利害関係をもたない親会社株主が子会社の取締役等に対し責任追及等の訴えを提起できるように、その創設が提案されたものである。多重代表訴訟の導入自体は、米国の状況などを参考に以前から研究者らの間で提唱されてきており（たとえば、関俊彦「救済方法としての代表訴訟」証券研究71巻（1984年）120頁、浜田道代「代位訴訟」証券研究94巻（1991年）118頁、近藤光男「代表訴訟」民商法雑誌108巻4・5号（1993年）544頁、春田博「アメリカにおける重層代表訴訟の展開」酒巻俊雄ほか編『現代英米会社法の諸相（長濱洋一教授還暦記念）』（成文堂、1996年）191頁、畠田公明「純粋持株会社と株主代表訴訟」ジュリスト1140号（1998年）16頁、山田泰弘『株主代表訴訟の法理─生成と展開─』（信山社、2000年）245頁以下、など）、平成17年会社法への改正過程においても、導入が検討された[2]ものの実現しなかった経緯がある。提訴要件の絞り方が難しいことや会社の組織形態選択（子会社形態選択）の制約となりうること等が考慮されたためである。子会社の被った損害について親会社株主が子会社取締役の責任追及の訴えを提起できるかを争点とする公表判例・裁判例は従来見当

---

1) たとえば、純粋持株会社解禁（平成9年）後の平成11年の商法改正に際しては、株式交換・株式移転制度の導入により、より簡易な親子会社関係の創設を可能としたが、それに伴い親会社株主保護のための各種書類等閲覧謄写請求権制度、親会社監査役の子会社調査権・報告徴収権、および、子会社の業務財産状況検査役制度等を規定した。当時から子会社化による定款変更や役員の責任軽減等の実施などの脱法的行為が問題視されており、取締役の選解任等権限配分に関連する決議事項については、企業集団の総資産の5％を満たす子会社の親会社（必ずしも完全親会社とは限らない）株主の意思決定への参加を、同基準を満たさない子会社については親会社単独では行いえない定款変更や役員の責任免除決議には親会社株主の参加を認めるとともに、かかる脱法的行為への予防という意味で親会社株主への子会社取締役の責任追及の訴えおよび会計帳簿閲覧謄写請求権等の付与が提言されていた（たとえば、西尾幸夫「子会社運営に関する親会社株主の権限」ジュリスト1140号（1998年）12～15頁）。
2) 平成17年の会社法改正に際しては、試案の段階では平成13年の商法改正から間もないことから「見直しの要否については、なお検討する」とされ、若干の意見が引用されるにとどまっていたが、要綱の段階では、①実体的な終了事由として、株主が自己もしくは他人の不正な利益を図りまたは会社に損害を加える目的を有する場合、当該訴訟の追行により会社の正当な利益が著しく害される場合を規定し、②株主から会社が提訴請求を受け会社が提訴しなかった場合に株主または取締役等の請求により不提訴理由書を通知する制度を新設し、③株主代表訴訟の係属中に会社に組織再編行為があって原告株主の地位に変動が生じた場合の当該訴訟の帰趨に関する規定を創設することとした。いわゆる二重代表訴訟についても部会において審議されたものの、本文で紹介したように、提訴要件の絞り方が難しい、会社の組織形態選択（子会社形態選択）の制約になる等の反対意見が出て見送られたという。これらの点につき、江頭憲治郎「会社法制の現代化に関する要綱案の解説(3)」商事法務1723号（2005年）7～9頁。なお、土岐薫「日本における多重代表訴訟と会社法理論」ビジネス＆アカウンティングレビュー13号（2014年）21頁。

たらないが、子会社取締役の不適切な行為によって子会社に生じた損害について、親会社株主が親会社取締役に対し責任追及の訴えを提起した例は存在する[3]。

試案の段階では、多重代表訴訟について、責任追及等の訴えにおける損害回復機能および取締役等の任務懈怠抑止の機能の双方に着目しつつ（中間補足28頁）、親会社の取締役等と子会社の株主である親会社との人的関係から子会社の取締役等に違法不正行為等があったとしても不問に付される可能性が高く、これには、責任追及等の訴えが置かれている背景・趣旨と類似の構造を見出すことができるため、その導入に向けた議論がなされた。もっとも、部会でも導入方で一致していたわけではなく、上記平成17年会社法改正の際に顧慮された懸念要素、すなわち、会社の組織形態選択の制約となりうるとか、あるいは、既存の制度で足りるとの見解が提示されていた（中間補足28〜29頁）。

特別な規定を設けなくとも、親会社自身は子会社の株主として、子会社の取締役等に対し責任追及等の訴えを提起することができる（847条1項）。したがって、親会社の取締役等は、責任追及等の訴え等を含む子会社への適正な監視・監督権を行使せずにいれば、親会社の株主により、子会社の管理・監視に関する任務懈怠責任を問われうる危険にさらされる[4]ため、子会社の取締役等の業務執行等にも目配りせざるをえなくなり、その結果、子会社の取締役等の任務懈怠を抑止できるとも考えられる。他方、従来の学説のなかには、解釈論として、このような法人格の垣根を越えた株主の権利行使を可能とするような論理構成を試みるものも見られた。たとえば、100パーセント子会社については、親会社とのその経済的・財産的一体性ゆえに（したがって100パーセント未満であってもその経済的・財産的一体性が認められる親子関係も含まれる）特に規定

---

[3] 改めて紹介するまでもないほど著名である三井鉱山事件（東京地判昭和61年5月29日判時1194号33頁、東京高判平成元年7月3日金判826号3頁、最判平成5年9月9日民集47巻7号4814頁）と片倉工業事件（東京地判平成3年4月18日判時1395号144頁、東京高判平成6年8月29日金判954号14頁）（自己株式取得が原則禁止されておりかつ子会社による親会社株式の取得の禁止が定められていなかった時代の完全子会社による完全親会社株式の取得に関する事案）である。
[4] なお、親会社の取締役の責任を認めた事例として、最判平成26年1月30日金判1435号10頁（ただし、取締役が会社に対して支払うべき損害賠償金に付すべき遅延損害金の利率の判断のみ）。実質的な争点への判断としては、福岡地判平成23年1月26日金判1367号41頁、福岡高判平成24年4月13日金判1399号24頁参照。もっとも、本件では、親会社の代表取締役が子会社の非常勤取締役を、親会社の専務取締役が子会社の取締役会長を兼任していたという事案の特殊性に留意する必要がある。

がなくとも従来の責任追及の訴えの規定（847条以下）に基づいて完全親会社株主は完全子会社の取締役に対し責任追及等の訴えを提起することができ、この場合、親会社の総株主の同意を得ることなく、親会社の取締役会・代表取締役が子会社取締役の責任免除をする（424条）ことは許されないとするもの（畠田・前掲「純粋持株会社と株主代表訴訟」19頁）、必ずしも100パーセントの親子関係に限定せず、従来の責任追及等の訴えに関する会社法847条1項および3項の「株主」という文言を「親会社株主」に読み替えることで提訴できるとするもの[5]、あるいは、株主と取締役との間の実質的委任関係を前提に、親会社は子会社の取締役等を選任・監督する立場にあるため、親会社株主と親会社との間に委任の関係、さらに、その子会社との間には復委任の関係が認められるとし、民法107条2項の類推により、親会社株主と子会社の取締役等との間に親会社取締役等との間に認められるのと同一の権利義務関係が存在するゆえ、実質的委任者である親会社株主に子会社の取締役等の責任追及が可能となるとするもの（浜田道代「サービス提供取引の法体系に関する一試論」浜田道代ほか編『現代企業取引法』（税務経理協会、1998年）32頁、山田・前掲『株主代表訴訟の法理—生成と展開—』322頁）（法形式的には、親会社株主は、親会社の子会社株主権としての代表訴訟提起権を親会社から授権され訴訟担当者となりうるが、かかる親会社からの授権の決定をなすべき適正な機関がない状況が通常の責任追及等の訴えの制度の前提事情と類似していることから、親会社および親会社の請求株主以外の株主に手続保障を行えば特別な訴訟担当者適格の取得に係る手続を要せず、通常の責任追及等の訴えとほぼ同一の手続で子会社取締役等への責任追及の訴えが可能となるとする（山田・前掲『株主代表訴訟の法理—生成と展開—』318〜321頁））などの構成が知られていた。

　しかしながら、親会社の株主が親会社の取締役等の任務懈怠責任を問う場合には、責任の内容・範囲および損害との因果関係の立証は容易ではないであろうから、その実効性は定かではない。また、多重代表訴訟の必要性を認め、改正前会社法の解釈によって多重代表訴訟と同様の親会社株主の権利行使を認めうるという立場にも、明文の規定を欠くなか安易に別法人の株主に提訴権を拡大していくことに躊躇を覚えざるをえない。なお、従来から指摘されていた多

5）このような見解の紹介については、舩津浩司『「グループ経営」の義務と責任』（商事法務、2010年）417頁参照。

重代表訴訟制度が会社の組織形態選択の制約となりうるとの点については、両刃の剣であって、多重代表訴訟制度の欠缺が子会社形態の選好と会社の組織形態選択の歪みを生んでいるとの再反論が可能である。

　試案の段階では、多重代表訴訟制度の導入の可否について賛否両論であったことを反映して、導入する方向でのＡ案と導入しない方向でのＢ案との両案併記となっていた。ここではＡ案のみを紹介するが、Ｂ案も多重代表訴訟制度は導入こそしないものの、取締役会の職務に子会社の取締役の職務執行の監督を行う旨の明文の規定を創設することや内部統制システム等を通じて子会社の取締役の不正行為・違法行為等を発見した場合に是正措置をとる義務等を創設すること、親会社が子会社の取締役等の責任追及のための必要な措置をとらない場合に親会社の取締役に任務懈怠が推定される旨を明文化すること、子会社の取締役等の責任追及に係る対応およびその理由等の請求権や子会社の業務財産状況の調査に係る検査役選任請求権を親会社株主に付与すること等によって、子会社取締役等の職務執行について親会社としての監視・監督に実効性をもたせる制度の整備を模索する必要性は指摘していた（中間試案第２部「親子会社に関する規律」第１「親会社株主の保護」１「多重代表訴訟」Ｂ案（注）ア〜エ参照）。むしろ、Ｂ案のアプローチのほうが実務の負担は重くなったはずである[6]。

　結局Ａ案が採用されたわけであるが、試案の段階では次の提案内容になっていた。

(1) 提訴請求および当事者適格

　まず、多重代表訴訟の原告適格は、「最終完全親会社」の株式を公開会社では６か月以上保有する株主であり、被告は「その重要な子会社」の取締役等である。既存の責任追及等の訴えにおけると同様に、会社に対する提訴請求が株主自らの提訴に前置される（847条参照）。

　提訴請求の相手方は、完全親会社ではなく、本来の権利主体である完全子会社である。中位階層の完全子会社であっても、その取締役等の当該完全子会社に対する責任が問題となれば、請求の相手方になりうる。既存の責任追及等の訴えも提訴請求の相手方を本来の権利主体である当該株式会社としており、こ

---

[6] 岩原紳作＝中西敏和「対談　会社法制の見直しへ向けた課題と展望―中間試案取りまとめを振り返って―」商事法務1956号（2012年）14頁。実際にもＢ案拡充の方向での議論に強く反対したのは経済界委員であったとされる（岩原・要綱案解説〔Ⅲ〕８頁）。

れと平仄を合わせたものと考えられる（中間補足31頁）。

　最終完全親会社株主による完全子会社への提訴請求の日から60日以内に当該完全子会社が取締役等の責任追及等の訴えを提起しないときは、提訴請求をした完全親会社の株主は、当該子会社のために当該訴えを提起することができる。ただし、当該期間の経過により完全子会社に回復することができない損害が生じるおそれがある場合には、当該完全親会社の株主は当該子会社のためにただちに当該子会社の取締役等を被告として責任追及の訴えを提起することができる。すなわち、既存の責任追及等の訴えとほぼ同じ設計内容となっている。

　「最終完全親会社」とは、親会社（株式会社に限る）であって、責任追及の訴えの提起の請求をする日において、当該親会社が子会社の完全親会社であって、かつ、株式会社である完全親会社を有しないものとされていた。要するに親子会社関係が重層的に存在するときには最上位の親会社の株主にのみ原告適格が付与される。したがって、一般社団法人等株式会社以外の完全親法人、株式会社であっても完全親会社でないもの、あるいは、中層位の株式会社等（株式会社でなくてもよい）の株主や社員は除かれる（岩原・要綱案解説〔Ⅲ〕6頁）。

　完全親子会社関係に絞ったのは、子会社に少数株主が存在する場合には、子会社の取締役等と馴れ合い関係にない当該少数株主に子会社の取締役等の責任追及を委ねることができるからであり[7]、中層位の株式会社等が除外されているのは、立案担当者によれば、最終完全親会社や中間に存在する他の完全子会社は、多重代表訴訟の提訴請求がなされる完全子会社に対する支配を通じて多重代表訴訟に事実上関与することができるためあえて直接的関与を認める必要性は高くない一方で、これらの者の直接的関与を認めることにより多重代表訴訟制度が過度に複雑なものとなるデメリットを考慮したとされている（中間補足33頁）が、馴れ合いからの親会社の監視懈怠への親会社株主の保護という本制度導入の趣旨からすれば、完全親会社の株主がさらに上位の完全親会社であるような場合を除いたとしても一応の説明はつく。

---

[7] むしろ、子会社に少数株主が存在し、当該少数株主が何らアクションを起こさないのに、親会社株主が子会社の役員等の責任追及等を行う設計となってしまうのは適切ではない（中間補足29〜30頁）。また、神作・前掲「法制審議会会社法制部会での議論の経緯と中間試案の内容」23頁は、親会社の持株比率が下がるにつれ親会社株主の経済的利害関係は薄れるので、多重代表訴訟制度が適切に利用されるのか、かえって濫訴の危険性が大きくなるのでは、という考慮が働いたとする。

(2) 被提訴請求会社における重要性要件

次に、すべての完全子会社が対象となるわけではなく、被告たる取締役等は「重要な」子会社の取締役等に限られる。子会社の取締役等には様々な者が含まれ、実質的には親会社の事業部門の長である使用人と変わらない者までをも責任追及の対象とするのは、役員間の提訴懈怠の可能性に着目した既存の株主代表訴訟制度と整合しないとの指摘を踏まえたものである（中間補足31頁、坂本三郎「会社法制に関する近時の動向」商事法務1954号（2012年）39頁）。確かに、別法人か否かという形式的な（しかも、責任追及される者の責めに帰せられない）事情によって責任追及の対象となるか否かが180度異なるのはバランスを欠くといえなくもない。

「重要な」の判断基準は、改正ではその明確性に配慮し、取締役等の責任の原因である事実が生じた日において親会社が有する子会社の株式の帳簿価額が当該親会社の総資産額の5分の1を超える場合とされた（改正では、この計算方法については法務省令に委ねられているが（847条の3第4項、施行規則218条の6）、階層的な親子関係が存在する場合には中間子会社を通じて間接的に保有している子会社の株式の帳簿価額も含められることとなる旨が会社法本体において定められている（中間補足31頁。なお、847条の3第4項参照））。5分の1基準は、簡易事業譲渡や簡易組織再編の規律（467条1項2号・3号、468条2項、784条3項等）を参考にしたものであるとされる（中間補足31頁）。

(3) 少数株主権・継続保有要件

第三に、試案の段階では親会社株主の提訴権を少数株主権とするか否かについては引続きの検討課題とされていた。少数株主権とすべきとの見解は、株式会社と親会社株主との関係は親会社を通じた間接的なものであることを根拠とする。それに対し、部会内には、公開会社につき6か月の保有期間制限の点では既存の株主代表訴訟制度と平仄を合わせつつ、少数株主権とすることに整合性の観点からの異論もあった（中間補足30頁）。

さらに試案の段階では、濫訴防止策として別途多重代表訴訟が子会社の株主共同の利益とならないことが明らかと認められる場合を掲げるべきか否かが検討されていた（中間試案第2部「親子会社に関する規律」第1「親会社株主の保護」1「多重代表訴訟」A案③（注）イ参照）。

(4) 妨訴事由

　第四に、妨訴事由として、会社法847条1項但書に定められている場合に加え、取締役等の責任を追及する訴えに係る請求原因たる事実によって親会社に損害が生じていない場合が定められている。子会社の取締役等の行為等によって親会社に損害が生じていなくても子会社に損害が生じていさえすれば通常の責任追及等の訴えは提起できるはずであるが、多重代表訴訟にあっては、親会社に損害が生じていなければ親会社株主は責任追及に利害関係を有せず、そのような場合にまで子会社の取締役等の責任追及を可能とすることの不適切性を考慮に入れたものである（中間補足30頁）。子会社から親会社への利益の移転や子会社間での利益の移転などのように子会社に損害が生じた場合であっても親会社には必ずしも損害が生じていない場合があり、そのような場合は提訴請求できない（完全子会社に対する提訴請求は無効となろう）。したがって、親会社が株主として既存の責任追及等の訴えを提起する場合には自らに損害が生じていなくても子会社に損害が生じていれば提訴請求できるが、親会社株主が多重代表訴訟によって同様の責任追及をしようとする場合にはできないこととなる。

(5) 責任免除要件

　第五に、責任の免除に関する諸制度として、完全子会社の取締役等の責任は当該子会社の総株主の同意のみならず、最終完全親会社の総株主の同意をも要することとされている（847条の3第10項）。二重の同意が必要とされているのは、完全子会社の総株主（中間完全親会社または最終完全親会社）だけの同意で足りることとすれば、多重代表訴訟制度を導入する意義が没却されかねないからである（中間補足32頁）。試案の段階では、取締役等の責任の一部免除に関する規律（425条～427条）と同趣旨の規定を設けるものとされていた（中間試案第2部「親子会社に関する規律」第1「親会社株主の保護」1「多重代表訴訟」A案⑥（注）参照）。

(6) 訴訟参加その他

　最後に、馴れ合い訴訟防止のため、最終完全親会社の株主や完全子会社またはその株主は、共同訴訟人として、または、当事者の一方を補助するため、多重代表訴訟に参加することができる。既存の849条を改正して従来の責任追及等の訴えにおける訴訟参加の定めに多重代表訴訟に係る訴訟参加の定めを加えることとされた。それに関連して、多重代表訴訟を提起した最終完全親会社の

株主から当該完全子会社への訴訟告知、当該告知を受けまたは自ら取締役等の責任を追及する訴えを提起した完全子会社から最終完全親会社への通知、当該通知を受けた最終完全親会社によるその株主に対する通知または公告の制度が設けられている。

2 各界の意見

多重代表訴訟制度の創設については意見が分かれたが、数としてはB案賛成派のほうが多かった[8]。A案への賛成理由としては、親会社の取締役と子会社の取締役との人的関係から子会社の株主である親会社が子会社の取締役の責任を追及する訴えを提起することは必ずしも期待できない（B案（注）（親会社株主の保護の観点からの親子会社の規律見直し）との併用を条件とするものもみられた）、多重代表訴訟の制度は、完全親子関係にある企業集団におけるコーポレート・ガバナンスの改善・強化の観点から必要である、等である。他方、B案への賛成理由としては、①既存の制度下でも親会社の取締役等は子会社の監視をする義務を負っており、子会社の取締役等に問題があった場合における親会社株主の保護は、親会社の取締役の責任を追及することによって達成できる、②多重代表訴訟の制度は柔軟で機動的な企業集団の形成を阻害する、③A案ではきわめて限定的な場合にしか多重代表訴訟が認められないこととなるためB案（注）の内容を充実させるべき、である。多重代表訴訟制度に関する照会内容は多岐にわたるので、ここでは、多重代表訴訟制度の創設に係る制度設計に関する意見のみを簡潔に摘示する。

まず、提訴請求は、子会社に対してのみ行えば足りるとする意見がある一方で、親会社に対しても行うべきであるとの意見が、次に、妨訴事由として「親会社に損害を加えることを目的とする場合」を加えるべきであるとの意見があった。

完全親子会社関係に限定することについては賛成多数であったものの、次のような反対意見も寄せられた。①多重代表訴訟の存在意義が子会社の取締役の任務懈怠により親会社に発生した損害を回復することにあるのであれば、そのような状況は完全親子会社関係にある場合に限られない、②完全親子会社関係

---

[8] A案賛成8名、B案賛成17名とのことである（坂本ほか・分析〔中〕23頁）。

にあることを要件としてしまうと、株式の譲渡等により容易に多重代表訴訟の対象から逃れることができてしまう、等である。

少数株主権とすることについては意見が分かれたが、濫訴防止を理由に賛成するもの、また、反対意見としては、①子会社の取締役の法令違反等によりいずれの株主も損害を被りうる、②既存の責任追及等の訴えが単独株主権となっていることとの整合性を考慮すべき、とするものがあった。完全子会社の範囲に関する総資産額の5分の1要件については、対象となる子会社の範囲を限定しすぎるので10分の1程度に引き下げるべきとの意見がある一方で、提訴懈怠可能性の観点からすれば、親会社の取締役と子会社の取締役とを実質的に同視しうる場合を対象とすべきであって5分の1では低すぎるとの意見もあった。

完全親子会社関係の判断時点については意見が分かれ、取締役等の責任の原因たる事実が生じた日に最終完全親会社であることを要すべきではないとするものが多かった。その理由は、原因行為時に完全子会社でない会社が提訴請求時までに完全子会社となったような場合に、当該限定により多重代表訴訟制度が利用できなくなるというものであった。なお、提訴請求時とする意見も有力であり、原因事実が必ずしも知られないまま完全子会社化した場合には従前の少数株主は提訴の機会を有しなかったこととなるから、それが判明した時点で責任を追及することができるようにすべきことを理由とする。

管轄については、多重代表訴訟制度の創設と同時に親会社の取締役に対する責任追及訴訟と子会社の取締役に対する責任追及訴訟を同一の裁判所で審理することが可能となるような親会社の本店所在地と子会社の本店所在地の双方の土地管轄を認めるなどの改正を求めるものが提示された。

③ 要綱および改正法

要綱では、基本的にはA案が採用された。多重代表訴訟提起権を単独株主権とするか少数株主権とするかは部会のなかで最後まで争われたとされる（岩原・要綱案解説〔Ⅲ〕6頁）。100分の1という会社法上最も低い割合の少数株主権に落ち着いたことについては、既存の責任追及等の訴えに比し多重代表訴訟が具体的・相対的に濫訴のおそれが高いというわけではないため濫訴防止では説得的な説明ができず（野田輝久「親会社株主の保護」北村雅史＝高橋英治編『グローバル化の中の会社法改正（藤田勝利先生古稀記念論文集）』(法律文化社、2014年)

121頁)、株主の利害関係ないし権利がより遠いからと説明されている(岩原・要綱案解説〔Ⅲ〕6頁)。提訴請求先は完全子会社のみとされた(見直し要綱第2部第1の1「多重代表訴訟」①)。次に要綱では、多重代表訴訟については、会社法847条1項但書の妨訴事由と同様の「当該株式会社に損害を加えること」に加え、「当該最終完全親会社等に損害を加えること」も規定することとした。この点は改正法に引き継がれた(847条の3第1項1号)。加えて、要綱は、A案に即し、「当該特定責任の原因となった事実によって当該最終完全親会社等に損害が生じていない場合」にも多重代表訴訟の提訴請求は認められないこととしていた(同項2号)。この点も改正法に受け継がれた。これらの妨訴事由の(不)存在については、原告株主側で主張・立証する必要はない(議事録17回〔平24.2.22〕32頁〔塚本関係官発言〕、岩原・要綱案解説〔Ⅲ〕7頁)。ちなみに、改正法は、最終完全親会社等が、責任原因事実が生じた後で最終完全親会社等であった株式会社をその完全子会社等としたものである場合には、当該完全子会社等となった株式会社を特定責任追及にかかる最終完全親会社等とみなすこととして(847条の3第5項)、完全親子会社関係の判定時点から提訴請求時までのタイムラグを一定程度カバーするが、責任原因事実が生じた時点では完全子会社でなかった株式会社が提訴請求時までに完全子会社となっていたような場合には対応できない。

　多重代表訴訟制度に関しては847条の3として、新たに条文が創設されたほか、多重代表訴訟制度が創設されたことに伴い、訴訟費用等(847条の4)、訴訟参加(849条)、費用等の請求(852条)、および再審の訴え(853条)について必要な改正が加えられた。なお、改正法では、最終完全親会社等の株主の権利の行使についても株主の権利行使に関する利益供与に関する規定(120条1項、970条1項・3項参照)の適用を受けうることが明文化された。これは要綱にはなかった点である。

　多重代表訴訟における親会社株主の完全子会社の取締役等に対する主たる請求原因事実は、完全子会社の取締役の完全子会社に対する任務懈怠であり、他方、完全親会社の株主が当該親会社の取締役等に対して責任追及等の訴えを提起する場合には、その請求原因事実は、親会社取締役等の完全子会社取締役等に対する監視義務違反、企業集団内部統制システム構築・運用義務違反、あるいは完全子会社取締役の責任追及懈怠であり、両訴訟は別個独立に提起される

が、それぞれの請求原因事実は密接に関連している。また、会社法の下では、完全子会社の取締役は、完全子会社に対してのみ善管注意義務等を負い（330条等）、完全子会社の経営に関して独立した判断が求められるが、他方で、完全子会社は経済的な利害関係が完全親会社と一致し、完全親会社を頂点とする企業グループの一員として、完全親会社の取締役会が策定するグループの経営方針およびこれに基づく完全親会社の指揮・指示に従って事業を行うため、多重代表訴訟においては、この特殊な関係性が追及の対象となる完全子会社の取締役等の任務懈怠責任の判断に影響を与える可能性がある（山本憲光「多重代表訴訟に関する実務上の留意点」商事法務1980号（2012年）34頁）。おそらく経営判断の原則の適用に際しては、完全子会社の取締役等が完全親会社等によるグループ経営方針に従ったような場合には、むろん、ケース・バイ・ケースではあろうが、当該経営判断の合理性を支持する根拠の一つとなりえ、完全子会社に対する善管注意義務違反を否定する方向で検討されていくように思われる（山本・前掲「多重代表訴訟に関する実務上の留意点」35～36頁）。

なお、国境を跨いだ親子会社関係に改正法上の多重代表訴訟制度は適用されない[9]。会社法は外国会社へ適用がある場合にはその旨を括弧書で明記しており、また、会社法847条の3第1項は、株式会社（内国会社（2条1号参照））の最終完全親会社等としていることから、ここでの最終完全親会社および完全子会社はいずれも設立準拠法を日本法とする内国会社に限られると解される[10]。

2. 組織再編行為によって株主でなくなった者による責任追及等の訴え

改正前会社法では、847条以下の責任追及等の訴えの提起後に会社が株式交換等の組織再編行為を行ったことによってもはや当該会社の株主でなくなった者に対する訴訟追行権のみが確保されていた（851条）。今般の改正では、責任追及等の訴えを提起する前に株主の地位を失った者についても、提訴権を失わないこととした。株主は、自らの意思で株主の地位を失ったわけではなく、ま

---

9) 中間試案取りまとめの段階では、多重代表訴訟に対する渉外的な適用関係（最終完全親会社・完全子会社ともに内国会社である旨）について誤解を避けるため明記すべきとの議論があったようである（議事録16回〔平23.12.7〕7頁〔藤田幹事発言〕、なお、中間補足29頁）。

た、当該組織再編行為の後であっても完全親会社等の株主の地位を保持している場合には、引続き組織再編行為前にその原因となる事実が生じた会社の取締役等の責任追及については利害関係を有しているからである。試案の段階では検討課題とされていたが（中間試案第2部「親子会社に関する規律」第1「親会社株主の保護」1「多重代表訴訟」（後注）参照）、要綱では、既存の会社法851条をさらに拡張し、株式交換等が効力を生じる前に原因たる事実が生じた責任に係る責任追及等の訴えであれば、株式交換等の効力発生前に提訴していない場合であっても、株式交換等によって株主の資格を失った者が、株式交換等により完全親会社の株式を取得し保有し続けている限り、責任追及等の訴えを提起できるようにした（見直し要綱第2部「親子会社に関する規律」第1「親会社株主の保護」2「株式会社が株式交換等をした場合における株主代表訴訟」参照）。パブリック・コメントおよび個別の意見照会でも反対意見はなく、また、部会においても異論はなかったため、要綱へ、そして改正法へと結実したものである（847条の2）（岩原・要綱案解説〔Ⅲ〕10頁）。なお、既存の会社法851条は独立の条文として存置されている。851条と比べると、851条1項2号のような、新設会社または存続会社の株式を消滅会社の株主が取得したことにより消滅会社株主の地位を失った場合の手当ては、新設条文である847条の2ではなされていないが、これは、元消滅会社株主は合併という包括承継によって消滅会社の取締役等に対する請求権も承継しており、原告適格を失わないという理解に立ったもので

10) もっぱら実務の関心を引いているのは、完全親子会社関係への従属法が完全親会社の設立準拠法であることを前提とした日本法人の外国子会社への多重代表訴訟制度の適用の可否であるように思われる。完全親子会社のいずれかが内国会社であり他方が外国会社であるときには、親子会社関係への従属法の決定基準の解釈いかんでは、他方の外国会社にも日本法が適用されると解されるべき場合がないではない（国際私法学上、規律の趣旨等から親会社の設立準拠法とすべき場合を認める説と子会社の設立準拠法とする説と両者存在するようである。たとえば、山田鐐一『国際私法（第3版）』（有斐閣、2004年）255頁（後者であるが、親会社準拠法の適用を全く認めない趣旨かは不明）、神前禎ほか『国際私法（第3版）』（有斐閣、2012年）118頁（前者））。もっとも、日本法が適用されると解釈される場合には、改正条文の文言からは完全親会社等も完全子会社もともに内国法人であることが読み取れるから、外国会社を含む親子会社関係について多重代表訴訟を提起されても却下されることとなろう。なお、山本・前掲「多重代表訴訟に関する実務上の留意点」37頁は、多重代表訴訟制度が日本において創設されたというアナウンス効果から事実上日本企業の米国在住株主などが外国の裁判所において日本企業の米国子会社の取締役に多重代表訴訟を提起し、外国の裁判所が受理してしまう事実上のおそれは否定できないため、設立準拠法を日本法として設立された完全親会社等・完全子会社とする旨を明文化する必要があるとする。

ある（岩原・要綱案解説〔Ⅲ〕10頁）。参考までに、既存の責任追及等の訴え（847条）と新設された旧株主による責任追及等の訴え（847条の2）および特定責任追及の訴え（847条の3）とを表を用いて大まかに比較対照しておく。改正内容については、本章次節を参照されたい。

	①責任追及等の訴え（847条）	②旧株主による責任追及等の訴え（847条の2）	③特定責任追及の訴え（847条の3）
提訴請求者	被提訴請求会社の株主	被提訴請求会社の株主であった者で、株式交換等により当該被提訴請求会社の完全親会社等の株主となった者	被提訴請求会社の最終完全親会社等の株主
少数株主権※・継続保有要件※	単独株主権 被提訴請求会社が公開会社である場合には提訴請求前6か月間の継続保有要	単独株主権 被提訴請求会社が公開会社である場合には株式交換等の効力発生日前6か月間の継続保有要	少数株主権(1%以上) 被提訴請求会社が公開会社である場合には提訴請求前6か月間の継続保有要
被提訴請求会社要件	特になし	責任原因事実発生時以降に株式交換等を行い完全子会社となったこと	責任原因事実発生時において最終完全親会社等およびその完全子会社等によって保有されている被提訴請求会社の株式の帳簿価額の合計額が最終完全子会社等の総資産額の20％超※であること
妨訴事由	①不正図利目的 ②被提訴請求会社に対する加害目的	①不正図利目的 ②被提訴請求会社または株式交換等完全親会社に対する加害目的	①不正図利目的 ②被提訴請求会社または最終完全親会社等に対する加害目的 ③責任原因事実によって最終完全親会社等に損害が生じていない場合

責任免除要件	被提訴請求会社の総株主の同意	被提訴請求会社の総株主および提訴資格を有する株式交換等完全親会社のすべての株主の同意	被提訴請求会社の総株主および最終完全親会社等の総株主の同意
訴訟参加	①被提訴請求会社 ②被提訴請求会社の株主	①被提訴請求会社 ②被提訴請求会社の株主 ③株式交換等完全親会社 ④提訴資格を有する株式交換等完全親会社の株主	①被提訴請求会社 ②被提訴請求会社の株主 ③最終完全親会社等 ④最終完全親会社等の株主

※定款により緩和可

II 株主代表訴訟の原告適格の拡大等

1. 旧株主による責任追及等の訴え

1 旧株主による責任追及等の訴えの制度の創設

(1) 意 義

　株式会社の株主であった者（旧株主）は、株式交換等によって当該株式会社の株主としての地位を失った場合でも、一定要件の下、当該株式会社の取締役等に対して株主代表訴訟を提起できる（847条の2第1項・6項）。ここで「旧株主」とは、①株式交換または株式移転によって株式会社の完全親会社の株式を取得した株主、あるいは②三角合併（吸収合併）によって吸収合併存続会社の完全親会社の株式を取得した株主である（847条の2第1項1号・2号、施行規則218条の3）。

　旧株主がこうした責任追及等の訴えを提起しようとする場合には、原則として、対象である取締役等が就任しまたは就任した株式会社（株式交換等完全子会社）に対して、提訴請求をする必要があり、提訴請求の日から60日以内に責任追及等の訴えが提起されない場合には、提訴請求をした旧株主は、責任追及

等の訴えを提起することができる（847条の2第6項）。

なお、改正会社法は、提訴請求の対象である株式会社を「株式交換等完全子会社」と総称するが、三角合併（吸収合併）の場合には、株式交換等の効力が生じた日まで株主であった株式会社の法的地位を包括承継する吸収合併存続会社をさす。

(2) 制度趣旨

改正前会社法では、株主代表訴訟を提起しまたは共同訴訟人として代表訴訟に参加した株主が、代表訴訟の係属中に株式交換、株式移転または合併により株主の地位を失った場合でも、こうした行為によって完全親会社、新設合併会社または合併存続会社の株式を取得した場合には、当該代表訴訟を継続して追行できる（851条）。同条は、自らの意思によらずに株主の地位を失った従来の株主について、例外的に代表訴訟の追行権を認めるものである。他方、株主代表訴訟を提起しまたは訴訟参加する前に株式交換等の効力が生じた場合について規定はなく、従来の株主は、原則どおり代表訴訟の提訴資格を失うこととされていた。しかし、自らの意思によらずに株主の地位を失った株主であることに変わりはないから、株式交換等の効力発生日において、代表訴訟が係属していたか否かで提訴資格の取扱いに大きな差を設けることは妥当でない。こうした考えから、改正会社法は、851条の規律をいまだ代表訴訟を提起しまたは訴訟参加していない旧株主にも拡張したのである。

(3) 経過措置

施行日前に株式交換等の効力が生じた場合には、旧株主による責任追及等の訴えの提起は認められない（改正法附則21条2項）。また、施行日前に責任追及等の訴えが提起されていた場合、なお従前の例によるとされており（同附則21条1項）、適格旧株主による訴訟参加（849条1項）や株式交換等完全親会社による通知（849条6項）などの適用はない。

② 責任追及等の訴えを提起できる旧株主

(1) 旧株主の意義

旧株主とは、前述のとおり①株式交換または株式移転により株式会社の完全親会社の株式を取得して保有する者（847条の2第1項1号）、または②三角合併（吸収合併）により吸収合併存続会社の完全親会社の株式を取得して保有する者

である（847条の2第1項1号・2号）。ここで、完全親会社とは、特定の株式会社の発行済株式の全部を有する株式会社だけでなく、❶株式会社とその完全子会社、あるいは❷完全子会社が特定の株式会社の発行済株式の全部を有する形態の場合も含む（施行規則218条の3第1項）。

　改正会社法847条の2第1項2号は、合併については、吸収合併消滅会社の株主が三角合併（吸収合併）の対価として、吸収合併存続会社の完全親会社の株式の交付を受けた場合だけを規定する。これは、通常の吸収合併の場合には、株主は、通常の代表訴訟を提起することができるからである。つまり、吸収合併存続会社は、合併により消滅会社の取締役等に対する請求権（責任追及の権利）を包括的に承継するから、吸収合併により新たに存続会社の株主となった消滅会社の元株主は、取締役等の責任を追及する権利を失わないため、特別の規定を設ける必要がない。

　これに対して、平成17年会社法制定の際、合併対価の柔軟化（749条1項2号ホ参照）により認められた三角合併の場合には、合併の対価として、吸収合併存続会社の完全親会社の株式が交付されるため、吸収合併存続会社と異なり「合併の包括承継の理論」を適用できない。そこで、三角合併により完全親会社の株式を取得した株主（消滅会社の元株主）が責任追及等の訴えに関して、吸収合併消滅会社の元株主と同様に扱われることを明らかにするため、特別の規定（847条の2第1項2号）が置かれている。

　なお、会社法851条1項2号では、三角合併以外の合併についても規定されている。しかし、同条を設ける際と異なり、合併に伴う形式的な法人格の違いを理由に消滅会社株主の原告適格を否定する考え方は今日ではまずなくなったとの認識の下、代表訴訟が提起されていない場合には、消滅会社の株主の資格を失ったことによる訴訟承継の手続の要否を問題とする必要もないことから、会社法847条の2では、包括承継の理論が働かない三角合併のみについて規定したと説明されている（岩原・要綱案解説〔Ⅲ〕10頁）。

(2) 株式交換等が連鎖的になされた場合

　改正会社法は、851条2項および3項に倣い、株式会社の株式交換等が連鎖的になされた場合であっても、これにより旧株主が完全親会社の株式を取得して保有する場合には、責任追及等の訴えを提起できるとしている（847条の2第3項～5項）。つまり、旧株主（同条1項に規定する旧株主）は、株式交換等により

完全親会社となった株式会社が、さらに株式交換等を行った場合にも、その完全親会社の株式を取得して保有する場合には、なお責任追及等の訴えを提起できる（同条3項本文）。こうした3項の規律は、さらに拡張され、連鎖的に株式交換等が繰り返された場合でも、旧株主は訴えを提起できるとされている（同条4項・5項）。なお、株式交換等が繰り返された場合には、合併による包括承継の理論が働かないため、847条の2第3項本文では、三角合併以外の吸収合併や新設合併の場合についても併せて規定している。

　もっとも、責任追及等の訴えが①旧株主もしくは第三者の不正な利益を図り、または②当該株式交換等完全子会社もしくは完全親会社に損害を加えることを目的とする場合には、責任追及等の訴えを提起できない（847条の2第3項但書、同条4項・5項）。

(3) 6か月の継続保有期間（公開会社）

　公開会社では、濫訴を防止する必要から、提訴請求ができる「旧株主」と認められるためには、株式交換等の行為の効力が生じた日の6か月前から引き続き株式会社の株主であることが必要である（ただし、定款で、これを下回る期間を定めることができる）。定款の定めによって権利を行使できない単元未満株主も「旧株主」から除かれる。通常の代表訴訟における継続保有期間は、提訴請求の日を基準として判断されるが、旧株主による責任追及等の訴えにより追求するのは、株式交換等の効力が生じた日までに発生した原因事実による責任であるため、株式交換等の効力が生じた日の時点で継続保有要件を充たしていた株主に提訴請求権を認めることにするのが相当と考えられた。

　これに対して、公開会社でない株式会社では、株式の継続保有期間による制約はない（427条の2第2項）。これは、現行の代表訴訟の場合と同様に、公開会社でない株式会社においては、株式の流動性が低く、株式の譲渡には取締役会の承認などの制約が課されているため、上記要件により濫訴を防止する必要性が低いからである。

③ 責任追及等の訴えの対象となる責任

(1) 責任原因事実が生じた時期による限定

　旧株主による責任追及等の訴えの対象となる責任は、株式交換等の効力が生じた時までに、その責任の原因となった事実が生じたものに限られる（847条

の2第1項)。したがって、旧株主は、株式交換等の行為の効力が生じた後に生じた事実を原因として、取締役等の責任を追及することはできない。

(2) 責任の内容

旧株主が追及する責任は、通常の株主代表訴訟の対象と同様である。すなわち「発起人等の責任」(発起人、設立時取締役、設立時監査役、役員等(取締役、会計参与、監査役、執行役または会計監査人)もしくは清算人の責任)を追及する訴えのほか①払込みを仮装した設立時募集株式の引受人(102条の2第1項)、不公正な払込金額で株式を引き受けた者等(212条1項)、不公正な払込金額で新株予約権を引き受けた者等(285条1項)に支払いを求める訴え、②株主等の権利の行使に関して利益供与を受けた者(120条3項)に利益の返還を求める訴え、③出資した財産等の価額が不足する場合の取締役等(213条の2第1項)に支払いもしくは給付を求める訴えを含んでいる(847条1項、847条の2第1項)。このため、責任追及の訴えではなく、責任追及「等」の訴えと表現されている。

④ 濫用的な提訴の制限

責任追及等の訴えが、本制度の趣旨に反し①旧株主もしくは第三者の不正な利益を図り、あるいは、②提訴請求の対象である株式会社(株式交換等完全子会社)や株式交換等による完全親会社(特定の株式会社の発行済株式の全部を有する株式会社その他これと同等のものとして法務省令で定める株式会社)に損害を加えることを目的とする場合には、旧株主による提訴請求は不適法として却下される(847条の2第1項但書)。こうした制限は、提訴を障害する事由と考えられるから、旧株主の側でその不存在を主張立証するのではなく、提訴された取締役等の側で旧株主の提訴には図利または加害目的があることを主張立証することになる。

⑤ 訴え提起までの手続

(1) 提訴請求に関する手続

旧株主による責任追及等の訴えを提起する場合には、原則として、対象である取締役等が就任しまたは就任した株式会社(株式交換等完全子会社)に対して、提訴請求をする必要がある(847条の2第1項、施行規則218条の2)。また、提訴請求をした旧株主は、提訴請求の日から60日以内にその株式交換等完全子会

社が責任追及等の訴えを提起しない場合にはじめて、責任追及等の訴えを提起することができる（847条の2第6項）。

さらに、提訴請求を受けた株式会社は、提訴請求をした旧株主または当該提訴請求に係る責任追及等の訴えの被告となる取締役等から請求を受けた場合には、その請求者に対して、遅滞なく、責任追及等の訴えを提起しない理由を書面または電磁的方法によって通知しなければならない（同条7項、施行規則218条の4）。

もっとも、責任追及等の訴えを提起するために法定されている60日間の期間を経過すると、株式交換等完全子会社に回復することができない損害が生ずるおそれのある場合には、旧株主は提訴請求をすることなく、直ちに責任追及等の訴えを提起できる（同条8項）。なお、本項には、図利または加害目的による提訴請求の制限についての規定（847条5項但書または同条の3第9項但書）が置かれていない。これは、第1項但書または3項但書が適用される旧株主は、本項の「提訴請求をすることができる旧株主」にあたらないので、但書を置く必要がないからと説明されている（坂本ほか・平26改正解説〔V〕38頁の注85）。

以上のとおり提訴請求に関する手続は、改正前の株主代表訴訟と基本的に同じである。

(2) 個別株主通知の要否

株式交換等完全親会社が振替株式の発行者である場合、旧株主による責任追及等の訴えの提訴請求には、個別株主通知は不要である。個別株主通知を要する少数株主権等とは、株主の権利のうち「会社法124条1項に規定する権利（基準日により定まる権利）」を除いたものであるが、親会社株主の子会社に対する権利行使は、子会社との関係では、株主の地位に基づく権利ではないからである（江頭憲治郎「株式会社法<第3版>」（有斐閣、2009年）192頁の注5）。

6 実務への影響

旧株主による責任追及等の訴えの制度は、株式交換等の利用が一般化している現状では、多くの企業に影響を及ぼすことが考えられる。従来は、株式交換等の効力発生時までに責任追及等の訴えが提起されていなければ、新たな訴えが提起されるおそれはなかったが、改正会社法の下では、完全子会社化した株式会社に就任しまたは就任していた取締役等の責任（ただし、株式交換等の効力

発生前に責任の原因となった事実が生じた責任に限られる）を株式交換等の効力発生後も追及される可能性が生じる。しかも、取締役等の責任免除の制限により、責任追及される可能性は、10年間（消滅時効期間）にわたり存続することになる。このため、M＆Aの際のデュー・ディリジェンスでは、取締役等の責任の原因となる事実に関する調査や関係資料の確保などをより重要視する必要があると思われる。また、完全親会社としては、旧株主からの提訴請求に対する対応の検討に加え、当該取締役の責任追及の要否を検討する場面も生じうることになる。

2. 最終完全親会社等の株主による責任追及の訴え

① 多重代表訴訟制度（特定責任追及の訴え）の創設

(1) 意　義

　改正会社法は、親会社株主の保護をより充実させるとの観点から、完全親会社の株主が子会社の取締役等の責任を追及する訴えを提起する多重代表訴訟の制度を創設した。複数の完全親会社による多層的な支配関係が存在する企業グループでは、グループ内で最上位の完全親会社の株主に、子会社の取締役等の責任を追及する資格が認められている（特定責任追及の訴え：847条の3）。

(2) 制度趣旨

　平成9年の独占禁止法改正による純粋持株会社の解禁を契機として、持株会社の形態や複数の子会社を傘下にもつ企業グループによる経営が進展し、企業グループ内で主要な事業を営む子会社の企業価値が親会社の企業価値、ひいては親会社の株主の利益に重大な影響を及ぼす場合が生じている。ところが、改正前の代表訴訟制度の下では、子会社の取締役等の責任追及は、専ら子会社または親会社に委ねられており、親会社株主が直接、子会社の取締役等の責任を追及することは認められていなかった。しかし、親子会社関係においても、取締役間の馴合いなど特殊な人的関係により、親会社による子会社取締役等の責任追及が懈怠されるおそれが構造的に存在している。このため、子会社の取締役等の任務懈怠により子会社および親会社に損害が生じた場合に、親会社株主が子会社の取締役等の責任を追及する多重代表訴訟を認める必要性がある。

　株主代表訴訟の制度は、取締役等の馴合いなど特殊な人的関係によって、株

式会社が取締役等の責任追及を懈怠するおそれがあることから、株式会社の利益、ひいては株主の利益を保護するとともに、取締役等の任務懈怠を抑止するために設けられている。改正会社法において、多重代表訴訟が創設されたことによって、限定的ではあるが、親会社株主による子会社に対する監督是正権が認められたことになる。

　多重代表訴訟の採用に反対する立場からは、親会社株主は、子会社の監督を懈怠した親会社取締役等の責任を追及すれば足りるとの指摘があった。しかし、改正前会社法には、親会社取締役による子会社の監督義務について明文がない。また、親会社による子会社管理の仕方も多様であるから、親会社の株主が、親会社取締役等による子会社の監督義務の内容を特定し、任務懈怠と損害およびその間の因果関係までも具体的に立証するとなれば、子会社取締役等の責任を追及する場合と比べてより困難を伴う。したがって、親会社株主の保護をより充実させるという観点から、多重代表訴訟が採用されたのである。

(3)　経過措置

　施行日前にその原因となった事実が生じた特定責任については、特定責任追及の訴えを提起できない（改正法附則21条3項）。

2　特定責任追及の訴えを提起することができる株主

　改正会社法では、企業グループの最上位の株式会社（最終完全親会社等）の株主は、一定の要件の下、重要な子会社の取締役等の責任を追及する訴えを提起することができるとされた（特定責任追及の訴え：847条の3）。この特定責任追及の訴えを提起する権利は少数株主権であり（同条1項）、最終完全親会社が公開会社である場合には、6か月前から引続き最終完全親会社等の株式を有する株主であることが必要とされている（継続保有要件：同条1項・6項）。

　かかる親会社株主は、原則として、子会社（株式会社）に対して、取締役等の特定責任を追及するための訴えを提起することを請求することが可能であり、提訴請求の日から60日以内に子会社が訴えを提起しないときは、提訴請求をした株主が特定責任追及の訴えを提起できる（同条7項）。継続保有要件および提訴請求に関する手続は、会社法改正前の代表訴訟と基本的に同じである。

(1)　株式会社の最終完全親会社等の株主であること

　■**最終完全親会社等**　　特定責任追及の訴えを提起できるのは、株式会社

（子）の最終完全親会社等の株主であり、最終完全親会社等とは「株式会社の完全親会社等であって、その完全親会社等がないもの」である（847条の3第1項本文括弧書）。つまり、完全親子会社においては、完全親会社そのものであるが、多層的な支配関係が存在するグループ企業においては、グループ内で最上位の完全親会社等をさしている。

　また、株主の存在を前提とする最終完全親会社等は、日本の会社法に準拠して設立された株式会社に限られる。

■完全親会社等　「完全親会社等」とは、(a)完全親会社、つまり株式会社（子会社）が発行するすべての株式を有する株式会社のほかに（847条の3第2項1号）、(b)株式会社が発行するすべての株式を、(b-1) 完全子会社等（株式会社がその株式または持分の全部を有する法人）と分担して有する株式会社、または (b-2) 完全子会社等を通じて間接的に有する株式会社（完全親会社を除く）をいう（同項2号）。

　このように、改正会社法は、完全親子会社関係における完全親会社だけでなく、株式会社（親）と株式会社（子）との間に中間的に法人（完全子会社等）が介在する形で当該株式会社（子）の発行済株式の全部を間接的に保有する形態の場合にも、当該株式会社（親）の株主に特定責任追及の訴えを認める。さらに、中間的に存在する「完全子会社等」には、上記(b)と同様の形態で法人の株式または持分の全部を保有する法人も含まれるから（みなし完全子会社等、同条3項）、最終完全親会社等と株式会社（子）との間に複数の株式会社または合同会社などの法人（完全子会社等）が介在する多層的な支配関係が存在する場合にも、グループ内で最上位の完全親会社等（最終完全親会社等）の株主は、完全子会社等の取締役等の責任を追及する訴えを提起できる。

　このように、特定責任追及の訴えの原告適格を「完全親会社等」の株主に限定するのは、特定責任追及の訴えの対象である取締役等が就任する株式会社に、少数株主が存在する場合には、その少数株主に子会社の取締役等の責任追及を委ねることができると考えられたからである（中間補足、議事録17回〔平24.2.22〕、議事録20回〔平24.5.16〕参照）。

　もっとも、子会社に少数株主が存在する場合であっても、その少数株主が親会社の取締役やその近親者だけであるような場合には、完全親会社が存在する場合と同様に、親会社による子会社の取締役等の責任追及が懈怠されるおそれ

がある。つまり、子会社に形式的に少数株主を置きさえすれば、特定責任追及の訴えの制度が容易に潜脱されてしまう可能性を否定できない。そこで、潜脱的なものがあれば、実質的に完全親会社と同視するなど解釈によって妥当性を図る可能性があることも示唆されている（坂本三郎ほか「会社法制の見直しに関する中間試案をめぐって〔下〕」商事法務1955号（2012年）7・8頁）。

(2) 少数株主権

最終完全親会社等の株主が特定責任追及の訴えを提起する権利は、少数株主権とされている。つまり、最終完全親会社等の株主が特定責任追及の訴えを提起するための提訴請求をするには、最終完全親会社等の総株主の議決権の100分の1以上の議決権を有する株主または発行済株式総数（自己株式を除く）の100分の1以上の数の株式を保有する株主（ただし、定款で下回る割合を定めることができる）であることが必要である（847条の3第1項本文）。しかも、この要件は、原告資格を基礎付けるものであるから、訴えの提起時はもとより、訴訟の係属中も継続して充足する必要がある。

少数株主権とすべきか否かについては、賛否両論が存在したが、改正前代表訴訟と比較すると、親会社（最終完全親会社等）の株主と子会社の取締役等とは、親会社を通した間接的な関係にあることから、政策的に多重代表訴訟を認めるとしても、親会社に生じた損害に一定程度の利害関係が認められる株主に限定すべきであるとして、少数株主権とされた（議事録23回〔平24.7.18〕13頁）。また、少数株主権として要求される持株割合は、特定責任追及の訴えを過度に制約することを避けるため、改正前の最少割合である100分の1以上（303条～305条参照）という割合が採用されている（坂本ほか・平26改正解説〔Ｖ〕30頁）。

もっとも、少数株主権とすることは論理必然的なものではなく、立法過程での妥協的な産物としての側面がある（藤田友敬「特集会社法の改正『親会社株主の保護』」ジュリスト1472号（2014年）34頁参照）。立法過程では、多重代表訴訟制度の採用そのものに反対する立場から、濫訴の防止を理由として、少数株主権とすべきであるとの指摘がなされた。しかし、多重代表訴訟であるからといって、一般の代表訴訟に比べて類型的に濫訴のおそれが高いとはいえず、濫訴の防止を理由に少数株主権とすることは、一般の代表訴訟が単独株主権とされていることと整合性を欠く。そこで、改正前の株主代表訴訟制度との整合性を考慮して、親会社株主の株式保有が間接的であるという構造に着目して少数

株主権としたと説明されている（岩原・要綱案解説〔Ⅲ〕6頁）。

(3) 6か月前から引続き株式を有すること（継続保有要件）

多重代表訴訟においても、代表訴訟に関する会社法847条1項に倣い、濫訴を防止する趣旨から6か月の継続保有要件が設けられている（847条の3第1項）。つまり、最終完全親会社等が公開会社である場合には、提訴請求の日の6か月前（ただし、下回る期間を定款で定めることができる）から引続き最終完全親会社等の株式を保有していた株主に限って特定責任追及の訴えのための提訴請求をすることが認められる。これに対して、非公開会社の場合には、一般に株式の流動性が低く、株主の地位の移転には取締役会の承認を要するなど濫訴を防止する必要性は低いから、株式の継続保有は要件とされない（847条の3第6項）。

3 特定責任追及の訴えの対象となる取締役等の責任

特定責任追及等の訴えの対象である「特定責任」とは、発起人等の責任の原因となった事実が生じた日において、最終完全親会社等の重要な子会社の発起人等の責任である（847条の3第4項）。

(1) 取締役等の責任

特定責任追及の対象は、法文上は「発起人等の責任」とされており、発起人、設立時取締役、設立時監査役、役員等もしくは清算人の責任を指す（847条1項）。通常の株主代表訴訟の対象には、発起人等の責任を追及する訴えのほか、払込みを仮装した設立時募集株式の引受人等や株式会社から株主等の権利の行使に対して財産上の利益供与を受けた者に対する訴えも含まれる（847条1項、102条の2第1項、120条3項ほか）。しかし、最終完全親会社等や子会社との中間に存在する完全子会社等の取締役と上記株式引受人、利益供与を受けた者などとの間には、必ずしも責任追及を懈怠するおそれのある人的関係が類型的に存在するとはいえないため、多重代表訴訟の対象とされていない（坂本ほか・平26改正解説〔Ⅴ〕32頁）。

なお、対象となるのは、株式会社の発起人等の責任であり、株式会社とは、日本の会社法に準拠して設立された株式会社をさすから（2条1号・2号参照）、外国の法令に準拠して設立された法人（外国会社等）は多重代表訴訟の適用対象ではない。

(2) 重要な完全子会社の取締役等であること

　特定責任追及の対象である取締役等は、最終完全親会社等の重要な子会社の取締役等である。重要な子会社とは、具体的には、株式会社の発起人等の責任の原因が生じた日において、最終完全親会社等およびその完全子会社等における当該株式会社の株式の帳簿価額が最終完全親会社等の総資産額として法務省令で定める方法により算定される額の5分の1（ただし、定款で下回る割合を定めることができる）を超える株式会社である（847条の3第4項、施行規則218条の6）。この5分の1超の基準は、簡易事業譲渡や簡易組織再編（株主総会決議が不要）における規律（467条1項2号括弧書、784条3項等）を参考に定められた（中間補足40頁）。基準を明確にするため、時価ではなく帳簿価額が基準とされている。

　また、提訴請求の対象となる株式会社（子）は、取締役等の責任の原因となった事実が生じた日において、重要な子会社であるとともに、完全子会社であったことも要件とされている（847条の3第1項・4項、岩原・要綱案〔Ⅲ〕7頁、議事録20回〔平24.5.16〕31頁）。完全子会社か否かは、基準を明確にするため、責任原因事実の発生日をもって判断される。

❶重要な完全子会社を要件とした理由

　多重代表訴訟が認められる子会社の範囲を定めるにあたり、企業グループにおける対象子会社の規模が一定程度を超える場合には、親会社の事業に与える影響の重大性から、間接的な株式保有である親会社等の株主に、子会社取締役等の監督是正権を付与することに合理性があると考えられた。また、親子会社関係および企業グループにおける支配関係は多様であり、親会社の取締役が子会社の取締役を兼任している場合もあれば、子会社の取締役であっても、実質的には、親会社の事業部門の長である従業員にとどまる場合もありうる。このため、実質的に親会社従業員にとどまる者を、取締役としての責任追及の対象とすることは、現行の代表訴訟制度が取締役相互の特殊な人的関係により提訴懈怠のおそれがあることを趣旨としていることとの整合性を欠くのではないかとの指摘があった（舩津浩司『「グループ経営」の義務と責任』（商事法務、2010年）420頁、奈須野太「企業統治と親子会社法制の論点（下）」金融・商事判例1362号（2011年）5頁）。こうした指摘を踏まえて、改正会社法は、親会社に与える影響が重大であるとともに、実質的に親会社の取締役等に相当すると解しうる程度に重要な子会社の取締役等に限定して、特定責任追及の訴えの対象としている。

❷重要性の判断

　重要な子会社であるか否かの判断は、最終完全親会社の総資産額に対する株式会社（子）の株式の最終完全親会社等およびその完全子会社等における帳簿価額の割合により決定する（847条の3第4項）。最終完全親会社等の総資産額は、法務省令（施行規則218条の6）で定める方法により算定される額である。したがって、単純な完全親子会社関係であれば、完全親会社における当該株式会社の株式の帳簿上の価額の割合で判断される。これに対して、多層的な支配関係のある企業グループにおいては、対象となる株式会社（子）の株式を直接保有する最終完全親会社等またはその完全子会社等における株式の帳簿価額を足し合わせた金額が最終完全親会社等の総資産額の5分の1を超えるか否かで判断される（847条の3第4項）。

　なお、株式会社に特定完全子会社（事業年度の末日において、株式会社および完全子会社等における完全子会社等の株式の帳簿価額が当該株式会社の貸借対照表の資産の部に計上した額の合計額の5分の1を超える完全子会社等）がある場合には、当該株式会社の事業報告において、特定完全子会社の名称、住所、株式の帳簿価額の合計額および資産の部に計上した合計額を記載することとされた（施行規則118条4号イ、ロ、ハ）。

❸重要性判断の基準日

　「5分の1超」の要件は、責任原因事実が生じた日（任務懈怠があった日）に充たしていれば足りる。他方、たとえその後に上記要件を充たしたとしても、責任原因事実が生じた日に上記要件を充たしていなければ、特定責任追及の訴えを提起することはできない。こうした取扱いは5分の1超という一定の基準を設けたことに由来するが、理論的には、責任原因事実が生じた日に5分の1超の要件を充たしていない場合は、親会社に重要な影響を及ぼす一定規模の子会社ではなく、客観的に親会社の取締役等に相当すると判断できないためであると解される。

　また「責任の原因である事実が生じた日」がいつの時点を指すのか不明確な場合もありうる。責任追及の対象である取締役等の作為による場合は、その時点を捉えれば足りるが、たとえば、子会社における内部統制体制の運用状況の監督について、任務懈怠（不作為）が認められる場合には、運用状況の監督を怠っていた時点はいつと判断すればよいかという問題を生じる。責任原因事実

発生時の判断については、継続的不法行為におけると同様に、最終的には解釈論に委ねられている（坂本ほか・前掲「会社法制の見直しに関する中間試案をめぐって〔下〕」8・9頁参照）。

④ 濫用的な提訴の禁止

(1) 図利または加害の目的でないこと

特定責任追及の訴えは、子会社の取締役等の任務懈怠を抑制し、会社の損害を回復するために設けられた制度であるから、①株主が自己または第三者の不正な利益を図ることを目的としていたり、②子会社や完全親会社に損害を加えることを目的とした場合には、特定責任追及の訴えを認める必要はない。このため、特定責任追及の対象とされた取締役等の側で、こうした目的が存在することを主張立証した場合には、訴えは不適法として却下される（847条の3第1項但書）。上記①、②は、抗弁事由であるから、特定責任の追及をしようとする株主の側で主張立証することが求められるわけではない。かかる抗弁事由は、改正前の責任追及等の訴えの場合と共通である。

(2) 最終完全親会社等に損害が生じていないこと

特定責任追及の訴えに特有の抗弁事由として、子会社の取締役等の責任の原因となった事実によって、親会社に損害が発生していないことが追加されている（847条の3第1項2号）。親会社に損害が生じていない場合には、親会社の株主は、子会社の取締役等の責任を追及することに利害関係をもたないので、当該子会社の損害につき、多重代表訴訟を提起することを認めるべきではないからである。

一般的には、子会社に損害が生じた場合には、特段の事情がない限り、親会社にも同額の損害が生じたとされるが（最判平成5年9月9日民集47巻7号4814頁）、親会社に損害が生じないとされる具体的な事例としては、親会社が子会社から利益を得た場合や、子会社間において利益が移転した場合（ただし、同じ持株割合の子会社間の場合）などのように、子会社に損害が生じていても、親会社には損害が生じない場合が想定されている。

5 特定責任追及の訴えに至る手続（提訴請求）

(1) 提訴請求の相手方

株式会社の最終完全親会社等の株主は「当該株式会社」に対して、特定責任に係る責任追及等の訴え（特定責任追及の訴え）の提起を請求することができる（847条の3第1項）。

この特定責任とは、「当該株式会社の発起人等の責任」であるから（同条4項）、提訴請求の対象である「当該株式会社」とは、特定責任追及の訴えの被告となる取締役等が就任しまたは就任した株式会社をさす。これは、提訴請求の制度が、取締役等に対する損害賠償請求権の帰属主体である株式会社に、取締役等に対する訴訟を提起するか否かを判断する機会を与えるための制度であることによる。

また、提訴請求の相手方である株式会社には、その発行済株式のすべてを最終完全親会社等が直接保有する場合だけでなく、最終完全親会社等の完全子会社等を通じて株式を間接的に保有する場合も含まれるが、その場合でも、株主の提訴請求の相手方は、中間的に存在する完全子会社等ではなく、責任追及の訴えの被告である取締役が就任しまたは就任した株式会社である。

(2) 提訴請求の手続

提訴請求の手続と責任追及の訴えの提起については、一般の代表訴訟の場合と同様の規定が847条の3第7項から9項に置かれている。すなわち、提訴請求を受けた株式会社が提訴請求の日（請求の到達日）から60日以内に特定責任追及の訴えを提起しないときは、提訴請求した最終完全親会社等の株主がその株式会社のために特定責任追及の訴えを提起できる（847条の3第7項）。

また、提訴請求を受けた株式会社は、提訴請求をした最終完全親会社の株主、または当該提訴請求に係る特定責任追及の訴えの被告となる取締役等から請求を受けた場合には、その請求者に対して、遅滞なく、特定責任追及の訴えを提起しない理由を書面または電磁的方法によって通知する必要がある（同条8項、施行規則218条の5）。なお、提訴請求した株主は、重要な完全子会社でないと通知されただけでは、とりあえず訴えを提起せざるをえないため、株式会社は5分の1以下と判断した根拠を示して通知するなど対応を検討する必要がある。

もっとも、提訴請求のための法定期間を経過すると、会社に回復することが

できない損害が生ずるおそれのある場合には、最終完全親会社等の株主は提訴請求をすることなく、直ちに特定責任追及の訴えを提起できる（同条9項）。ただし、こうした緊急の提訴をする場合でも、不正の目的など濫用的な提訴をすることは認められない（同項但書）。

(3) 個別株主通知の要否

最終完全親会社等が振替株式の発行者である場合、特定責任追及の訴えの提訴請求には、個別株主通知は不要である。親会社株主の子会社に対する権利行使は、子会社との関係では、株主の地位に基づく権利（少数株主権等）ではないことは、旧株主による責任追及等の訴えと同様である。株式会社（子）としては、最終完全親会社等に情報提供請求（社債、株式等の振替に関する法律277条）を依頼して、株式保有の事実を確認することになろうとされている（岩原紳作ほか「改正会社法の意義と今後の課題〔下〕」商事法務2042号（2014年）12頁〔斎藤誠発言〕）。

6 実務への影響

改正会社法が採用した多重代表訴訟制度は、もともと重要な完全子会社（子会社の株式の帳簿価格が完全親会社の総資産額の5分の1を超える場合）の取締役等だけを対象としており、銀行持株会社の子銀行など非常に限られた対象に適用されることが想定されていた（岩原紳作「総論─会社法制見直しの経緯と意義」ジュリスト1439号（2012年）19〜20頁）。その上、審議の過程で少数株主権とされたことにより、上場会社など規模の大きな会社では、持株会社、創業家および機関投資家などごく一部の大株主に原告適格が事実上限定され、持株会社以外の大株主による利用可能性はほとんど想定されない状況といえる。複数の株主が合算して少数株主権の要件を充たすことも可能ではあるが、現実には困難であるのが一般であろう。したがって、本制度によって図られる親会社株主の保護は非常に限定されたものとならざるをえない。

他方、多重代表訴訟制度の採用は、重要な子会社の経営に対する親会社の監督（ガバナンス）に一定の影響を及ぼすものと考えられる。つまり、親会社は、重要な完全子会社の存否を把握する必要があり、該当する子会社の業務に付随して親会社に損害が生じるリスクを検証し、各企業集団に応じた内部統制体制が整備されているか否かを見直す契機となる。特に、重要な子会社の取締役等

が代表訴訟の対象になりうることを踏まえて、子会社の情報を管理保存する体制を整えるとともに、子会社役員の選定方法の見直しや兼任の取締役等を含め子会社取締役等が適正な業務執行の重要性を再認識することが必要となる。また、子会社における提訴請求への対応や子会社による取締役の責任追及の要否の検討、さらに、D＆O保険の対象の拡大も検討課題になると思われる。

これに対して、非上場の規模の小さな会社では、少数派の株主であっても持株比率1パーセントを超えることが十分想定されるから、少数株主権としたことが原告適格を事実上制約することには必ずしもならない。また、親会社の経営を支配する者の関係者が子会社の役員等に就任している場合も多くみられることから、支配権紛争の手段として多重代表訴訟制度が利用される可能性もあると思われる。

3. 適格旧株主および最終完全親会社等の株主による訴訟参加

1 株主等または株式会社等の訴訟参加

株主等または株式会社等は、共同訴訟人としてまたは当事者の一方を補助するため、責任追及等の訴えに係る訴訟に参加することができる（849条1項本文）。

改正会社法では、従来からの株主による責任追及等の訴え（一般の株主代表訴訟）に加えて、①旧株主による責任追及等の訴え（847条の2）および②最終完全親会社等の株主による特定責任追及の訴え（847条の3、多重代表訴訟）という2種類の制度を新設したことに伴い、責任追及等の訴えに係る訴訟に参加できる主体を従来の「株主又は株式会社」から「株主等又は株式会社等」に変更している。つまり、①旧株主による責任追及訴訟には、他の適格旧株主または株式交換等完全子会社が、②特定責任追及訴訟（多重代表訴訟）には、最終完全親会社等の他の株主または対象である子会社（株式会社）がそれぞれ訴訟参加できる（849条1項）。ただし、訴訟参加する株主等または株式会社等が不当に訴訟を遅延させ、または裁判所に過大な事務負担を及ぼすことになる場合は、訴訟に参加することができない（同条1項但書）。

一般の代表訴訟における訴訟参加の形態としては、会社が提起した訴訟に株

主が参加する場合と株主が提起した代表訴訟に株式会社が参加する場合があり、改正会社法で新設された2種類の訴えに係る訴訟においても同様である。株主等および株式会社等は補助参加あるいは共同訴訟的補助参加をすることになる。

2　株式会社等の株主でない場合の訴訟参加

　改正会社法は、株式会社等の株主でない場合でも、当事者の一方を補助するため、訴訟に参加できる場合の規定を新設した（849条2項）。これは、株式交換等完全親会社および最終完全親会社等が代表訴訟の対象となる株式会社等の株主である場合には、849条1項によって訴訟に参加できるが、当該株式会社の株主ではない場合があるので（たとえば、当該株式会社の株式を完全子会社等を通じて間接的に保有する場合）、その場合にも訴訟参加が認められることを明らかにするためである。

　この結果、①株式交換等完全親会社は、適格旧株主が提起した責任追及訴訟に補助参加することができ（同項1号）、②最終完全親会社等は、最終完全親会社等の株主が提起した特定責任追及訴訟に補助参加することができる（同項2号）。ただし、訴訟参加することによって、不当に訴訟手続を遅延させることとなるとき、または裁判所に過大な負担を及ぼすこととなる場合には、訴訟参加できないことは、株主等または株式会社等が訴訟参加する場合と同様である（849条2項但書）。

3　訴訟参加と監査役等の同意

　従来の会社法では、代表訴訟の対象となる株式会社が、責任追及等の訴訟に参加するには、各監査役（監査役設置会社）あるいは監査委員（委員会設置会社）の同意を得る必要があった（改正前849条2項）。改正会社法では、一般の代表訴訟に加えて、2つの責任追及等の訴えの類型を新設したので、訴訟参加の要件としての同意について、一括した規定を設けている。つまり、株式会社等（849条1項）、株式交換等完全親会社または最終完全親会社等（同条2項各号）が、取締役等を補助するため、責任追及等の訴えに係る訴訟に参加するためには、監査役設置会社では、監査役（監査役が2人以上ある場合は各監査役）、監査等委員会設置会社では、各監査等委員、指名委員会等設置会社では、各監査委員のそれぞれ同意を得なければならない（849条3項各号）。

4 その他訴訟参加のための手続

株主等は、責任追及等の訴えを提起したときは、遅滞なく、提訴請求をした株式会社に対し、訴訟告知をしなければならず（849条4項）、当該株式会社は、上記訴えを提起したときまたは株主等からの訴訟告知を受けたときは、遅滞なく、公告または株主への通知を行う必要がある（同条5項）。

また、株式交換等完全親会社または最終完全親会社等が存在する場合には、上記公告または通知のほか、株式交換等完全親会社、最終完全親会社等に対しても、訴えを提起しまたは訴訟告知を受けた旨を通知する必要がある（同条6項・7項）。もっとも、株式交換等完全親会社、最終完全親会社等がそれぞれ完全親会社である場合には、株主への公告または通知と重複して行う必要はない（同条8項）。

さらに、株式交換等完全親会社あるいは最終完全親会社等が当該株式会社から通知を受けた場合には、遅滞なく公告しまたは適格旧株主、最終完全親会社等の株主にそれぞれ通知しなければならない（同条10項）。なお、公開会社でない会社においては「公告又は通知」ではなく「通知」によるとされている（同条9項・11項）。

4. 完全親会社等または最終完全親会社等による責任追及等の訴えの提起における会社の代表

親子会社関係において、子会社取締役等の任務懈怠により子会社に損害が生じた場合には、親会社は子会社の株主として、子会社取締役等に対して、一般の株主代表訴訟を提起することができる（847条1項）。このことは、完全親会社等や最終完全親会社等が、対象である取締役等が就任しまたは就任していた株式会社（株式交換等完全子会社、完全子会社）の株式を直接保有する場合（株主である場合）も同様である。

完全親会社等または最終完全親会社等が責任追及等の訴えを提起する際に、会社を代表するのは誰かという問題がある。改正会社法は、各機関構成ごとに一括した規定を設けており、取締役、執行役または清算人の責任を追及する訴えの場合には、監査役設置会社では監査役（386条1項1号〜3号）、監査等委員

会設置会社では、監査等委員会が選定する監査等委員（399条の7第1項・3項1号・2号）、指名委員会等設置会社では、監査委員会が選定する監査委員（408条1項、3項1号・2号）が会社を代表する。これに対して、上記以外の者の責任を追及する場合には、監査役設置会社では原則どおり代表取締役が会社を代表する（349条4項、353条、364条）。

5．適格旧株主等の権利の行使に関する利益供与の禁止

　株式会社は、株主の権利行使に関し、当該株式会社またはその子会社の計算において、財産上の利益を供与してはならない（改正前120条）。改正会社法は、新たに旧株主による責任追及等の訴えおよび最終完全親会社等の株主による特定責任追及の訴えの制度を創設したことに対応して「株主等」の権利の行使に関する利益供与を禁止し、株主に加えて、適格旧株主および最終完全親会社の株主の権利行使に対する利益供与を禁止する（120条1項）。また、株主等の権利の行使に関する贈収賄罪（968条1項4号）および株主等の権利の行使に関する利益供与の罪（970条1項・3項）の規定についてもそれぞれ整備している。

6．責任の一部免除に係る手続の特則

1　責任の免除（総株主の同意による免除）

　①役員等の責任（発起人、設立時取締役（55条、103条3項）、利益供与（120条5項）、任務懈怠（424条）、剰余金配当（462条3項但書）、株式買取請求に応じた支払額（464条2項）、欠損が生じた場合（465条2項））および②株式または新株予約権の引受人の責任（102条の2第2項、213条の2第2項、286条の2第2項）について、その責任を免除するためには「総株主」の同意が必要である。ところが、完全親子会社関係にある場合には、子会社の株主は親会社（またはその完全子会社等）だけであるから、親会社の意向だけで役員等の責任が免除されてしまうとすると、適格旧株主または最終完全親会社等の株主による責任追及等の訴えを創設した意義がなくなってしまう。

　このため、改正会社法は、株式交換等完全子会社に係る適格旧株主が存在する場合には、責任追及等の訴えの対象となる責任（上記①、②）を免除するた

めには、子会社の総株主の同意だけではなく、「適格旧株主の全員」の同意を必要とした（847条の2第9項：読替規定）。同様に、株式会社に最終完全親会社等がある場合においては、特定責任追及の訴えの対象となる責任（上記①）を免除するためには、「最終完全親会社等の株主全員」の同意が必要である（847条の3第10項：読替規定）。

② 責任の一部免除

改正会社法は、責任の免除の特則を置いたのと同様の趣旨から、責任の一部免除についても特則を置く。

役員等の任務懈怠責任は、取締役等が職務を行うにつき善意でかつ重大な過失がないときは、最低責任限度額を超える金額につき、株主総会の特別決議をもって免除できる（425条1項）。しかし、親会社の意向で役員等の責任が免除されてしまうとすると、責任の免除の場合と同様の弊害がある。このため、株式会社に最終完全親会社等がある場合に、特定責任の一部免除をするためには、当該株式会社（子）の株主総会だけでなく「当該最終完全親会社等の株主総会」の特別決議を要するものとし、当該株主総会で所定事項の開示を求めている（同条1項・2項）。

なお、取締役（監査等委員または監査委員を除く）および執行役の責任の一部免除に関する議案を株主総会に提出する場合には、監査役等の同意が必要である（同条3項）。

③ 取締役等による免除に関する定款の定め

改正前会社法では、監査役設置会社または委員会設置会社は、役員等が職務を行うにつき善意でかつ重過失がない場合であって、特に必要と認めるときは、取締役の過半数の同意（取締役会設置会社では、取締役会の決議）によって最低責任限度額を超える金額につき免除できる旨を定款で定めることができる（426条1項）。しかし、一部免除に同意（取締役会設置会社では、取締役会決議）をしたときは、取締役は、責任免除に異議がある場合には一定期間内に異議を述べるべきこと等を公告または株主に通知しなければならない（同条3項・4項）。株主の知らない間に安易な一部免除がなされることを防止するためである。

株式会社に最終完全親会社等がある場合でも、役員等の責任の一部免除に関

する定款変更の議案を最終完全親会社等の株主総会に提出する必要はない（同条2項後段：読替規定）。定款で免除に関する定めを置く段階では、免除対象となる責任が生じていないから、最終完全親会社等の株主総会の承認まで要求する必要はないからである。もっとも、当該株式会社において、実際に、責任の一部免除の同意（取締役会設置会社では、取締役会決議）がなされたときは、最終完全親会社等の取締役は、責任免除に対する異議申述の公告または株主への通知をしなければならないとの特則が新設され、最終完全親会社等の株主の異議申述権が確保されている（同条5項）。そして、総株主の100分の3以上の議決権を有する株主が所定の期間内に異議を述べた場合は、定款の定めに基づく免除をすることはできなくなる（同条6項）。

④ 責任限定契約

改正前会社法は、責任限定契約を締結した株式会社が、社外取締役等の任務懈怠により損害を受けたことを知ったときは、その後最初に招集される株主総会において、責任が免除された額など所定の事項を開示しなければならないとしている（427条4項。なお、改正会社法では、責任限定契約の対象者が、非業務執行取締役等に拡大されている）。

改正会社法では、当該株式会社に最終完全親会社等がある場合でも、責任限定契約に係る定款の定めを設ける議案を提出する段階では、実際に免除の対象である責任は生じていないから、最終完全親会社等の株主総会の承認までは要求していない（同条3項：読替規定）。

もっとも、当該株式会社が責任限定契約の相手方である非業務執行取締役等が任務懈怠により損害を受けたことを知ったときは、当該損害が特定責任に係るものであれば、その後最初に招集される最終完全親会社等の株主総会においても、免除された金額など所定の事項を開示することが必要とされている（同条4項）。

7. その他の規定の整備

改正前会社法では、責任追及等の訴え（一般の株主代表訴訟）に関し、訴訟費用および担保提供制度の規定を置いていたが（改正前会社法847条6項～8項）、改正会社法では、これを削除し、責任追及等の訴えに係る訴訟費用等として、

統一的な規定を新設した（847条の4）。また、訴えの管轄、訴訟参加、和解などについても、責任追及等の訴えにつき統一的な規定を置いている（849条～853条）。従来の株主代表訴訟に関する定めと基本的に同様である。

Ⅲ　取締役および監査役の責任の一部免除

1. 改正内容

1　最低責任限度額の役員等の区分

役員等の責任は、職務を行うにつき善意かつ重大な過失がないときは、最低責任額を控除して得た額を限度として株主総会の決議により免除することができる（425条1項）。

この最低責任限度額は、役員等が在任中に会社から職務執行の対価として受け、または受けるべき財産上の一年あたりの額に相当する額として法務省令に定める額に、役員等の区分に応じ定められた数を乗じた額とされている。

改正前会社法は、取締役に係る役員等の区分につき、①代表取締役、②代表取締役以外の取締役、③社外取締役に区分していた。しかし、平成26年改正会社法は、①代表取締役、②代表取締役以外の業務執行取締役等、③業務執行を行わない取締役、の3区分とした。

なお、業務執行取締役等とは、当該会社またはその子会社の業務執行取締役・執行役・支配人その他の使用人でない者をいう（2条15号イ）。

2　責任限定契約

会社法423条1項の役員等の責任につき、会社は一部の役員等と責任限定契約を締結することができる。責任限定契約とは、当該役員等が職務を行うにつき善意かつ重大な過失がないときは、定款で定めた額の範囲内であらかじめ会社が定めた額と、最低責任限度額とのいずれか高い額を、責任の限度額とする契約である（427条1項）。

改正前会社法は、会社が責任限定契約を締結する相手方について、取締役に

ついては社外取締役に、監査役については社外監査役に限定していた。しかし、平成26年改正会社法は、取締役につき業務執行取締役でない取締役に拡大し、これにあわせて、監査役についても社外監査役の限定を解き、すべての監査役を対象とすることとした。

2. 取締役の責任

① 会社に対する責任

　第一に、役員等は会社に対して責任を負う。会社法423条は、役員等、すなわち取締役、会計参与、監査役、執行役、および会計監査人の任務懈怠責任について定める。

　会社法330条は、会社と役員等との関係は委任に関する規定に従うと定め、これにより役員等は委任の本旨に従い善良なる管理者の注意をもって委任事務を処理する義務を負う（民法644条）。また、取締役については、法令および定款ならびに株主総会決議を遵守し、会社のために忠実にその職務を行わなければならないとする忠実義務（会社法355条）が課されている。

　善管注意義務に違反した場合は、会社に対して債務不履行責任（民法415条）を負うが、一般的に善管注意義務についても、契約上、特約により軽減することが可能である。このため、会社法は423条で任務懈怠責任を法定化している。したがって、この会社法423条の任務懈怠責任は債務不履行責任の特則としての法定責任である。

　もっとも、取締役の業務執行の意思決定につき、会社に損害が発生したことをもって事後的に評価し注意義務違反を問うのでは、取締役の業務執行を萎縮させ、結果、株主の利益にもそぐわない。このため、取締役の経営判断については、事実認識や意思決定過程に不注意がなければ、取締役に裁量を認める経営判断の原則が認められている。

　なお、会社法423条2項は、取締役または執行役が競業取引規制（356条1項、419条2項）に違反して取引をしたときの会社の損害額の推定について、同条3項は取締役または執行役の任務懈怠の推定について規定を置いている。

2 第三者に対する責任

第二に、会社法429条1項は、役員等が職務を行うにつき、悪意または重大な過失があったときは、当該役員等は第三者に生じた損害を賠償する責任を定めている。また、同条2項は、役員等による虚偽記載等による損害賠償責任を定めている。

429条の法的性質については、学説は「法定責任説」と「不法行為責任説」に分かれるが、判例は法定責任説の立場をとっている。役員等と会社の間は委任の関係にあるから、役員等が会社に対して受任者として善管注意義務を負っている。しかし、役員等と第三者との間には、このような関係にはないから、役員等が第三者に対して損害を与えた場合には、不法行為責任を負うことはあっても、当然に善管注意義務違反に基づく損害賠償義務を負うことはない（最大判昭和44年11月26日民集23巻11号2150頁）。このため、本条は、悪意または重大な過失により第三者に損害を与えた場合に、役員等が直接第三者に対して損害賠償責任を負うことを特に定めたものである。本条は、中小企業の倒産時の経営者の個人責任を追及する際に法人格否認の法理の代替としても用いられている。

本条の第三者に当該会社の株主が含まれるか否かについても争いがあるが、会社法の立案担当者は第三者の一般的意義を考慮しても株主を排除する理由はないとしている（相澤哲ほか編『論点解説　新・会社法』（商事法務、2006年）354頁）ほか、従来の多数説は第三者に株主が含まれると解している（田中誠二『三全訂会社法詳論（上）』（勁草書房、1993年）683頁、弥永真生『リーガルマインド会社法＜第11版＞』（有斐閣、2007年）231頁ほか）。これに対し、取締役の行為により会社に損害が生じたことから第三者が被った損害（間接損害）の場合には第三者に株主を含まないとする見解（上柳克郎ほか編『会社法演習(2)』（有斐閣、1983年）171頁〔神崎克郎〕、前田庸『会社法入門（第12版）』（有斐閣、2009年）453頁ほか）も近時有力である。いずれにせよ、本条は広く第三者を保護するものであるから、役員等の会社に対する責任と異なり、会社法上に責任の免除に関する規定は置かれていない。

3. 責任の一部免除

1 概　要

　会社法423条の会社に対する役員等の任務懈怠責任は、原則として総株主の同意がなければ免除されない（424条）。役員等の任務懈怠責任は損害賠償債務であるから、本来、会社は役員等に対して債務を免除することができると考えられるが、業務執行の意思決定として取締役（取締役会）に免除を認めると、株主の利益を害する危険が高い。また、株主代表訴訟は単独株主権であり、これとの整合性から、総株主の同意が必要と規律されている。このため、一人株主会社など株主数がごく少数の場合を除いて、事実上、総株主の同意による免除は機能しない。

　しかし、このために軽微な過失により巨額の賠償責任が役員等に課されるとするならば、役員等は萎縮し過度に保守的に行動することとなり、これは株主にとっても好ましいことではない。また、平成5年商法改正により株主代表訴訟の訴額が定額化されたことなどから株主代表訴訟の提起が頻発され、実際に大和銀行ニューヨーク支店事件（大阪地判平成12年9月20日判時1721号3頁）など、多額の損害賠償が命じられる例も生じたことから、優秀な人材が役員等への就任を避けるおそれも生じた。

　そこで、平成13年商法改正により取締役および監査役の責任軽減制度が置かれることとなった。この後、平成14年商法改正で委員会等設置会社が設けられ、執行役が株主代表訴訟の対象となったことから、責任軽減制度の対象に執行役が加えられた。改正前の会社法では、新たに会計参与が設けられ、会計監査人とともに株主代表訴訟の対象となったことから、責任軽減制度の対象に会計参与および会計監査人が加えられた。そして、責任軽減として①株主総会の特別決議による一部免除、②定款授権による取締役の決定（取締役会の決議）による一部免除、事前の責任限定として③定款の定めに基づく責任限定契約の締結が制度化されている。なお、平成26年改正会社法では、最終完全親会社等（847条の3第1項）がある場合の特定責任（同条4項）の一部免除についても手当てがなされている。

　この任務懈怠責任とは別に、会社法は取締役および執行役に対して、特別の

法定責任を課している場合がある。すなわち、①出資された財産等の価額が不足する場合の責任（52条）、②出資の履行を仮装した場合の責任（52条の2）、③発起人等の損害賠償責任（53条）、④株主の権利行使に関し利益供与を行った者の責任（120条）、⑤剰余金の配当等に関する責任（462条）、⑥買取請求に応じて自己株式を取得した場合の責任（464条）、⑦期末の欠損塡補責任（465条）については、総株主の同意がなければ免除することができず、一部免除の対象とはならないことに注意する必要がある。

2 株主総会の特別決議による一部免除

会社法425条は、役員等の任務懈怠責任につき、善意かつ重過失がないときに、株主総会（最終完全親会社等がある場合に当該責任が特定責任であるときは、当該会社および最終完全親会社等の株主総会）の特別決議により責任の一部を軽減することを認めている。ここでの悪意・重過失とは、任務懈怠により会社に損害を及ぼすことを知っていたか、そのことにつき著しく注意を欠く状態であったことをいう。

取締役の任務懈怠責任に関し、取締役が私的な利益を得たことによる責任は悪意・重過失とされる。経営判断の原則から、取締役の経営上の判断の過誤による責任を負うことは少ないことから、会社法425条による一部免除が主に適用されるのは、他の取締役に対する監視義務違反のケースと考えられる。

軽減される額は、賠償すべき金額から最低責任限度額を控除した額を限度とする。この最低責任限度額は、当該役員等がその在職中に会社から職務執行の対価として受け、または受けるべき財産上の利益の1年間あたりの額として法務省令（施行規則113条）で定める方法により算定される額に、役員等の区分に応じて定められた数を乗じた額とされている。

この職務執行の対価の額の計算には、退職慰労金（原則として在任期間で除した1年あたりの金額）も含まれるし、使用人兼務取締役については、兼務期間中の使用人としての給与や兼務期間に対応する部分の退職手当（原則として在任期間で除した1年あたりの金額）も含まれる。ただし、退職慰労金・退職手当については、在任期間が一定期間以下であるときは、最低責任限度額が実際に受けた退職慰労金・退職手当の額を超えないよう、在任期間ではなく、役員等の区分に応じて定められた数で除することとされている。

役員等の区分に応じて定められた数とは、以下の数値である。

①代表取締役・代表執行役	6
②業務執行取締役	4
③業務執行取締役でない取締役、監査役、会計参与および会計監査人	2

　この役員等の区分に応じて定められた数について、改正前会社法では取締役につき4とし、社外取締役を2としていたのを改めたものである。これは、平成26年改正法で、社外取締役の要件を改正したためである。すなわち、社外取締役の要件として、改正前会社法では、現在および過去において、当該会社または子会社の業務執行取締役・執行役・使用人ではないことであった。このため、過去に業務執行に携わった者は社外取締役に就任することはなかった。しかし、平成26年改正法では、会社の親会社等の関係者および親会社等の子会社等の業務執行者等、および会社の業務執行者等の配偶者および二親等内の親族については社外取締役となることができないと社外取締役の要件を厳格化した一方で、社外取締役の人材確保の必要性に配慮し、業務執行者との関係が希薄化することにより社外取締役の機能を果たすことができることから、過去要件に係る対象期間を見直すこととし、①就任の前10年間に当該会社および子会社の業務執行取締役等（業務執行取締役・執行役・支配人その他の使用人をいう）でないこと、②就任の前10年以内に当該会社および子会社の取締役（業務執行取締役等を除く）・会計参与・監査役であったことがある者については、当該取締役・会計参与・監査役の就任の前10年間に当該会社または子会社の業務執行取締役等でないこととした（2条15号）。

　この改正の結果、たとえば親会社の取締役が子会社で業務執行を行わない取締役に就任する場合、改正前であれば社外取締役の要件を満たし、最低責任限度額の計算で、役員等の区分に応じて定められた数は2であったが、改正後は社外取締役の要件を満たさず、役員等の区分に応じて定められた数が4となることとなる。しかし、このような業務執行を行わない取締役は、もっぱら業務執行の監督を行うことが期待されており、自らは業務執行を行わないために責任が発生するリスクを十分制御することができる立場とはいえない。そこで、社外取締役の要件の改正に合わせて、役員等の区分に応じて定められた数の「2」の対象についても、社外取締役から業務執行を行わない取締役に改正す

ることにより、最低責任限度額が従来と同様となるよう配慮したものである。

　425条により取締役（監査等委員または監査委員を除く）および執行役の責任の一部免除の議案を取締役（最終完全親会社等がある場合に一部免除をしようとする責任が特定責任であるときは、当該会社および最終完全親会社等の取締役）が株主総会に提出する場合には、各監査役または各監査等委員もしくは各監査委員の同意が必要である（同条3項）。また、取締役は、株主総会で①責任原因となった事実および賠償責任額、②免除することができる額の限度額およびその算定根拠、③責任を免除すべき理由および免除額を開示しなければならない（同条2項）。この一部免除があったときは、当該役員等に退職慰労金その他の法務省令（施行規則115条）で定める財産上の利益を与えるには株主総会の承認を受けなければならず、当該役員等が特に有利な条件または金額で発行を受けた新株予約権を行使しまたは譲渡する場合も同じとされ、新株予約権証券を所持するときは遅滞なく会社に預託しなければならない（会社法425条4項・5項）。

　なお、本条による責任の一部免除に関する株主総会決議は、株主提案によっても可能である。この場合には、一部免除議案を株主総会に提出するにあたり、各監査役または各監査等委員もしくは各監査委員の同意は不要である。取締役の全員が責任を負っている場合など、取締役の過半数の同意（取締役会の決議）が得られない場合には、株主提案によることも考えられる。もっとも、各監査役または各監査等委員もしくは各監査委員が同意していない場合には、株主提案による責任の一部免除が可能かどうか、議論があろう。

③ 定款授権による取締役の決定（取締役会の決議）による一部免除

　会社法426条は、取締役が複数である監査役設置会社、監査等委員会設置会社および指名委員会等設置会社では、役員等の任務懈怠責任につき、善意かつ重過失がないときに、責任の原因となった事実の内容、当該役員等の職務の執行状況その他の事情を勘案して、特に必要と認めるときは、最低責任限度額を控除した金額を限度として、当該責任を負う者を除いた取締役の過半数の同意（取締役会設置会社では取締役会の決議）によって免除することでできる旨を定款で定めることを認める。この定款規定は登記事項である（911条3項24号）。

　本条により取締役（監査等委員または監査委員を除く）および執行役の責任の一部免除の定めを定款に置くための定款変更議案を株主総会に提出する場合、

およびその定款規定により取締役（監査等委員または監査委員を除く）および執行役の責任の一部免除を行う場合には、各監査役または各監査等委員もしくは各監査委員の同意が必要である（426条2項）。また、定款規定により責任を免除する旨の取締役の同意または取締役会決議を行ったときは、取締役は遅滞なく、責任の一部免除の内容等および責任の一部免除に異議がある場合には1か月以上の一定の期間内に異議を述べることを公告または株主に通知しなければならない（同条3項）。ただし、公開会社でない会社では株主の通知に限られる（同条4項）。責任のある役員等である者を除く総株主の議決権の3パーセント（定款で引下げ可）以上の議決権を有する株主が一定の期間内に異議を述べたときは、責任の一部免除を行うことはできない（同条7項）。なお、一部免除後の措置についても株主総会の特別決議による一部免除と同様の定めがある（同条6項）。また、最終完全親会社等がある場合に一部免除に係る責任が特定責任であるときの措置もなされている（同条5項～7項）。

④ 定款の定めに基づく責任限定契約の締結

　会社法427条は、業務執行取締役等でない取締役、会計参与、監査役または会計監査人の任務懈怠責任につき、善意かつ重過失がないときには、定款で定められた額の範囲内であらかじめ会社が定めた額と最低責任限度額とのいずれか高い額を限度とする旨の責任限定契約を対象役員等と締結することができる旨を定款で定めることを認めている。この定款規定は登記事項である（911条3項25号）。

　改正前会社法は、取締役については社外取締役のみ、監査役については社外監査役のみを対象としていた。ところが、前述のとおり、平成26年改正会社法が社外取締役の要件につき、過去要件を緩和したものの、親会社等の関係者および親会社等の子会社の業務執行者や、業務執行者等の二親等内の親族を対象外とする厳格化を行った。このため、たとえば、親会社の取締役が子会社の業務執行をしない取締役に就任する場合、従来であれば社外取締役の要件を満たし、責任限定契約を締結できたが、改正法では社外取締役の要件を満たさず、責任限定契約を締結できないこととなるという問題が生じた。

　しかし、自ら業務執行を行わないという点では、「社外取締役」も「社外取締役にはあたらないが業務執行を行わない取締役」も同じであり、いずれも主

に業務執行の監督を行うことに変わりはなく、主に業務執行の監督を行う者の人材確保の観点からも、責任限定契約の締結を認めるのが相当である。また、このような取締役や監査役は、自ら業務執行を行わないことから、責任が発生するリスクを十分制御することができる立場にあるとはいえない。そこで、平成26年改正法では、責任限定契約の対象者につき、社外性をもって区別するのではなく、業務執行を行うかどうかで区別したものである。

なお、改正前会社法では、当該取締役等が会社または子会社の業務執行取締役もしくは執行役または支配人その他の重要な使用人に就任したときは、責任限定契約は将来に向かってその効力を失うと定めていたが（改正前427条2項）、取締役等が子会社の業務執行取締役等に就任したとしても、当該会社の業務執行取締役等になるものではないから、責任限定契約の締結の相手方となる資格を失うことはなく、よって平成26年改正法では子会社の業務執行取締役等への就任に関する定めを削除し、当該会社の業務執行取締役等に就任した場合に限って責任限定契約は将来に向かってその効力を失うと定めている（改正法427条2項）。

監査役設置会社、監査等委員会設置会社または指名委員会等設置会社では、責任限定契約を取締役（監査等委員または監査委員である者を除く）と締結することができる旨の定めを定款に設ける議案を株主総会に提出する場合は、各監査役または各監査委員の同意が必要である（同条3項）。また、責任限定契約の相手方である取締役等の任務懈怠により会社が損害を受けたことを知ったときは、その後最初に招集される株主総会で、責任の内容等、責任限定契約の内容および締結の理由、および責任免除額を開示しなければならない（同条4項）。なお、一部免除後の措置についても株主総会の特別決議による一部免除と同様の定めがある（同条5項）。

4. 実務への影響

1 最低責任限度額に関する経過措置との関係

業務執行取締役等でない取締役の最低責任限度額の計算につき、役員等の区分に応じて定められた数を平成26年改正会社法では2としたことにより、従

来、社外取締役でなかった業務執行取締役等でない取締役については、改正前の役員等の区分に応じて定められた数が4から2に引き下げられることとなる。

このため、平成26年改正会社法の適用については、改正法の施行後の行為に基づく責任に限られるものとし、施行日前の行為に基づく責任の一部の免除については改正前会社法によることとしている（改正法附則16条）。

② 責任限定契約に関する定款変更の必要性

責任限定契約の締結の相手方となる資格につき、平成26年改正会社法では、社外性をもって区別することから、業務執行を行うか否かによって区別することに改正したことにより、責任限定契約の締結の相手方となる取締役および監査役の範囲が拡大されることとなる。

ところで、責任限定契約の締結には定款の定めが必要である。改正前会社法の下では、社外取締役と社外監査役につき責任限定契約を締結できる旨の定款の定めを設けている場合、改正法施行後も、これらの社外取締役または社外監査役のみが責任限定契約を会社と締結するのであれば、現状の定款のままで差し支えない。

しかし、改正法施行後に責任限定契約の締結の相手方を業務執行取締役でない取締役や、社外監査役でない監査役にも拡大したい会社では、締結前に、株主総会において定款変更を行う必要がある。

株主総会決議に停止条件を付すことは認められていることから、改正法の施行前に、改正法の施行日より定款変更の効力が発生する旨の条件を付すことは可能と解される（坂本ほか・平26改正解説〔Ⅲ〕11頁）。

Ⅳ 企業集団の業務の適正を確保するために必要な体制の整備

1. 改正の内容

(1) 改正会社法は、株式会社の業務の適正を確保するために必要なものとして法務省令で定める体制（362条4項6号等）に、当該株式会社およびその子会社から成る企業集団における業務の適正を確保するための体制が含

まれることを、会社法本体に規定した（348条3項4号、362条4項6号、399条の13第1項1号ハ、416条1項1号ホ）。

(2) 改正前会社法は、取締役または執行役の「職務の執行が法令及び定款に適合することを確保するための体制その他株式会社の業務の適正を確保するために必要なものとして法務省令で定める体制の整備」（いわゆる内部統制システム）についての決定を取締役（代表取締役または業務執行取締役等）に委任できないとし、大会社および委員会設置会社に上記体制の整備についての決定を義務付けていた。また、会社法の委任を受けた会社法施行規則では、上記体制の具体的な内容の一つとして「当該株式会社並びにその親会社及び子会社から成る企業集団における業務の適正を確保するための体制」が規定されていた（改正前施行規則98条1項5号、100条1項5号、112条2項5号）。

(3) 改正会社法では、これまで法務省令に委任されていた上記企業集団の体制の内容のうち、特に、株式会社およびその子会社から成る（親会社は含まれていない）企業集団に係る部分について、法務省令から法律である会社法に格上げして規定した。その上で、改正会社法（362条4項6号等）の委任を受けた会社法施行規則では「当該株式会社並びにその親会社及び子会社から成る企業集団における業務の適正を確保するための体制」として、子会社からの報告や子会社のリスク管理体制、および子会社の職務執行の効率性・適法性を確保するための体制が例示されている（改正後施行規則100条1項5号イないしニ等）。また、監査体制の充実のため、子会社役員や社員から親会社監査役に報告するための体制についても追加して規定されている（改正後施行規則100条3項等）。

2. 改正の趣旨

(1) こうした改正は、平成9年の独占禁止法の改正による純粋持株会社の解禁を契機として、持株会社の形態や傘下に複数の子会社を抱える企業グループによる経営が進展したことを受けたものである。親子会社の規律については、これまで子会社の少数株主の保護を中心として議論がなされてきた。しかし、企業集団による経営が進展した結果、子会社の経営状態が親会社および企業グループに重大な影響を及ぼすおそれが生じて

おり、子会社の経営の効率性および適法性がきわめて重要であることが再認識されるに至っている。こうした状況を踏まえて、株主の保護という観点から、特に、株式会社およびその子会社から成る企業集団に係る部分について、法律である会社法に規定することが適切であると考えられた（坂本ほか・平26改正解説〔Ⅵ〕11～12頁）。

(2) もっとも、こうした改正は、会社法施行規則100条1項5号、112条2項5号の規定の一部を会社法本体に移しただけであり、株式会社が子会社における内部統制システムを整備する義務や当該子会社を監督する義務までを定めるものではなく、改正後の会社法348条3項4号等は、このような解釈を変更するものでないと説明されている（坂本ほか・平26改正解説〔Ⅵ〕12頁の注95、八木利朗ほか「会社法制の見直しとこれからの監査役監査」月刊監査役615号（2013年）41～42頁〔岩原紳作発言〕、岩原・要綱案解説〔Ⅲ〕9頁）。したがって、上記改正は、従来の内部統制システムについての決定内容に大きな変更をもたらすものではなく、実務に大きな影響を及ぼすことはないと考えられる。

3. 内部統制システムの整備についての決定義務

　大会社、指名委員会等設置会社および新設された監査等委員会設置会社では、株式会社およびその子会社から成る企業集団における内部統制システムの整備についての決定をしなければならないが、従来、内部統制システムの整備についての決定が必要とされるのは、あくまでも内部統制システム構築の「基本方針」であり（相澤哲ほか編『一問一答新・会社法＜改訂版＞』（商事法務、2009年）122頁）、決定義務との関係では「内部統制システムの整備についての決定をしない」との決定でもよいとされている（相澤哲ほか編『論点解説新・会社法』（商事法務、2006年）334頁）。こうした解釈は、改正会社法においても変更されていない。

4. 取締役の善管注意義務と企業集団の内部統制システム

(1) 大会社等における決定義務（348条4項等）は、前記のとおり内部統制システムを決定する義務ではない。しかし、株式会社が適切な内部統制システムの構築を怠り、またはその運用を監視することを怠った場合には、

取締役は、善管注意義務違反として任務懈怠責任を問われる可能性がある。

　健全な経営を行うためには、各会社の営む事業規模、特性等の個別の事情に応じたリスク管理体制を整備する必要がある。取締役会が決定した大綱を踏まえ、代表取締役および業務執行取締役等は、担当する部門における具体的な管理体制を決定すべきであり、各取締役は、その運用を監視する義務を負う（大阪地判平成12年9月20日判時1721号3頁、大阪高判平成18年6月9日判時1979号115頁、東京高判平成20年5月21日判タ1281号274頁ほか）。このように、取締役の善管注意義務の内容として内部統制の構築、監視義務が含まれると一般に解されている（なお、江頭憲治郎ほか『会社法体系3』（青林書院、2008年）165〜166頁参照、リスク管理体制を構築すべき義務を前提とした最高裁判決として、最判平成21年7月9日判時2055号147頁、判タ1307号117頁参照）。

(2)　企業集団を構成する個々の会社は、法的には独立した存在であるから、子会社等の内部統制システムについては、子会社等が構築し運用するのが原則である。しかし、親会社取締役は、親会社に対する善管注意義務の内容として、円滑なグループ経営を実現するために、企業集団レベルでの業務の適正を確保するための体制を構築・運用し、監視する義務を負っている。親会社としては、子会社の内部統制システムの構築、運用を監視し、必要に応じて支援することも想定される（公益社団法人日本監査役協会ケーススタディ委員会「企業集団における親会社監査役等の監査の在り方についての提言」〔2013年11月7日付〕参照）。このため、企業集団の内部統制についても、取締役がその裁量権を逸脱した場合には、善管注意義務違反の責任を追及される可能性がある。

(3)　実際にどのような内部統制システムが適切であるかについては、高度な経営判断事項として、取締役に広い裁量が認められるとするのが通説判例である。つまり、親会社は、企業集団における各子会社の位置付け（子会社の重要性、子会社株式の所有目的・態様および子会社化した経緯など）を踏まえて、企業集団にとって適切な内部統制システムを構築することになる。

　具体的な体制の整備においては、適法性の遵守とともに、グループ経営の効率性や子会社等の自主性とのバランスを図る必要があるが、管理担当役員の会社別任命や企業集団に属する会社の管理規程の整備、グルー

プ全体の理念の明確化や役職員の研修などによるコンプライアンス意識の浸透を図ることが重要である。管理規程では、たとえば役員選任等の議決権行使の方針、子会社の業務に伴うリスクの分析、子会社等からの情報の伝達・報告の体制、内部通報制度、内部監査体制、兼任役職員による監視体制、事前承認事項に係る基本方針、および親会社監査役と子会社等の監査役との連絡に関する事項などを定めることが考えられる。また、有効に機能させるためには、内部統制システムの評価の体制を整備し、子会社の内部統制システムとの整合性を図ることが重要であり、グループ全体のコンプライアンス委員会の設置、グループ各社社長等による定期会合の開催などを通じて各企業集団および各子会社に相応しい体制が整備されることになる（酒巻俊雄ほか『逐条解説会社法4機関1』(中央経済社、2008年) 512・513頁、相澤ほか・前掲『論点解説新・会社法』338頁等参照）。

5. 子会社の監督義務の法定化が見送られたこととの関係

(1) 改正会社法の立法過程では、多重代表訴訟制度の創設の是非を議論する際、親会社取締役会がその子会社の業務を監督しなければならない旨の明文規定を設けることも検討された。

これは、多重代表訴訟制度の創設に反対する立場から、その理由の一つとして、子会社の取締役等の任務懈怠により子会社に損害が生じた場合には、子会社に対する監督についての親会社の責任を問えば足りることがあげられたのを受けて議論されたものである。制度の創設に賛成する立場からは、改正前会社法には、親会社の取締役が子会社を監督する義務を負う旨の明文がなく、却って、親会社の取締役に子会社を監督する義務は原則として存在しないとする下級審の裁判例があることから（東京地判平成13年1月25日判時1760号144頁）、親会社の取締役の責任を追及できることを明らかにするため、親会社取締役が子会社の監督義務を負うことを法定すべきであると指摘された（会社法制部会資料18（17回：平24.2.22)、資料23〔20回：平24.5.16〕参照）。しかし、意見は一致せず、最終的に親会社取締役が子会社の監督義務を負う旨の明文が設けられるには至らなかった。

もっとも、監督義務の明文化に反対する立場の論拠とされたのは、子会社の監督義務を定める明文を置くことは、監督義務の範囲の不明確性ゆえに現行法の下で認められた義務を超えた新たな義務が課されたとの解釈を生むおそれがあるという点であった。また、かかる解釈により監督に藉口した経営への干渉やグループ経営に対する萎縮効果を招くとの指摘がなされた。つまり、議論の過程では、改正前会社法の下でも、親会社が子会社をその資産の一部として管理する義務があること、および親会社の取締役が適切な内部統制システムの構築等を通じて、子会社を管理する義務を負うことについては、異論がなかったわけである（議事録20回〔平24.5.16〕20～22頁〔杉村委員発言、伊藤委員発言〕、25～26頁〔藤田幹事発言〕、28頁〔岩原部会長発言〕）。

　こうした経過により、重要な子会社等の管理について親会社の取締役にいわば会社の重要な資産としての管理に関する善管注意義務があることが明らかにされ、あくまでも改正前会社法上の義務を超えない範囲ではあるが、これを明確化するため、企業集団における内部統制システムのうち、株式会社とその子会社から成る企業集団に係る部分が規則から会社法本体の規定に移され、会社法に明文化されたのである（岩原紳作ほか「改正会社法の意義と今後の課題〔下〕」商事法務2042号（2014年）5頁、岩原・要綱案解説〔Ⅲ〕8～9頁〕）。

(2)　改正会社法により株式会社とその子会社から成る企業集団における内部統制システムが規則から会社法に移されたことで、これまでの解釈に変更をもたらすものではない。しかしながら、企業集団による経営が進展し、企業集団のコーポレート・ガバナンスについて、株主の関心も高くなっている。したがって、従来から適切に企業集団に属する会社を管理している親会社では、新たに特別な対応を求められるものではないが、前記議論の経過を踏まえて、経営の効率性、適法性のためのグループ管理の充実をより意識した内部統制システムを構築、運用し、監視していくための見直しをする契機になると思われる。

第5章　機関に関する改正3：その他

株主総会等の決議の取消しの訴えの原告適格

1. 株主総会等の決議の取消しの訴えの原告適格

　株主総会等（株主総会もしくは種類株主総会または創立総会もしくは種類創立総会）の決議の取消しの訴えの原告適格（提訴権）は、株主等（株主、取締役、清算人、執行役または監査役。828条2項1号）に限られる（831条1項。なお、創立総会または種類創立総会の決議の取消しの訴えについては、株主等、設立時株主、設立時取締役または設立時監査役が原告適格を有する）。会社債権者のように決議取消事由を争う実質的利害がない者には、原告適格は認められていない（江頭・株式会社法364頁参照）。

　平成26年改正前会社法の下では、株主総会等の決議の取消しにより取締役、監査役、清算人、設立時取締役、または設立時監査役に復帰する者や同法346条1項により取締役、監査役、清算人、設立時取締役、または設立時監査役としての権利義務を有する者となる者にも原告適格が認められることが明記された。平成26年改正会社法の下では、これらの者に加え、株主総会等の決議の取消しにより株主または設立時株主の地位を回復する者についても原告適格が認められることとされた（831条1項後段）。

2. 平成17年改正前商法の下での規制と解釈

　平成17年改正前商法（以下、旧商法）の下では、株主総会の決議の取消しの訴えの原告適格は、株主、取締役、監査役、管理人または清算人に限られていた（旧商法247条1項、398条2項、430条2項）。もっとも、旧商法の下でも、新任の取締役を選任する株主総会の決議により取締役の地位を喪失した者や株主総会の決議により解任された取締役は、これらの決議の取消しにより取締役の地位を回復する可能性を有することを理由として、取消しの訴えの原告適格を有すると解されており（上柳克郎ほか編『新版注釈会社法(5)』（有斐閣、1986年）333頁〔岩原紳作〕、大隅健一郎＝今井宏『会社法論（中）〔第3版〕』（有斐閣、1992年）122頁参照）、同様の結論を示す裁判例もみられた（東京地判昭和31年12月28日下民集7巻12号3905頁、東京高判昭和33年7月30日高民集11巻6号400頁、東京高判昭和34年3月31日下民集10巻3号659頁、大阪地判昭和52年2月2日金判539号54頁）。平成26年改正前会社法831条後段は、かかる解釈論を明文化したものといえる（片木晴彦「判批」法学教室387号（2012年）130頁参照）。

　他方、旧商法および平成26年改正前会社法の下では、株主総会決議により株主資格を喪失した者が当該決議取消しの原告適格を有するか否かは明文規定により明確にはされていなかった。この点に関連して、判例、通説は、株主として取消訴訟を提起した者は、提訴時から取消判決確定時まで株主資格を有していなければならないものと解しており（大判昭和8年10月26日民集12巻2626頁、上柳ほか編・前掲『新版注釈会社法(5)』328頁〔岩原〕参照）、かかる理解を前提として、判例、裁判例は決議取消訴訟継続中に株主資格を喪失した者は決議取消訴訟の原告適格を失うと解していた（大判昭和8年10月26日民集12巻2626頁、東京地判昭和37年3月6日判タ128号126頁）。ただし、減資決議の取消訴訟を提起した株主が、その減資の方法として行われた株式消却、株式併合による端株処理により原告適格を喪失した場合については、当該決議取消しにより、回復されるべき潜在的株主資格を有し、原告適格を失わないと解すべきであるという学説も有力に主張されていた（大森忠夫ほか編『注釈会社法(4)』（有斐閣、1968年）193頁〔谷川久〕参照。なお、東京地判大正11年3月28日新聞1995号18頁は、このような場合における原告適格を否定した）。しかしながら、旧商法の下では、減資以外の会社の行為により株主資格を喪失した者に決議取消訴訟の原

告適格を認めるか否かについてはほとんど議論がなされていなかったのである。

3. 株主総会決議により株主資格を喪失した者の原告適格

1 裁判例の状況

　平成17年に会社法が制定され、同法の下で、全部取得条項付種類株式、合併や株式交換、あるいは株式の併合を利用して現金を対価とする少数株主の排除（キャッシュ・アウト）が容易に行われうるようになったことから、株主総会等の決議により株主資格を喪失した株主に決議取消訴訟の原告適格を認めるべきか否かが正面から議論されるに至った。実際に、日本高速物流株主総会決議取消請求事件では、全部取得条項付種類株式を取得する旨の株主総会決議により株主の地位を喪失した株主らに原告適格が認められるか否かが争われた。この点、東京地判平成21年10月23日（金判1347号23頁）は、「株主として、株主総会決議取消しの訴えを提起した場合に原告適格を有するには、少なくとも口頭弁論終結時において、当該会社の株主であることを要する」として、当該株主らの原告適格を否定した。これに対して、東京高判平成22年7月7日（判時2095号128頁）は、「当該決議が取り消されない限り、その者は株主としての地位を有しないことになるが、これは決議の効力を否定する取消訴訟を形成訴訟として構成した法技術の結果にすぎないのであって、決議が取り消されれば株主の地位を回復する可能性を有している以上、会社法831条1項の関係では、株主として扱ってよいからである」とした上で、「株主総会決議により株主が強制的に株主の地位を奪われるという現象は、全部取得条項付種類株式の制度が会社法制定時に新設されたことにより、同法施行後に著しく増加したものであることは公知の事実である。そうすると、明文化されなかったものについては、その原告適格を否定するという立法的意思があったものとみることはできず、会社法831条1項後段を限定列挙の趣旨の規定と解することには無理がある。……株主総会決議により株主の地位を奪われた株主が当該決議の取消し訴訟の原告適格を有しないという解釈は、当該株主の権利保障にあまりにも乏しく、条理上もあり得ないものである」と判示して、株主総会決議により株主の地位を奪われた株主は、当該決議取消訴訟の原告適格を有することを認め

た。全部取得条項付種類株式を取得する旨の株主総会決議により株主の地位を喪失した株主らが当該決議の取消しを求めた東京地判平成22年9月6日（判タ1334号117頁）においても、東京高判平成22年7月7日と同様な表現を用いて、当該株主らの原告適格を肯定した。

2 学説の状況

学説は、上記の裁判例を肯定する見解が多い（後述するもののほか、松井秀征「判批」判例セレクト2010［Ⅱ］（2011年）17頁、前田修志「判批」ジュリスト1438号（2012年）105頁参照）。たしかに、平成26年改正前会社法831条1項後段は、取締役の潜在的地位をもつ者については明文の規定をもって原告適格を認めていたが、株主総会決議により株主資格を喪失した者については明文規定を設けていなかったことから、同条項は後者について原告適格を認めない趣旨であると解釈する余地もないわけではなかった。しかしながら、学説は、東京高判平成22年7月7日が説示するように、旧商法の下では株主総会等の決議により株主の地位を強制的に奪われる局面がほとんどなかったために明文化が見送られたにすぎず、同条項を限定列挙の趣旨とみるべきではないと解していた（福島洋尚「判批」金融・商事判例1359号（2011年）18頁、中島弘雅「少数株主の締出しと対抗手段としての株主総会決議取消訴訟」東北学院法学71号（2011年）62～63頁参照）。また、総会決議により株主としての地位を喪失した者も決議取消訴訟の原告適格を有することを認めなければ、当該決議の効力を争う途が閉ざされ、その地位の回復が困難となりきわめて不公正な結果となり（長畑周史「判批」青森法政論叢13号（2012年）123頁、新谷勝「判批」日本大学法科大学院法務研究8号（2013年）93頁参照）、ひいては、株主や取締役をして株主総会の運営の適正化を図るという旧商法247条1項および平成26年改正前会社法831条1項の趣旨が没却されるおそれもある（秋坂朝則「判批」法律論叢84巻1号（2011年）357頁参照）。かくして、取締役としての地位を喪失した者と同様に、株主総会決議により株主の地位を喪失した者にも原告適格を認める必要があることが指摘されていた（宋小春「判批」ジュリスト1429号（2011年）142頁参照）。

さらに、株主総会等の決議により株主としての資格を喪失した者に決議取消訴訟の原告適格を認めるべきであるとする学説の中には、その論拠として、①株主総会決議の取消しにより取締役、監査役または清算人となる者にも株主総

会決議取消しの訴えの原告適格が認められていることとの権衡上認められるべきであること（中村信男「全部取得条項付種類株式を用いた取得と少数株主締出しと少数株主の保護」中村信男＝受川環大編『ロースクール演習会社法〔第3版〕』（法学書院、2012年）63頁参照）、②原告適格を認めないと不当な結論が導かれること（山本爲三郎「判批」金融・商事判例1357号（2011年）5頁参照）、③株主にとり強烈な効果を発揮する全部取得条項付種類株式制度とのバランスを図るためにも、株主総会の特別決議の効力を否認することができる方途を残しておかなければならないこと（藤原俊雄「全部取得条項付種類株式と株主総会決議取消訴訟の原告適格」商事法務1921号（2011年）17頁参照）等をあげるものもある。

ともあれ、株主総会決議により株主としての資格を喪失した者に決議取消訴訟の原告適格を認めるという結論自体に異を唱える見解は見当たらず、東京高判平成22年7月7日ないしは東京地判平成22年9月6日の考え方を評価する学説が多くみられる。

③ 平成26年改正会社法831条1項後段

以上のように、平成26年改正前会社法の下では、株主総会等の決議により株主資格を喪失した者が当該決議の取消しの訴えを提起しうる旨の明文の規定は設けられていなかったが、当該決議が取り消されれば、株主の地位を回復し得るわけであるから、かかる株主資格を喪失した者にも原告適格を認めるべきであると解することには特に異論はなかったといわれている（岩原・要綱案解説〔Ⅳ〕52頁参照）。もっとも、この点について疑義が生じないようにすることが望ましいことから、平成26年改正会社法の下では明文規定が設けられた（田中亘「キャッシュ・アウト」ジュリスト1472号（2014年）45頁参照）。これは、キャッシュ・アウトされた株主の保護に資するものといえ、適正な改正といえよう（新谷勝『詳解改正会社法－平成26年改正の要点整理－』（税務経理協会、2014年）207頁参照）。平成26年改正会社法の下では、会社が全部取得条項付種類株式の取得などを用いた方法でキャッシュ・アウトを実施した場合において、少数株主はキャッシュ・アウトの価格を争うことができるだけではなく、キャッシュ・アウトの実施自体を争うことができることが明確化されたといえる（岡伸浩＝中田吉昭「株主総会等の決議の取消しの訴えの原告適格」岡伸浩編『平成25年会社法改正法案の解説』（中央経済社、2014年）156頁参照）。

第6章 企業再編に関する改正

I 企業再編に関する改正が実務に与える影響

1. はじめに

　企業再編に関する改正点は、詐害分割の論点を除けば、いずれも比較的細かい、相互に関連があまりないものである。ただ、それらは一点、「平成17年に制定された会社法のループホールを埋める」ということで共通点を有する。個々の論点については、本章第Ⅱ節以下で取り上げるとして、ここでは、①親会社による子会社の株式等の譲渡、②組織再編の差止請求、③詐害分割について、総論として、ごく簡単に言及しておきたい。

　①、②については、改正点のみ言及しても全体像が見えないので、それぞれ当該制度のあらましにつき概説した上で、若干の検討を行う。③については、比較的大きな論点であるので、これまでの議論を振り返りつつ検討をしてみたい。

2. 親会社による子会社の株式等の譲渡

1 平成26年会社法改正のポイント

　平成26年会社法改正で、子会社株式・持分の譲渡（ただし、次のイ、ロのいずれにも該当する場合における譲渡に限る）についても、株主総会の特別決議が必

要とされることとなった（467条1項2号の2）。子会社は親会社からみると実質的に事業の一部であり、その譲渡は、事業譲渡に等しい影響を親会社に与えるからである。

イ	譲渡により譲り渡す株式または持分の帳簿価額が会社の総資産として法務省令で定める方法により算定される額の5分の1（これを下回る割合を定款で定めた場合にあっては、その割合）を超えるとき
ロ	会社が、効力発生日において子会社の議決権の総数の過半数の議決権を有しないとき

2 平成26年改正法の下における事業譲渡の概要

平成26年改正法の下における事業譲渡は、以下のとおりとなる。

(1) 事業譲渡等の意義

会社法は、下記の5つを「事業譲渡等」（468条1項参照）とする。

❶	事業の全部の譲渡（1号）	
❷	事業の重要な一部の譲渡（2号）	当該譲渡により譲り渡す資産の帳簿価額が当該株式会社の総資産額として法務省令で定める方法により算定される額の5分の1（これを下回る割合を定款で定めた場合にあっては、その割合）を超えないものを除く。
❸	その子会社の株式または持分の全部または一部の譲渡（2号の2）	次のいずれにも該当する場合における譲渡に限る。 イ 譲渡により譲り渡す株式または持分の帳簿価額が会社の総資産として法務省令で定める方法により算定される額の5分の1（これを下回る割合を定款で定めた場合にあっては、その割合）を超えるとき ロ 会社が、効力発生日において子会社の議決権の総数の過半数の議決権を有しないとき
❹	他の会社の事業の全部の譲受け（3号）	外国会社その他の法人を含む。
❺	事業の全部の賃貸、事業の全部の経営の委任、他人と事業上の損益の全部を共通にする契約その他これらに準ずる契約の締結、変更または解約（4号）	

(2) 事業譲渡の意義

このうち事業譲渡の意義については、特段の変更がなく、これまでの議論がそのまま妥当する。旧商法下の判例であるが、最大判昭和40年9月22日（民集19巻6号1600頁）は、①商法16条の営業の譲渡（会社法21条の事業の譲渡）と同一意義であり、②「営業そのものの全部または重要な一部を譲渡すること、詳言すれば、一定の営業目的のため組織化され、有機的一体として機能する財産（得意先関係等の経済的価値のある事実関係を含む）の全部または重要な一部を譲渡し（②－1）、これによって、譲渡会社がその財産によって営んでいた営業的活動の全部または重要な一部を譲受人に受け継がせ（②－2）、譲渡会社がその譲渡の限度に応じ法律上当然に……競業避止業務を負う結果を伴うもの（②－3）をいう」旨判示する。以下ポイントを指摘する。

第1に、②－1の「有機的一体として機能する財産」とは、いわゆる「ゴーイング・コンサーン」としての譲渡を意味し、個々の事業用財産や権利義務の集合の譲渡では足りない。それらが一体として、「事業として生きている状態」で譲渡されて初めて事業譲渡と評価されるのである。

第2に、②に、②－2、②－3の要件まで必要か否かについては議論がある。前記最大判多数意見は、前記のとおり、これを必要とするが、前記最大判の松田二郎裁判官少数意見は、②－1のみで足り、②－2、②－3の要件は、不要であるとする（なお、①と②－3は、実質的には、ほぼ同一のことを言っているとみてよい）。

第3に、第2における議論は、株主総会決議を欠く事業譲渡の効力をどうみるかに関わってくる。この点については、⑽で後述する。

(3) 事業の重要な一部の譲渡

事業の「重要な一部」かどうかは、株主の重大な利害に関わるか否かの観点から、質量双方から判断される（このうち、帳簿価額については、会社法が規定しており、会社法所定の量に満たないものは、質を問うまでもなく、除外される）。量としては、売上高、利益、従業員数等を勘案しおおむね事業全体の10パーセント程度といわれる。ただ、譲渡対象の質も併せて考慮する必要があり、当該事業の重要性に鑑み、量的に小さくとも「一部の譲渡」とされることもありうる。

(4) 子会社株式・持分の譲渡

平成26年会社法改正で、子会社株式・持分の譲渡についても、株主総会の

特別決議が必要とされることとなった。子会社は親会社からみると実質的に事業の一部であり、その譲渡は、事業譲渡に等しい影響を親会社に与えるからである。

(5) 事業全部の譲受けの意義

事業「全部」の譲受けの場合のみが、「事業譲渡等」として規制の対象に含まれる。この場合、吸収合併の存続会社に近い立場に立つからである。

(6) 事業譲渡等の手続

❶株主総会の特別決議

会社は、事業譲渡等をする場合、効力発生日の前日までに株主総会の決議により事業譲渡等に係る契約の承認を受けなければならない（467条1項）。この決議は特別決議である（309条2項11号）。

❷事業全部の譲受けの場合の説明義務

事業全部の譲受けをする場合において、会社が譲り受ける資産に当該会社の株式が含まれるとき、取締役は、株主総会において、株式に関する事項を説明しなければならない（467条2項）。

❸簡易、略式な方法の許容

組織再編におけるのと同様、「簡易」、「略式」に行うことが認められている。要件は、組織再編におけるのとほぼ同様である。

■**簡易事業譲受け（468条2項・3項）**　吸収合併存続会社において簡易合併が認められるのと同様に（796条2項）、事業の全部の譲受けにつき、簡易事業譲受けが認められている（468条2項）。

■**略式事業譲渡等**　吸収合併において略式合併が認められているのと同様（784条1項、796条1項）、「事業譲渡等」において、略式事業譲渡等が認められている（468条1項）。略式制度の適用要件である「特別支配会社」の定義（ある株式会社の総株主の議決権の10分の9（これを上回る割合を当該株式会社の定款で定めた場合にあっては、その割合）以上を他の会社および当該他の会社が発行済株式の全部を有する株式会社その他これに準ずるものとして法務省令（施行規則136条）で定める法人が有している場合における当該他の会社をいう）は、組織再編でなく、事業譲渡等に関連して置かれていることに注意されたい。

(7) 反対株主の株式買取請求権（469条、470条）

組織再編におけるのと同様、事業譲渡等にあたっては、反対株主の株式買取請求権（469条）が認められている。

(8) 債権者との関係

事業譲渡等については、組織再編におけるような債権者異議手続が用意されていない。そのため事業の中に債務や契約上の地位が含まれているような場合には（有機的一体として譲渡する場合には、当然に含まれているであろう）、それらについて「個別」に手続をしていく必要がある。それらの手続については、民法における債務引受、契約上の地位の移転として取り扱われる。要は相手方（債権者）の個別同意が必要であるということである（例外として、銀行法34条、産業競争力強化法36条等）。

(9) 差止め、無効の訴えの制度の不存在

組織再編の場合と異なり、株主による差止め、形成訴訟としての無効の訴えの制度は存在しない。

(10) 株主総会の特別決議を欠く事業譲渡等の効力

株主総会の特別決議を欠く事業譲渡等の効力につき、判例（最判昭和61年9月11日判時1215号125頁）は、絶対的に無効であるとするが[1]、前掲最大判昭和40年9月22日が述べる事業譲渡の判定が容易でないことから、取引の安全保護のため、悪意・重過失がなかった譲受人に対し、行為の無効を主張できないと解すべきと主張する見解も存する。

(11) 事後設立

会社法は、株式会社の成立後2年以内におけるその成立前から存在する財産であってその事業のために継続して使用するものの取得についても、事業譲渡等と同様に、株主総会の特別決議を必要とする（467条1項5号）。これを事後設立という。正確には、下記のとおりである。

❻	株式会社の成立後2年以内におけるその成立前から存在する財産であってその事業のために継続して使用するものの取得	ただし、イに掲げる額のロに掲げる額に対する割合が5分の1（これを下回る割合を当該株式会社の定款で定めた場合にあっては、その割合）を超えない場合を除く。 イ 財産の対価として交付する財産の帳簿価額の合計額 ロ 会社の純資産額として法務省令で定める方法により算定される額

---

[1] ただし、その無効事由を契約後20年を経て譲受人が主張することは、信義則違反であるとする。

事後設立について、株主総会の特別決議を必要とするのは、設立時の現物出資規制および財産引受規制（28条1号2号、33条）の脱法を防ぐ趣旨である。ただ、「事業譲渡等」ではないので（468条1項参照）、簡易事業譲渡（468条）、反対株主の株式買取請求権（469条）の規定の適用はない。

③　実務に与える影響

(1)　事業譲渡と組織再編の規制の連続性

　前述のとおり、会社法は、親会社による子会社の株式等の譲渡を、組織変更に準じるものとして、株主総会の特別決議を必要とした。結合企業における株式譲渡が、会社にとって組織変更に準じる効果が生じることはかねてから指摘がされていたところである。かかる場面を事業譲渡規制の中に取り込むことにより、事業譲渡と組織再編との規制の類似性がより高まることとなる（もともと事業譲渡は、「抜け殻方式」の組織再編などといわれることもある）。会社法は、株式買取請求権、簡易・略式制度につき、組織再編との平仄を合わせることに腐心しており、本改正もその一つといえよう。

(2)　支配権の異動を伴う募集株式発行との近似性

　第2に、支配株主の異動を伴う募集株式発行の特則との近似性をここで指摘しておきたい。平成26年会社法改正では、公開会社の募集株式発行にあたり、支配株主の異動を伴う場合の特則が設けられ、総株主（株主総会において議決権を行使することができない株主を除く）の議決権の10分の1（これを下回る割合を定款で定めた場合にあっては、その割合）以上の議決権を有する株主が、通知・公告の日から2週間以内に特定引受人による募集株式の引受けに反対する旨を会社に対し通知したときは、会社は、206条の2第1項に規定する期日の前日までに、株主総会の決議によって、当該特定引受人に対する募集株式の割当てまたは当該特定引受人との間の総額引受にかかる契約の承認を受けなければならないものとされた（206条の2第4項本文、決議要件は普通決議であるが、定足数につき特則が置かれている（206条の2第5項））[2]。その趣旨は、支配株主の異動は、

---

[2]　ただ、会社の財産の状況が著しく悪化している場合で、会社の事業の継続のため緊急の必要があるときは、通知・公告がなされた場合であっても、株主総会決議は要求されない。事業再生による資金注入等企業救済の場面における緊急性に配慮したものである（206条の2第4項但書）。

合併等に準じる会社の規則変更であり、これを取締役会のみで決定すべきではないとの判断からである。

両者を比較すると、事業譲渡の場合が特別決議、募集株式発行の場合が普通決議と決議要件に違いがあるものの、組織再編に準じるものとみて規制を施そうとしている点で共通であり、いずれも株主総会決議を要件としている。後者の場合、普通決議といっても要件は加重されていることも留意されるべきであろう。

(3) 差止制度の不存在

第3に、事業譲渡において、差止制度が存在しないことをここであえて指摘しておきたい。後述のごとく、平成26年改正会社法が組織再編につき差止請求を許容したことから、事業譲渡と組織再編との違いとして、差止請求の有無が大きくクローズアップされることになった。組織再編における差止請求がどれだけ認められていくかは未知数であるが、その帰趨によっては、「抜け殻方式」である事業譲渡の使い勝手が増すということも考えられなくはなかろう。

(4) 前掲最大判昭和40年9月22日の重要性

解釈論としては、前掲最大判昭和40年9月22日の重要性を指摘しておきたい。これまで、会社が保有する株式の譲渡は、せいぜい「重要な財産の処分及び譲受け」（362条4項1号）として取締役会の決議が必要とされるものにすぎず、取締役会決議がなかった場合でも、取引行為は、相手方において当該決議を経ていないことを知りまたは知ることができたときでないかぎり、有効であるとされてきた（最小判昭和40年9月22日民集19巻6号1656頁）。改正法の下では、支配株式の譲渡は、前掲最小判昭和40年9月22日でなく、前掲最大判昭和40年9月22日のロジックに従い、株主総会決議を欠けば、その効果は「絶対無効」とされることになる。前記イ、ロの要件該当性の判断が重要であることは一目瞭然であろう。

3．組織再編の差止めおよび無効の訴え

1 はじめに

組織再編が違法に行われる場合への対応として、会社法は、事前の是正手段

として差止めを、事後の是正手段として無効の制度を用意している。ちょうど募集株式発行の効力を是正するために、事前の手段として差止めが（210条）、事後の手段として無効の訴えが存するのとパラレルな関係にある。平成26年会社法改正は、広く略式組織再編以外の組織再編についても、簡易組織再編の要件を満たす場合を除き、当該組織再編が法令または定款に違反する場合において、株主が不利益を受けるおそれがあるとき、株主は会社に対し差止めを請求できるものとした（784条の2第1号、796条の2第1号、805条の2）（受川環大「組織再編における差止事由の検討」ビジネス法務14巻11号（2014年）95頁）。

2 組織再編の差止請求の概要

(1) 当事者

請求者は、組織再編に際しての法令定款によって不利益を受けるおそれがある組織再編当事会社の株主であり、請求の相手方は、組織再編当事会社である（784条の2、796条の2、805条の2）。

(2) 差止事由

差止事由は、法令定款違反である。以下分説する。

①法令違反

たとえば、組織再編契約等（組織再編契約または組織再編計画）の事前開示手続違反、組織再編契約等の内容に関する違反、組織再編契約等の承認に係る取締役会決議・株主総会決議の瑕疵、債権者異議手続の不履行等をあげることができよう。

②組織再編対価の不当性

会社法は、略式組織再編の場合についてのみ、従属会社の少数株主の保護として、組織再編対価の不当性を差止事由としている（784条の2第2号、796条の2第2号）。それ以外の場合には、特別利害関係株主（特別支配株主）の議決権行使に基づく決議の瑕疵に起因する合併の瑕疵を理由として（831条1項3号）、合併の差止めが認められると主張されている。

③善管注意義務・忠実義務

ここでいう法令違反は、会社を名宛人とするものを指すと解されているので、役員個人を名宛人とする善管注意義務・忠実義務の違反は含まないと解されている。

(3) 差止めの仮処分

募集株式の発行の差止めの場合と同様に、差止請求については、仮処分が利用されるのが一般と思われる。

③ 検討：組織再編の無効との関連

組織再編の無効は、会社の組織に関する訴えの一つとして認められている（828条以下）。ここで問題としたいのは、組織再編の差止めが許容されたことで、組織再編の無効（とりわけ無効事由）に影響があるのかである。

募集株式の発行の場合と同様、無効事由は解釈に委ねられている。組織再編の差止事由について述べたところと大部分重複する。ただ、前述のとおり、差止請求については仮処分が認められるところから、募集株式の発行の場合に倣うとすれば、差止仮処分違反は、無効事由に該当すると解することになろう（最判平成5年12月16日民集47巻10号5423頁）。

4. 詐害分割

① 詐害分割に関するこれまでの議論

(1) 詐害分割とは

濫用的会社分割は、「債務超過状態にある会社が、専ら、（一部の）既存債権者から債務者の一般財産・事業キャッシュフロー等を隔離することを目的として、当該既存債権者の同意を得ることなく行う会社分割」（粟澤方智・櫻庭広樹「濫用的会社分割の当事会社に対する会社更生手続の債権者申立ての検討」金融法務事情1915号（2011年）76頁）などと定義される。

会社法810条1項2号は、新設分割につき新設分割株式会社（消滅株式会社等：会社法803条1項2号）に対し異議を述べることができる債権者につき、「新設分割後新設分割株式会社に対して債務の履行を請求することができない新設分割株式会社の債権者」と規定するところから、債務が新設分割設立会社に引き継がれなかった債権者は、新設分割後も引き続き新設分割株式会社に対して履行の請求をすることができるため、「異議を述べることができる債権者」には該当しない。この「ループホール」を最大限活用し、当該債権者を新設分割株

式会社（多くはほとんど資産価値を有していない抜け殻状態の会社）に置き去りに、会社の事業がそっくり「新設分割株式会社」に「お引っ越し」してしまうというのが、いわゆる詐害分割の典型例である。

(2) 分割無効の訴えの原告適格

学説をみると、圧倒的な多数説（立案担当者の意見でもあり、定説といってもよい）は、かかる「異議を述べることができない債権者」の原告適格を否定していた。東京高判平成23年1月26日（金判1363号30頁）も、新設分割による権利義務の承継関係の早期確定と安定の要請という理由からこの見解に依拠し、「新設分割会社が新設分割設立会社から割り当てられる株式が新設分割会社が新設分割設立会社に交付した純資産に相当するものでなかった場合、新設分割会社の債権者は、不利益を受けるおそれがある。しかし、この場合でも、新設分割無効の訴え以外の方法で個別に救済を受ける余地があるから、不当な事態は生じない」と判示する。「新設分割について承認をしなかった債権者」（828条2項10号）とは、「承認ができるのにしなかった」ということを含意しているが、「異議を述べることができない債権者」には、そもそもかかる機会が与えられていないため、これには含まれないという解釈であろう。

これに対し、①会社法828条2項10号は、「異議を述べた債権者」と規定せず、「承認をしなかった債権者」と規定しているところに鑑みれば、後者は前者より広く、「異議を述べることができない債権者」も含みうること、②会社法828条2項10号は、「承認をしなかった債権者」と規定するのみで、「承認ができるにもかかわらず承認をしなかった債権者」とは規定しておらず、同号の趣旨を、異議を述べられるか否かにかかわらず承認した場合には、禁反言・信義則上原告適格を認めないものと理解することも可能であること（これは、前述の「含意」を否定するものである）、等の理由から、かかる「異議を述べることができない債権者」の原告適格を肯定しうるのではないかとの指摘もなされていた（弥永真生「会社分割無効の訴えの原告適格」商事法務1936号（2011年）4頁）。

(3) 分割無効事由のハードル

ただ、仮に原告適格の問題が解決しても、分割無効事由に該当するかという別のハードルがある。労働契約承継に関するものだが、最判平成22年7月12日（民集64巻5号333頁）があり、これは、商法改正法附則5条の定める労働者との協議がまったく行われなかった場合には労働者は労働契約承継の効力を争

うことができると述べる。しかし。他の無効の訴えの無効事由とも比較しつつ裁判例から推測される分割の無効事由は、かなり狭く理解されているといえよう。立案担当者の意見も、ほぼ同様であり、会社分割のいずれかの当事会社に債務の履行の見込みがなくとも新設分割の無効事由にはならないと解している。結局、債権者の排除が、5条協議の完全な排除と同視しうるほどのものであったといえるのでない限り（そのようにいうのは困難と推測される）、無効原因にはあたらないといわざるをえないものといえる。

(4) 裁判例

かかる債権者に対する救済として、裁判例上は、①否認を認める例（福岡地判平成22年9月30日金法1911号71頁、福岡地判平成21年11月27日金法1911号84頁）、②詐害行為取消権（民法424条）を認める例（東京地判平成22年5月27日判タ1332号206頁）、③法人格否認の法理を認める例（大阪地判平成22年10月4日公刊物未登載、福岡地判平成23年2月17日判タ1349号177頁。なお否定例として、福岡地判平成22年1月14日金法1910号88頁）があった[3]。

かような中、最判平成24年10月12日（民集66巻10号3311頁）は、株式会社を設立する新設分割がされた場合において、新たに設立する株式会社にその債権に係る債務が承継されず、新設分割について異議を述べることもできない新設分割をする株式会社の債権者は、詐害行為取消権（民法424条）を行使して新設分割を取り消すことができる旨判示し、②のアプローチを取ることを明言した。学説は、これに対し、法人格否認の効果として、「一部否認」等は認められないのに対し、詐害行為取消権は、その行使の効果として価格賠償が認められ、柔軟な解決ができるとして、好意的に評価するものが多いようである（金澤大祐「判批」税経通信2012年7月号177頁）。

2 改正のポイント

平成26年会社法は、詐害分割に対する対応として、分割会社が残存債権者を害することを知って会社分割をした場合には、残存債権者は、承継会社等に

---

[3] そのほかにも④最判平成16年2月20日民集58巻2号367頁、最判平成20年6月10日金判1302号46頁を参考にした、商号続用規制（会社法22条）による解決も考えられる（否定例として、東京地判平成18年3月24日判時1940号158頁、なお、松嶋隆弘「新しい企業形態における法人格の意義と会社債権者保護」判例タイムズ1206号（2006年）54頁以下参照）。

対して、承継した財産の価額を限度として、債務の履行を請求することができることとした（759条4項本文、761条4項本文、764条4項）。ただし吸収分割の場合には、吸収分割の効力が生じた時における吸収分割承継会社の善意が免責事由とされている（759条4項但書、761条4項但書）。この改正は、前記最判の趣旨を条文化したものということであろう。いわば制度化された詐害行為取消の価額賠償といってもよい。詐害行為取消権について、判例が錯綜していること、民法改正の帰趨を見定める必要があることを考えれば、会社法においてかかる条文化が実現したことは誠に意義深い。

　差異は、①裁判外の請求が可能であること、②法的倒産手続の開始決定により手続が終了し、破産管財人等による受継がないこと（破産法45条、民事再生法40条の2、会社更生法52条の2参照）位であるとされている（江頭・株式会社法904頁）。

　これまで、この詐害分割のスキームを「事業再生」のための効率的スキームとして活用を説く向きもあったようであり、詐害分割の横行は、かかる議論の影響もあったものと推測する。前掲最判平成24年10月12日およびそれを受けた今回の改正により、かかる「活用」に対し正式にストップがかかったことになる。問題は、前述した各種救済策が、改正法の下で併存するかであるが、法人格否認の法理は法の一般理念の発現と目しうることに鑑みれば、おそらく併存するものと解される。

II　子会社等および親会社等の定義の創設

1.　子会社等の定義

　平成26年改正会社法は、株式会社の親会社等の子会社等（当該株式会社およびその子会社を除く）、すなわち当該株式会社の兄弟会社の業務執行取締役等（業務執行取締役もしくは執行役または支配人その他の使用人）ではないことを社外取締役および社外監査役の選任要件の一つとしている（2条15号ニ・16号ニ）。ある会社の兄弟会社の業務執行取締役等は、親会社からの独立性が疑われ、親会社関係者と同様に、当該会社と親会社の間の利益相反について実効的な監督が

期待できないからである（岩原・要綱案解説〔Ⅰ〕13頁、尾崎悠一「特集会社法改正のポイントⅠ機関」法学教室402号（2014年）4頁参照）。ここにおいて「子会社等」とは、子会社（2条3号の2イ）、または会社以外の者がその経営を支配している法人として法務省令（施行規則3条の2第1項）で定めるもの（2条3号の2ロ）のいずれかに該当する者をいう。

1　子会社の定義

　子会社とは、会社（株式会社または持分会社）がその総株主の議決権を有する株式会社その他の当該会社がその経営を支配している法人として法務省令（施行規則3条1項）で定めるもの（2条3号）をいう。この点について、平成26年改正会社法は改正前会社法の規定を引き継いでいる。

　「法務省令で定めるもの」とは、会社が他の会社等の財務および事業の方針の決定を支配している場合における当該他の会社等をいい（施行規則3条1項）、会社等には会社（外国会社を含む）、組合（外国における組合に相当するものを含む）その他これらに準ずる事業体が含まれる（施行規則2条3項2号）。

　「財務及び事業の方針を決定している場合」とは、具体的には次に掲げる①から③のいずれかの場合がこれにあたる。

　①他の会社等の議決権総数に対する自己（その子会社、子法人等を含む）の計算において所有している議決権数の割合が100分の50を超える場合（施行規則3条3項1号。ただし、当該他の会社等が破産手続開始の決定等を受けており、有効な支配従属関係が認められない場合（同号イないしニ）は除かれる）。

　②他の会社等の議決権総数に対する自己の計算において所有している議決権の割合が40パーセント以上であって、かつ㋑他の会社等の議決権の総数に対する自己所有等議決権数（自己と緊密な関係にある者が所有する議決権等を加算した数）の割合が100分の50を超えている、㋺他の会社等の取締役会等の構成員の過半数を自己の役員等が占めている、㋩自己が他の会社等の重要な財務・事業の方針の決定を支配する契約が存在する、㊁他の会社等の資金調達額の総額に対する自己が行う融資の額の割合が100分の50を超えている、㋭他の会社等の財務および事業の方針の決定を支配していることが推測される事実が存在するという要件のいずれかに該当する場合。

　③他の会社等の議決権総数に対する自己所有等議決権数の割合が100分の

50を超え、かつ上記②の㊃ないし㊎の要件のいずれかに該当する場合。

　以上のように、会社法の下での親子会社関係の判定基準は、会社法制定前の「議決権の過半数保有（平成17年改正前商法211条ノ2第1項）」という形式基準ではなく、実質的な基準である。これは、平成9年の連結財務諸表原則の改訂に伴い、実質的な支配力基準に移行した財務諸表規則8条4項の判定基準をそのまま採用したものである（江頭・コンメンタール①27頁〔江頭憲治郎〕、酒巻俊雄＝龍田節ほか編『逐条解説会社法〔第1巻〕』（中央経済社、2008年）45頁〔川村正幸〕参照）。

　なお、上記の子会社の該当性に係る要件を満たす場合であっても、特別目的会社については、当該特別目的会社が適正な価額で譲り受けた資産から生ずる収益をその発行する証券の所有者に享受させることを目的として設立されており、かつ当該特別目的会社の事業がその目的に従って適切に遂行されているときには、当該特別目的会社に資産を譲渡した会社の子会社に該当しないものと推定される（施行規則4条）。

② 議決権割合の算定

　①で掲げた諸要件の議決権割合を算定するに際して議決権制限株式（108条1項3号・2項3号）をいかに取り扱うべきかについては、役員等の選任および定款の変更に関する議案の全部につき株主総会において議決権を行使することができない株式の数は分子と分母から除外され、それ以外の議決権制限株式の数は、分子と分母から除外されないと解されている（施行規則67条類推適用。江頭・株式会社法9頁参照）。また、議決権制限株式の中には、一定の要件が満たされると議決権が復活する形態のものがありうるが、それも、議決権がない間は、上記要件の議決権数の算定に際して議決権がないものとして取り扱われるべきであるとの見解がある（前田庸「商法等の一部を改正する法律要綱案の解説（上）」商事法務1606号（2001年）8頁参照）。さらに、相互保有株式については、上記諸要件の議決権数の算定に際して、議決権があるものとみなされるべきであると解されている（江頭・コンメンタール①27～28頁〔江頭〕参照）。

③ 会社以外の者がその経営を支配している法人

　①の「子会社」には、会社以外の者がその経営を支配している法人は含まれない。したがって、「子会社等」という定義の代わりに「子会社」という定義

を用いると、たとえば、ある株式会社とその兄弟会社の両方の発行済株式の大部分が、会社以外の同一の個人株主により保有されている場合には、当該兄弟会社の業務執行取締役等は、当該株式会社の社外取締役または社外監査役となることが可能となる。このような場合には、当該株式会社と当該兄弟会社が同一の親会社に支配されているときと同様に、当該兄弟会社の業務執行取締役等に当該株式会社の業務執行取締役等に対する実効的な監督を期待することは困難となる（坂本ほか・平26改正解説〔Ⅲ〕5頁参照）。

　そこで、平成26年改正会社法は、ある株式会社とその兄弟会社の共通の支配株主が会社以外の者である場合について、当該兄弟会社の業務執行取締役等でないことを当該株式会社の社外取締役および社外監査役の選任要件の一つとするために、「子会社」と「会社以外の者がその経営を支配している法人として法務省令（施行規則3条の2第1項）で定めるもの」を併せて「子会社等」と定義することとしている（2条3号の2）。

2．親会社等の定義

　平成26年改正会社法は、株式会社の親会社等（自然人である者に限る）または親会社等の取締役もしくは執行役もしくは支配人その他の使用人でないこと（2条15号ハ）、および当該親会社等（自然人である者に限る）の配偶者または二親等内の親族ではないこと（同条15号ホ）を当該株式会社の社外取締役の選任要件に追加している。また、同法は、株式会社の親会社等（自然人であるものに限る）または親会社等の取締役、監査役もしくは執行役もしくは支配人その他の使用人ではないこと（同条16号ハ）、および当該親会社等の配偶者または二親等内の親族ではないこと（同条16号ホ）を当該株式会社の社外監査役の選任要件に追加している。親会社の関係者には株式会社の業務執行に対する実効的な監督を期待することは困難であるからである（岩原・要綱案解説〔Ⅰ〕13頁参照）。「親会社等」とは、親会社（同条4号の2イ）、または株式会社の経営を支配している者（法人であるものを除く）として法務省令（施行規則3条の2第2項）で定めるもの（同条4号の2ロ）のいずれかをいう。

1　親会社

親会社とは、株式会社を子会社とする会社その他の当該株式会社の経営を支配している法人として法務省令（施行規則3条2項）で定めるものをいう（2条4号）。上述したように、子会社には、会社等、すなわち会社（外国会社を含む）、組合（外国における組合に相当するものを含む）その他これらに準ずる事業体（施行規則2条3項2号）が含まれるが、株式会社の経営を支配しているものでなければ、「親会社」にはあたらないことには注意が要る。ただし、会社法135条1項（子会社による親会社株式の取得の禁止）にいう「親会社」の定義については、株式会社でない子会社も、同法2条4号にいう「株式会社」とみなされ（施行規則3条4項）、当該子会社は、その経営を支配している株式会社の発行株式の取得が禁止される。

「経営を支配している」という要件は、1.①に述べたものと同じである（施行規則3条3項）。また、「法務省令で定めるもの」とは、会社等が株式会社の財務および事業の方針を決定している場合における当該会社等であり（施行規則3条2項）、このことは、会社（外国会社を含む）、組合（外国における組合に相当するものを含む）その他これらに準ずる事業体（施行規則2条3項2号）もまた「親会社」になりうることを意味する。

2　株式会社の経営を支配している者（法人であるものを除く）

会社法上、「親会社」とは、株式会社の経営を支配している「法人」として法務省令で定めるものをいう（2条4号）とされていることから、株式会社の経営を支配している自然人は、「親会社」にはあたらない。しかしながら、ある株式会社の発行済株式の大部分を有する個人株主（たとえば、ある株式会社の株式（議決権）を60パーセント保有する個人株主。岡伸浩＝勝亦康文「社外取締役および社外監査役の要件の厳格化」岡伸浩編『平成25年会社法改正法案の解説』（中央経済社、2014年）48頁参照）のように「法人」ではないが、当該株式会社の経営を支配している者、あるいはその関係者に当該株式会社の業務執行者に対する実効的な監督を期待することは困難である。また、株式会社の親会社は、株主総会における議決権行使を通じて当該株式会社の業務執行者に係る選解任権を事実上掌握することにより、当該株式会社の業務執行者に対して影響力を及ぼし

うる地位にあり、当該株式会社の利益を犠牲にして当該親会社の利益を図るおそれが常にあるところ、このことは株式会社の経営を支配している自然人にも等しく妥当する（坂本ほか・平26改正解説〔Ⅲ〕5頁参照）。

そこで、平成26年改正会社法は、「親会社」と「株式会社の経営を支配している者（法人であるものを除く）として法務省令（施行規則3条の2第2項）で定めるもの」を併せて「親会社等」として定義し（2条4号の2）、株式会社の経営を支配する自然人およびその配偶者または二親等内の親族ではないことを社外取締役および社外監査役の選任要件の一つとしている。

Ⅲ　親会社による子会社の株式等の譲渡

1．子会社の株式または持分の譲渡に係る規制

平成26年改正会社法は、子会社の株式または持分（以下、「株式等」）の全部または一部の譲渡が、①当該譲渡により譲り渡す株式等の帳簿価額が親会社の総資産として法務省令（施行規則134条）で定める方法により算定される額の5分の1（これを下回る割合を定款で定めた場合にあっては、その割合）を超え、かつ②当該親会社が、効力発生日において当該子会社の議決権の総数の過半数の議決権を有しないときは、効力発生日の前日まで、株主総会の特別決議によりその契約の承認を受けなければならない（467条1項2号の2、309条2項11号）と定める。ただし、当該親会社の総株主の議決権の90パーセント以上に相当する株式を有する会社（特別支配会社）に対して当該子会社の株式等を譲渡する場合には、株主総会決議は不要とされる（468条1項）。子会社の株式等の譲渡に反対する株主には、株式買取請求権が認められている（469条、470条）。

2．規制の沿革

株式会社が、事業の全部または重要な一部を譲渡するときには、譲渡する資産の帳簿価額が当該会社の総資産額として法務省令（施行規則134条）で算定される額の5分の1（これを下回る割合を定款で定めた場合にあっては、その割合）

を超えない場合を除き、株主総会の特別決議によりその契約の承認を受けなければならない（467条1項1号2号、309条2項11号。ただし、468条1項の場合には特別決議は不要）。ある事業の譲渡が会社法467条1項1号2号にいう「事業譲渡」に該当する場合には、譲渡会社の事業の再編を意味することが通常であり、株主の重大な利害に関わるからである（江頭・株式会社法943頁参照）。他方、親会社が子会社の株式等を譲渡することにより、当該子会社の事業に対する支配を失う場合には、事業譲渡がなされた場合と実質的に異ならない影響が親会社に及び（岩原・要綱案解説〔Ⅲ〕11頁参照）、親会社株主の株主権が縮減する（藤田友敬「親会社株主の保護」ジュリスト1472号（2014年）38頁参照）。それにもかかわらず、平成26年改正前会社法および平成17年改正前商法（以下、旧商法）の下では子会社の株式等の譲渡につき事業譲渡におけるような規制が置かれていなかった。そのため、子会社の株式等の譲渡を親会社の「事業（営業）譲渡」にあたると解した上で、前者についても後者と同様の規制に服せしめることができるか否か、すなわち両者の手続的整合性が問題とされていた（笠原武朗「平成26年会社法改正の概要」法律時報86巻11号（2014年）56頁参照）。

1 解釈論とその限界

この点、譲渡の対象となる事業を子会社として運営している場合と同一法人の一事業部門として運営している場合とで、当該事業の譲渡に際しての手続が異なることは不合理であるということに鑑み、子会社の株式等の譲渡も実質的に事業の全部または重要な一部の譲渡にあたるとして株主総会の決議が必要であると解釈する余地もないわけではなかった（大隅健一郎ほか『新会社法概説〔第2版〕』（有斐閣、2010年）436〜437頁によれば、完全子会社の支配のみが事業目的である完全親会社が、子会社に対する支配を第三者に委ねるような場合は、事業の一部の譲渡にあたるとされる）。

しかし、最大判昭和40年9月22日（民集19巻6号1600頁）の多数意見は、「〔旧〕商法245条1項1号（会社法467条1項）によって特別決議を要する営業〔事業〕の譲渡とは、同法24条（現行商法15条,）以下にいう営業〔事業〕の譲渡と同一意義であって、一定の営業目的のため組織化され、有機的統一体として機能する財産（得意先関係等の経済的価値のある事実関係を含む。）の全部または重要な一部を譲渡し、これによって、譲渡会社がその財産によって営んでい

た営業的活動の全部または重要な一部を譲受人に受け継がせ、譲渡会社がその譲渡の限度に応じ法律上当然に同法25条（現行商法16条、会社法21条）に定める競業避止義務を負う結果を伴うものをいう」と判示しており、かかる「事業譲渡」の概念を前提にすると、子会社株式の譲渡は、親会社にとっては資産の譲渡にすぎないため、これを本条にいう「事業譲渡」と解することは解釈論の不当な拡張であるとの見解が提示されていた（遠藤美光「結合企業における子会社の再編成と親会社株主の保護」田村諄之輔先生古稀記念『企業結合法の現代的課題と展開』（商事法務、2002年）23頁参照）。かくして、少なくとも重要な事業用財産の譲渡も「事業譲渡」に該当するとする説（最大判昭和40年9月22日の少数意見、松田二郎『会社法概論』（岩波書店、1968年）427頁等参照）を前提としない限り、子会社の株式等の譲渡は事業の全部または一部の譲渡に該当すると解釈することは困難であったといえよう（落合・会社<12>30頁〔齊藤真紀〕参照）。

　さらに、完全子会社の株式の譲渡は親会社の事業（営業）の一部の譲渡には該当しないとする裁判例（東京地判平成4年3月13日判タ805号170頁）や学説（江頭憲治郎『株式会社法〔第4版〕』（有斐閣、2011年）885頁注1参照）もあり、旧商法および平成26年改正前会社法の下では、子会社の株式等の譲渡は、原則として、取締役会の決議（旧商法260条2項1号、会社法362条4項1号）のみで足りると一般的に理解されていたように思われる。

2 立法による解決

　旧商法および平成26年改正前会社法の下で、子会社の株式等の譲渡を「事業（営業）譲渡」にあたると解することは困難であるとしても、立法論としては両者を同様の規制に服せしめるべきであるとの学説が有力に主張されていた（黒沼悦郎「持株会社の法的諸問題(3)」月刊資本市場120号（1995年）76頁、川浜昇「持株会社の機関」資本市場法制研究会編『持株会社の法的諸問題』（資本市場研究会、1995年）84頁、中東正文「M＆A法制の現代的課題〔下〕―実務と理論の架橋―」商事法務1659号（2003年）53頁注49等参照）。平成26年改正会社法は、こうした学説の要請に応えたものと評価することができる。

3. 要 件

　親会社が、子会社の株式等を譲渡すると、当該子会社の事業に対する支配を失い、事業譲渡と実質的に異ならない不利益を親会社ないしはその株主に及ぼすおそれがあるところ、このことは、親会社が子会社の株式の全部または一部を譲渡することにより当該子会社が当該親会社の子会社でなくなる場合に先鋭化する。そこで、かかる場合には親会社の株主総会の特別決議を要するとすることが適切であると考えられる。ただし、当該特別決議が必要であるにもかかわらずこれが得られなかった場合には、子会社の株式等の譲渡の効力に影響しうるから、子会社の株式等を譲渡することにより当該子会社の事業に対する支配を失うかどうかは、客観的かつ形式的な基準により定める必要があるとの認識も示されていた（中間補足35頁参照）。そこで、平成26年改正会社法は、親会社が、効力発生日において当該子会社の議決権の総数の過半数の議決権を有しないこと（467条1項2号の2ロ）、すなわち過半数の支配権の喪失を要件としている。直接の支配を失う場合の要件として「親会社」（2条4号）であるかどうかを基準としていないのは、このことを基準とすると、親会社の定義上、株式会社の議決権の過半数を有する法人のほか、株式会社の経営を支配している法人として法務省令で定めるもの（施行規則3条2項・3項参照）が含まれており、子会社の株式等の譲渡の効力発生日においてなお子会社であるかどうかを客観的かつ形式的に判断することが必ずしも容易ではなくなるからである（坂本ほか・平26改正解説〔VI〕14頁参照）。

　他方、子会社の株式等の譲渡に親会社の株主総会の決議を要求すると、その対象となる譲渡の範囲によっては、迅速な意思決定という企業集団による経営のメリットを損なうおそれがあるとの指摘がなされていた（坂本ほか・分析〔中〕26頁参照）。そこで、平成26年改正会社法は、当該譲渡により譲り渡す株式等の帳簿価額が親会社の総資産として法務省令（施行規則134条）で定める方法により算定される額の5分の1（これを下回る割合を定款で定めた場合にあっては、その割合）を超えること（467条1項2号の2ロ）を要件とした。

　以上のように、本改正は、子会社の株式等の譲渡により、親会社が子会社の事業に対する支配を喪失するという問題に対応するものであり、評価に値しよう。もっとも、株主総会決議の省略といった組織再編行為における重要性（株

主総会決議省略等）の基準を専ら帳簿価額に求め、収益力等を問題とはしていないという会社法のもともとの問題は未解決であるとの指摘もあり（稲葉威雄「平成26年会社法改正を考える」法律時報86巻11号（2014年）72頁参照）、この点について検討の余地が残されているといえよう。

4.　具体的な適用場面

　平成26年改正会社法467条1項2号の2は、その文言上、グループ企業内再編であるか否かを特に区別せずに、一定の場合には子会社の株式等の譲渡には株主総会の特別決議を要求しているようにも読める。たとえば、持株会社であるH株式会社がA株式会社とB株式会社の議決権の100パーセントを保有し、さらに、A社はC株式会社の議決権の100パーセント、B社はD株式会社の議決権の100パーセントを保有しているという仮説例をあげる。

　まず、H社がA社の株式の全部をB社に譲渡する場合には、H社はB社を通じて依然としてA社に対する支配権を維持しており、また、H社がA社の株式をD社に譲渡する場合にも、H社はB社とD社を介してA社に対する支配権を維持しているとみることができ、H社のA社に対する支配権が失われたものとは解されないことから、これらの場合にはH社における株主総会決議は不要ということとなろう（森本大介「第三者割当増資に関する規律および子会社株式等の譲渡に関する改正」商事法務1985号（2012年）30頁参照）。

　問題は、A社がC社の株式のすべてをD社に譲渡する場合である。この場合、100パーセント資本関係を有する同一企業グループ内再編であるにもかかわらず、譲渡対象となるC社株式のA社における帳簿価額がA社の総資産額として法務省令で定める方法により算定される額の20パーセントを超えるようなときには、A社において株主総会の特別決議が必要ということになるが、このことは迅速なグループ企業内再編を阻害してしまうとの指摘がなされている（森本・前掲「第三者割当増資に関する規律および子会社株式等の譲渡に関する改正」30頁参照）。旧商法の下ではあるものの、親会社が子会社の株式等を譲渡する場合であっても、譲受人が同一グループ企業内に属する別の子会社であれば、そうした子会社の株式等の譲渡は、通常、親会社の基礎的変更と同視しうるほどの影響を親会社株主に及ぼすものではなく、親会社株主を関与させる必要は

ないとの見解も示されていた（伊藤靖史「子会社の基礎的変更への親会社株主の関与—ドイツにおけるコンツェルン形成・指揮規制に関する議論を参考に—」同志社法学51巻2号（1999年）117頁参照）。特に、上述した仮説例の場合には、A社の株主は完全親会社であるH社であり、C社の株式をD社に譲渡したとしても、H社はB社とD社を介してC社に対する支配権を維持することができるため、A社の親会社株主であるH社の株主権の縮減という問題は生じないと考えられる。本改正では、このような場合に平成26年改正会社法467条1項の適用が除外されるとする規定は置かれなかったが、この点については、親会社株主の保護と迅速な企業グループ内組織再編の必要性という2つの要請の調和という観点から、さらに検討する必要があるように思われる。

Ⅳ 会社分割等における債権者の保護

1. 総論

平成26年会社法改正においては、詐害的な会社分割における債権者の保護、および分割会社に知れていない債権者の保護が図られている。まずは、会社分割の意義と効果につき概説し、その後、改正点につき解説することとする。

1 会社分割の意義

会社分割とは、ある会社の事業に関する権利義務の全部または一部を他の会社に承継させることをいう。

会社分割は、経営を効率化するための事業の買収やグループ企業の再編等に用いられている。

会社分割の種類には、①吸収型である吸収分割（2条29号）と②新設型である新設分割（2条30号）とがある。吸収分割は、既存の会社（❷吸収分割承継会社、以下「承継会社」という）に対し、ある会社（❶吸収分割会社、以下「分割会社」という）の権利義務を承継させるものである（表1参照）。他方、新設分割は、会社分割により新たに設立する会社（❹新設分割設立会社、以下「設立会社」という）に対し、ある会社（❸新設分割会社、以下「分割会社」という）の権利義務を承継

させるものである（表1参照）。

会社分割の対象は、「事業」そのものではく、「事業に関して有する権利義務の全部または一部」とされている（2条29号・30号）。したがって、会社分割の対象は、事業譲渡の対象である「事業」（467条1項1号・2号）とは異なっている。そのため、分割会社は、承継させる権利義務を任意に選択することができる。

表1◆会社分割の当事会社

	①吸収分割	②新設分割
分割される会社	分割会社（❶）	分割会社（❸）
承継する会社	承継会社（❷）	設立会社（❹）

2 会社分割の効果

　会社分割の効力が生じると、承継会社または設立会社（以下「承継会社等」という）は、吸収分割契約または新設分割計画の定めに従い、分割会社の権利義務を承継する（759条1項、764条1項）。会社分割による権利義務の承継は、合併と同様に包括承継である。そのため、会社分割においては、免責的債務引受において債権者の承諾を要するとする民法の一般原則と異なり、債権者の承諾なく、債務の移転が生じる。もっとも、会社分割は、合併と異なり、分割会社が当然に消滅し、その権利義務のすべてが分割されるわけではなく、分割する権利義務を選択することが可能であるから、後述する詐害的な会社分割が可能となる。

　承継会社等は、分割会社に対し、権利義務承継の対価（分割対価）を交付する。吸収分割における分割対価は、吸収合併と同様に、その種類につき制限されていない（758条4号、760条4号・5号）。そのため、吸収分割においては、吸収合併と同様に、交付金分割が可能となる。他方、新設分割における分割対価は、設立会社の発行する株式および社債等に制限されている（763条1項6号〜9号、765条1項3号・6号）。

　会社法において、「人的分割」は、分割会社が、会社分割効力発生日に、交付を受けた承継会社等の株式の全部または一部を全部取得条項付種類株式の取得対価として、または、剰余金の配当として、分割会社の株主に対して交付す

る方法によって行うことになる（758条8号、760条7号、763条1項12号、765条1項8号）。

2. 改正1〜詐害的な会社分割における債権者の保護〜

1 詐害的な会社分割の発生

　平成26年会社法改正前においては、詐害的な会社分割により、分割会社の債権者が害される事件が散見された。「詐害的な会社分割」とは、分割会社が、承継会社等に債務の履行を請求をすることができる債権者と当該請求をすることができない債権者（残存債権者）とを恣意的に選別した上で、承継会社等に優良事業や資産を承継させるなどの残存債権者を害する会社分割をいう（中間補足54頁）。詐害的な会社分割は、専ら新設分割を用いて行われていた。
　詐害的な会社分割という事象が生じた原因としては、以下のことがあげられる。
　まず、会社分割の効果は、前述のとおり、合併と同じく包括承継であるが、合併と異なり、分割会社が承継会社等に承継させる権利義務を選択できる。そのため、優良事業のみを承継会社等に承継させということが可能となる。
　次に、会社分割において分割されるのは、事業譲渡における「事業」でなく、「事業に関して有する権利義務の全部または一部」とされているため、事業単位で権利義務を移転することが不要となる。そのため、移転させる権利義務を細かく選別することが可能になる。
　さらに、会社分割に異議を述べることができる債権者は、①分割会社の債権者のうち会社分割後に分割会社に対し債務の履行を請求できなくなる者（789条1項2号、810条1項2号）、②分割会社が分割対価である株式等を株主に分配する場合における分割会社における分割会社の債権者（789条1項2号括弧書、810条1項2号括弧書）、③承継会社の債権者（799条1項2号）に限定されている（表2参照）。①の場合、分割会社の債権者は、免責的債務引受けまたは債務者の交替による更改（民法514条）を受けるのと同様であるため、異議を述べることができる。②の場合、分配可能額による制約が課されず（792条、812条）、債権者の債権回収可能性に影響が生じるため、債権者異議手続が認められている。

③の場合、承継会社の債権者は、吸収合併の存続会社の債権者と同様の立場になり、多額の負債を承継することにより、承継会社における債権回収が図れなくなることを防止するために、承継会社に対し異議を述べることができる。他方、残存債権者は、分割会社が承継会社等から、適切な分割対価を取得しており、債権回収への影響が乏しいと考えられ、会社分割に異議を述べられないこととされている。すなわち、分割会社の残存債権者には、承継会社等に移転した財産的価値に見合った対価を分割会社が取得していることを理由として、債権者異議手続による保護が与えられていない。しかし、実際には、分割会社は、承継会社等の株式を分割の対価として取得するものの、承継会社等が増資し、分割会社の承継会社等に対する持株比率を低下させたり、承継会社等の株式を売却することによって、実際上、適正な分割の対価を取得したとはいいがたい状態が生じていた。そして、残存債権者は、上述のとおり、債権者異議手続が認められない結果として、分割無効の訴えの提訴権（828条2項9号・10号）も否定され、会社法上の救済手段がないことになる。裁判例（東京高判平成23年1月26日金判1363号30頁）においても、新設分割無効の訴えの原告適格は、「新設分割について承認をしなかった債権者」に限定されていて、「新設分割について承認をしなかった債権者」とは、新設分割の手続上、新設分割について承認するかどうか述べることができる債権者、すなわち、新設分割に異議を述べることができる債権者（810条1項2号）と解されている。そして、裁判例は、その反面、新設分割に異議を述べることができない債権者は、新設分割について承認するかどうか述べる立場にないから、新設分割無効の訴えを提起することができないが、新設分割無効の訴え以外の方法で個別に救済を受ける余地があるから、不当な事態は生じないとしている。

表2◆異議申立権者

債権者	異議申立権
分割会社に請求できなくなる分割会社の債権者	○
人的分割の場合の分割会社の債権者	○
承継会社の債権者	○
分割会社に請求できる分割会社の債権者（残存債権者）	×

また、会社法制定前には、各会社の「債務ノ履行ノ見込アルコト」(旧商法374条の2第1項3号、374条の18第1項3号)は、会社分割の実体法上の要件とされており、登記実務がその規定に基づき、分割会社、承継会社・設立会社のいずれかが帳簿上債務超過であると分割登記を受理しなかった。しかし、会社法下では、「履行の見込み」の開示で足りるため(施行規則183条6号、192条7号、205条7号)、分割会社が債務超過となる会社分割も認められるようになり、詐害的な会社分割が可能となった。

② 裁判例による救済手段

　詐害的な会社分割においては、残存債権者に債権者異議手続が認められず、その結果として、無効の訴えの原告適格も認められず、会社法上の救済手段が不十分であったことから、いかなる方法で残存債権者の保護を図るかが問題となった。
　そして、裁判例において、以下のような救済手段が認められている。

(1) 詐害行為取消権

　裁判例(東京地判平成22年5月27日判タ1332号206頁)は、詐害的な会社分割につき、残存債権者による詐害行為取消権(民法424条1項)の行使を認めている。そして、かかる裁判例およびその控訴審(東京高判平成22年10月27日金判1355号42頁)は、会社分割を詐害行為として取り消す範囲につき、詐害行為の目的物が可分であるため、債権者の被保全債権の額としている。また、裁判例およびその控訴審は、会社分割が詐害行為として取り消されたときの原状回復の方法としては、会社分割により承継させた資産が個別の権利として特定されておらず、さらに、債権者に承継された資産を特定してこれを返還させることは著しく困難であるとして、逸出した財産の現物返還に代えてその価格賠償を請求することを認めている。
　また、最高裁(最判平成24年10月12日民集66巻10号3311頁)においても、新設分割に関する会社法その他の法令における諸規定の内容をさらに検討して、詐害的な会社分割につき、残存債権者による詐害行為取消権(民法424条1項)の行使を認めている。もっとも、かかる最高裁は、会社分割を取り消すことができ、残存債権者の債権の保全に必要な限度で承継会社等への権利の承継の効力を否定することができるとして、上述の裁判例と異なり、現物返還を認めて

いる。

(2) 否認権

裁判例（福岡地判平成21年11月27日金法1911号84頁）においては、会社分割が否認の対象になるとして、分割会社の破産管財人による否認権の行使も認められている。

(3) 法人格否認の法理

詐害的な会社分割につき、法人格否認の法理を用いて、分割会社の残存株主の救済を図った裁判例もある（福岡地判平成22年1月14日金判1364号42頁、東京地判平成22年7月22日金法1921号117頁、福岡地判平成23年2月17日金判1364号31頁）。

もっとも、上記の裁判例のうち、福岡地判平成22年1月14日金判1364号42頁の控訴審（福岡高判平成23年10月27日金法1936号74頁）においては、法人格否認の法理の適用が否定され、詐害行為取消権の行使が認められている。かかる裁判例の事案においては、承継会社等が承継した資産より、残存債権者の被保全債権額のほうが大きく上回り、また、設立会社が訴訟継続中も任意に弁済をしていた。裁判例は、そのような事情を考慮して、法人格否認の法理を適用し、分割会社と承継会社等とを同一視して、被保全債権額全額での救済を図るのではなく、詐害行為取消権の行使により、承継した資産の限度で残存債権者の救済を図っている。

(4) 会社法22条1項

詐害的な会社分割においては、承継会社等が分割会社と同様の商号や名称を用いて事業を行うことが多い。判例上、分割会社の事業の名称をその事業主体を表示するものとして用いていた場合において、会社分割に伴いその事業が設立会社に承継され、設立会社がその事業の名称を続用しているときは、事業譲渡に関する会社法22条1項の類推適用により、分割会社が債権者に対して同事業により負担する債務を弁済する責任を負うと解されている（最判平成20年6月10日判時2014号150頁）。かかる判例法理を用いて、会社法22条1項を類推適用し、詐害的な会社分割における分割会社の残存債権者の保護を図った裁判例もある（東京地判平成22年7月9日判時2086号144頁、東京地判平成22年11月29日金法1918号145頁）。

3 改正の趣旨

(1) 総　論

　詐害的な会社分割に対しては、上述の裁判例により様々な救済手段が認められ、とりわけ詐害行為取消権の行使により、分割会社の残存債権者の救済が図られてきた。

　もっとも、詐害的な会社分割における残存債権者の保護は、詐害行為取消権のような民法の一般原則に委ねるだけではなく、会社法にも規定を設けることが適切であるとの指摘がなされていた（中間補足55頁）。また、裁判例は、詐害的な会社分割につき、詐害行為取消権行使後の原状回復の方法につき、価額賠償を認めているものの、判例上、逸出した財産の現物返還が原則とされている（大判昭和9年11月30日民集13巻23号2191頁等）。そのため、詐害的な会社分割における残存債権者の保護としては、承継会社等に対して金銭の支払いを直接請求することができるものとすることが適切かつ直截簡明である（中間補足55頁）。そこで、裁判例において認められた詐害行為取消権における価額賠償の救済方法を参考にしつつ、詐害的な会社分割に係る行為を取り消すことなく、承継会社等に対して、債務の履行を請求することができる制度が創設されることになった。

　平成26年会社法改正において新設された詐害的な会社分割における債権者の保護のための制度（以下「本制度」という）により、分割会社が残存債権者を害することを知って会社分割をした場合には、残存債権者は、承継会社等に対し、承継した財産の価額を限度として債務の履行を請求することができることとなった（759条4項～7項、761条4項～7項、764条4項～7項、766条4項～7項）。

(2) 残存債権者

　本制度により、残存債権者として救済される者は、分割会社の債権者であって承継会社等に承継されない債務の債権者である（249頁表2参照）。すなわち、詐害的な会社分割において、債権者異議手続が認められず、会社法上の救済が受けられなかった分割会社の債権者である。

　他方、分割会社に請求できなくなる分割会社の債権者、人的分割の場合の分割会社の債権者および承継会社の債権者には、それぞれ債権者異議手続が認められていることから、残存債権者とならず、本制度による保護はない（表2参

照)。

(3) 請求の範囲

本制度により、残存債権者が承継会社等に請求できる限度である「承継した財産の価額」は、承継した積極財産の総額であり、そこから承継した債務の価額を差し引いた価額ではないとされている(岩原・要綱案解説〔V〕10頁)。その理由としては、形式的には、「財産」という用語、実質的には、承継した債務の価額を控除すると、詐害的な会社分割により会社財産の流出によって残存債権者の債権回収の可能性が損なわれないようにするという、本制度の目的を達成できないことにある。本制度による請求の範囲は、詐害的な会社分割について詐害行為取消権の行使を認めた裁判例と同様である。

もっとも、承継した積極財産の総額から、承継した債務の価額を差し引かないと、詐害的な会社分割を契機として、分割会社の残存債権者のみが債権回収を図ることができ、吸収分割における承継会社の既存債権者が害されるという問題が生じうる。この問題点に対しては、まず、承継会社の債権者は、分割会社または承継会社の事前開示事項(782条1項、施行規則183条、794条1項、施行規則192条等)を踏まえて、承継会社が責任を負う可能性があると考えられる会社分割について異議を述べることによる救済が可能である(789条1項2号、799条1項2号等)(中間補足57頁)。次に、「残存債権者を害すべき事実を知らなかったときはこの限りでない」とされていることから、承継会社の既存債権者としては、承継会社の取締役等に対し任務懈怠責任(429条1項)を追及することによって救済を受ける余地もある(議事録18回43頁〔内田修平関係官発言〕)。

(4) 「害する」の意味

会社分割が残存債権者を「害する」ものであるかについては、詐害行為取消権について定める民法424条1項本文の「債権者を害する」法律行為と同様と解されている(中間補足56頁)。

裁判例(前掲東京地判平成22年5月27日、東京高判平成22年10月27日)においては、無資力の分割会社が、業績不振の事業を切り離し、その他の事業を生かすために、無担保の資産のほとんどおよび債務の一部を設立会社に承継させること等を内容とする新設分割をしたという事案において、分割会社が会社としての実体を失ったこと、設立会社は、新設分割の効力が生じた時までは存在しておらず、分割会社が取得した設立会社の株式が非上場株式会社の株式であり、

流動性が乏しく、保全が困難であり、強制執行も困難であることを認定した上で、新設分割について詐害性が認められている。

新設分割においては、設立会社は、新設分割の効力が生じた時までは存在しておらず分割会社が詐害性について悪意である以上、承継会社の設立時の認識は問題とならない。

(5) 効　果

本制度は、詐害的な会社分割において、承継会社等にいわゆる物的有限責任（承継した財産の価額を限度とする責任）を課すものであり、詐害行為取消権の行使に基づき逸出財産の価額賠償が認められた場合と類似の効果を認めることとなる（中間補足56頁）。他方、詐害行為取消権においては、前述の最高裁により、現物返還が認められている。

また、本制度では、詐害行為取消権と異なり、裁判外での請求も可能となっている。

「承継した財産の価額を限度として」という限定は、訴訟において、相続財産の限定承認の場合と同様に、承継した財産の限度でいくらを支払えという判決主文を書くことを意味している（議事録22回18頁以下〔鹿子木康委員、坂本三郎幹事発言〕）。

(6) 行使期間

本制度における請求が認められる2年と20年（759条6項、761条6項、764条6項、766条6項）のいずれも、除斥期間と解されている（中間補足56頁）。請求のほかに、その予告を認めているのは、残存債権者の分割会社に対する債権に条件や期限が付されているなどするために、残存債権者が、分割会社が残存債権者を害する会社分割をしたことを知った時から2年以内に請求をすることができない場合がありうることを考慮したためである（22条3項参照）（中間補足57頁）。

(7) 既存の救済手段との関係

学説上、本制度が設けられても、詐害的な会社分割につき民法424条等による会社債権者保護を認めてきた従来の裁判例のような救済が否定されることはなく、従来の裁判例による救済と併存すると解されている（岩原・要綱案解説〔V〕14頁注48、江頭・株式会社法904頁）。

もっとも、詐害行為取消権では、現物返還が認められているが、本制度にお

いては、現物返還が認められていない。そこで、本制度と詐害行為取消権とで、現物返還の可否につき、何らかの調整がなされるべきかが問題となる。この点につき、学説上、基本的には本制度による救済が優先するが、現物返還が望ましい場合に限って詐害行為取消しを認めるという限定が可能であればその限りで可能性を残し、それが難しければ常に改正規定による救済を優先すべきとする見解がある（笠原武朗「組織再編」法学教室402号（2014年）33頁）。

また、法人格否認の法理につき、その補充性から、本制度による解決が可能な場合には適用すべきではないが、本制度では対処が難しい場合には適用される余地があるとする学説もある（笠原・前掲「組織再編」33頁）。承継会社等が承継した資産より、残存債権者の被保全債権額が大きく、本制度と法人格否認の法理による救済のいずれも主張された場合には、福岡高判平成23年10月27日（金法1936号74頁）と同様に、承継会社等が承継した資産の範囲内での救済として本制度が法人格否認の法理に優先して適用されることもありえよう。

(8) 倒産法との調整

本制度において、破産、民事再生、会社更生といった倒産手続の開始後は、残存債権者の権利行使は認められず（759条7項、761条7項、764条7項、766条7項）、流出資産の回収は専ら管財人（民事再生においては、原則は再生債務者）による否認権の行使に委ねることになる。本制度において、倒産手続開始後に、残存債権者の個別の権利行使を認めないこととしたのは、分割会社の債権者間の平等を図るためである（議事録22回20頁以下〔鹿子木康委員〕等、議事録23回17頁〔宮崎雅之関係官説明〕等）。その結果として、本制度において、残存債権者は、倒産手続が開始されると、請求権を行使できなくなり、破産法45条2項の場合のように破産管財人が訴訟手続を受け継ぐといったことはありえないことになる。この点は、詐害行為取消権を行使する場合と異なることになる。

(9) 差押えの競合

本制度において、倒産手続開始前に、複数の残存債権者の請求が重なって、承継財産の価額を超える場合の解釈につき問題が生じうることになる。この点については、差押えが競合すれば債権の額に応じて案分することになるし、差押えに至っていない場合は、承継会社が任意の判断により、支払うことになるとの見解がある（議事録22回18頁以下〔鹿子木康委員の質問に対する坂本三郎幹事発言〕）。

(10) 類似の制度

詐害的な会社分割が行われた場合と同様の状況が、詐害的な事業譲渡や商人間の営業譲渡においても生じうる。そこで、事業譲渡や商人間の営業譲渡においても、本規定と同様の規定が設けられている（23条の2、24条、商法18条の2）。

3. 改正2〜分割会社に知れていない債権者の保護〜

1 旧法の問題点

会社分割においては、当事会社の分割・承継する権利義務の内容により、いずれかの当事会社の債権者の債権回収が困難となる可能性がある。そのため、当事会社の債権者には、債権者異議手続（789条1項、799条1項、810条1項）が用意されている。債権者異議手続においては、債権者に、会社分割に異議を述べる機会を与えるため、当事会社は、分割に関する事項とともに、債権者が一定の期間内に異議を述べることができる旨を官報に公告し、かつ、知れている債権者には、個別の催告をしなくてはならない（789条2項、799条2項、810条2項）。そして、債権者が所定の期間内に異議を述べなかった場合、会社分割を承認したとみなされる（789条4項、799条4項、810条4項）。他方、債権者が異議を述べた場合、会社は、弁済もしくは相当の担保の提供または弁済目的での相当の財産の信託をしなければならない（789条5項、799条5項、810条5項）。ただし、会社分割が債権者を害しないときは、弁済等は不要となる。

平成26年会社法改正前においては、会社分割について異議を述べることができる分割会社の債権者のうち、「各別の催告をしなければならないもの」が、各別の催告を受けなかった場合に、分割会社および承継会社等の双方に対して、債務の履行を請求することができるとされていた（改正前会社法759条2項等）。

もっとも、改正前の789条2項・3項の文言は、会社分割について異議を述べることができる不法行為債権者であって、分割会社に知れていないものに対しては、各別の催告を要しないとされているようにも読める。その結果として、会社分割について異議を述べることができる不法行為債権者は、「各別の催告をしなければならないもの」といえず、分割会社または承継会社等のいずれか一方に対してのみ債務の履行を請求することができるにとどまり、その双方に

対して債務の履行を請求することは認められないおそれがあるとの指摘がされていた（中間補足57頁以下）。そのような解釈は、不法行為債権者の保護の要請に反することになる。

2 改正の趣旨

　会社分割について異議を述べることができる不法行為債権者であって、分割会社に知れていない者につき、分割会社および承継会社等の双方に対して、債務の履行を請求することができる否かにつき、学説上は、双方に対して請求できるとされていた。もっとも、条文上不明確な点があったことから、立法により、不法行為債権者の保護をより確実なものとするために改正がなされることとなった（中間補足58頁）。

　また、平成26年改正前会社法においては、分割会社が官報公告のみをした場合、分割会社に知れていない債権者に対する各別の催告は不要であり、分割会社に知れていない債権者は、各別の催告を受けなかったとしても、分割会社または承継会社等のいずれか一方に対してしか履行の請求を行えないと解されていた。しかしながら、分割会社に知れている債権者の場合は、各別の催告がないと分割会社と承継会社等の双方の請求ができることと比較して、知れていない債権者の保護が劣っていた。

　そこで、平成26年会社法改正により、会社分割に、異議を述べることができる債権者であって、各別の催告を受けなかった者は、（官報公告に加え日刊新聞紙に掲載するか電子公告による公告を行う場合には不法行為債権者に限る）、分割会社に対しては分割の効力が生じた日に有していた財産の価額を限度として、承継会社等に対しては承継した財産の価額を限度として、分割契約または分割計画上は請求できないとされている分割会社や承継会社等に対しても、債務の履行の請求を行えることが明文で規定された（759条2項・3項、761条2項・3項、764条2項・3項、766条2項・3項）。

Ⅴ　組織再編の差止請求

1　はじめに

　平成26年改正会社法は、一定の場面において（少数）株主を事前に救済する手段として、新たな差止請求の制度を設けている。その対象とされたのは、①全部取得条項付種類株式の取得（171条の3）、②特別支配株主の株式等売渡請求に係る売渡株式等の全部の取得（179条の7）、③株式の併合（182条の3）、④略式組織再編以外の組織再編（簡易組織再編の要件を満たす場合を除く）（784条の2第1号、796条の2第1号、805条の2）である。このうち、①～③の差止請求については他稿に譲り、本稿では④の差止請求を取り上げる。

　なお、以下では、④を対象とした差止請求について、単に「組織再編の差止請求」あるいは「本差止請求」ということがある。

2　条　文

　組織再編の差止請求は、784条の2第1号（吸収合併等における消滅株式会社等に対する差止請求）、同796条の2第1号（吸収合併等における存続株式会社等に対する差止請求）および同805条の2（新設合併等における消滅株式会社等に対する差止請求）に規定されている。

　これらの要件は、略式組織再編の差止請求に関する改正前会社法784条2項1号を参考に構築されている（要綱案段階のものであるが、岩原・要綱案解説〔Ⅴ〕9頁）。すなわち、組織再編の差止請求は、①組織再編が法令または定款に違反する場合で、②株主が不利益を受けるおそれがあるときに認められるものとして規定されている（なお、略式組織再編の差止請求については、これまでの規律がそのまま維持されている（784条の2、796条の2））。

　組織再編の差止請求は新しい制度であり、その要件や効果について、今後の議論が期待される。その際、従前から存在する差止請求制度との比較を行うことは有意義であろう。そこで、次頁の表に、本稿で取り上げている論点も含めて、本差止請求制度と従前からの制度との比較をまとめておいたので、適宜参考にしていただきたい。

	組織再編の差止請求（784条の2第1号、796条の2第1号、805条の2）	略式組織再編の差止請求（784条の2、796条の2）	募集株式の発行等の差止請求（210条）	取締役（執行役）の違法行為差止請求（360条、422条）
請求権者	組織再編当事会社の株主	被支配会社の株主	募集株式の発行等をする会社の株主	（6か月前から引き続き株式を有する）株主
被請求者	会社（消滅株式会社等または存続株式会社等）	会社（被支配会社）	会社（募集株式の発行等をする会社）	取締役（執行役）
差止事由	法令・定款違反	①法令・定款違反 ②対価の著しい不公正	①法令・定款違反 ②著しい不公正発行	①法令・定款違反 ②法令・定款違反のおそれ
不利益要件	請求株主が不利益を受けるおそれ	請求株主が不利益を受けるおそれ	請求株主が不利益を受けるおそれ	会社に著しい（回復することができない）損害が生ずるおそれ
※善管注意義務・忠実義務違反は法令違反に含まれるか	本稿5(3)（含まれないであろう）	含まれない	含まれない	含まれる
※差止仮処分命令に違反した場合の行為の効力	本稿8（無効事由が生じるであろう）	無効事由が生じる	無効事由が生じる	行為の効力には影響しない

※は解釈論で、通説あるいは多数説と思われる立場を記載している。

③ 本差止請求の対象となる組織再編

本差止請求の対象となる組織再編は、会社法第5編（743条～816条）に規定されているもののうち、略式組織再編（略式吸収合併・略式吸収分割・略式株式交換）を除いた吸収合併等（吸収合併・吸収分割・株式交換。782条1項）および新設合併等（新設合併・新設分割・株式移転。804条4項）である。ただし、これらが簡易組織再編の要件を満たす場合は、差止請求の対象から除かれる（この点の詳細については、次の④(1)参照）。

同じく会社法第5編に規定されている組織変更（743条～747条）は、差止請求の対象とされていない。また、中間試案においては、事業譲渡等（467条）についても差止請求の対象とすることが選択肢として示されていたが（中間試案第2部第5A案の注2）、最終的に事業譲渡等は差止請求の対象から除かれている。

④ 組織再編の差止請求の当事者

(1) 請求権者

組織再編の差止めを請求できるのは、法令・定款違反の組織再編によって不利益を受けるおそれのある株主である。持株要件や保有期間の要件はない。法制審議会会社法制部会における議論の過程では、監査役による組織再編の差止請求制度を創設すべきか検討が加えられたが（たとえば、会社法制部会第7回会議〔平22.11.24〕資料6「親子会社に関する規律に関する検討事項(3)」7頁（補足説明））、見送られている。

例外として、以下①～③の株主、すなわち、簡易組織再編の要件を満たし、当該組織再編について株主総会決議が不要とされる会社の株主には、組織再編の差止請求権は認められない。自社の規模からすると小規模な買収・売却にとどまる簡易組織再編は、「自社」の株主に与える影響が小さいことによる。

①簡易吸収合併における存続会社の株主には、当該吸収合併の差止請求権は認められない（796条の2但書）。

　なお、以下3つの場合は、存続会社において簡易吸収合併の手続をとることができない（株主総会決議を要する）場合であり、株主は当該吸収合併の差止請求権を否定されないことが確認されている（796条の2但書の括弧書）。

　ア　当該吸収合併により差損の生じる場合

イ　当該吸収合併の対価が譲渡制限株式であって、かつ、存続会社が公開会社でない場合
　　ウ　一定の期間内に、当該吸収合併に反対する株主の通知が一定数に達した場合
②❶簡易吸収分割における分割会社の株主、❷簡易吸収分割における承継会社の株主、❸簡易新設分割における分割会社の株主には、当該会社分割の差止請求権は認められない（784条の２但書、796条の２但書、805条の２但書）。
　このうち、❷について、以下３つの場合は承継会社において簡易吸収分割の手続をとることができない（株主総会決議を要する）場合であり、株主は当該吸収分割の差止請求権を否定されないことが確認されている（796条の２但書の括弧書）。
　　ア　当該吸収分割により差損の生じる場合
　　イ　当該吸収分割の対価が譲渡制限株式であって、かつ、承継会社が公開会社でない場合
　　ウ　一定の期間内に、当該吸収分割に反対する株主の通知が一定数に達した場合
③簡易株式交換における完全親会社の株主には、当該株式交換の差止請求権は認められない（796条の２但書）。
　　なお、以下３つの場合は、完全親会社において簡易株式交換の手続をとることができない（株主総会決議を要する）場合であり、株主は当該株式交換の差止請求権を否定されないことが確認されている（796条の２但書の括弧書）。
　　ア　当該株式交換により差損の生じる場合
　　イ　当該株式交換の対価が譲渡制限株式であって、かつ、完全親会社が公開会社でない場合
　　ウ　一定の期間内に、当該株式交換に反対する株主の通知が一定数に達した場合
　実務では、簡易組織再編の要件を満たす場合であっても、会社が任意に株主総会を開催するケースが見受けられる。この場合、簡易組織再編の手続が選択されていないことから、当該会社の株主に当該組織再編の差止請求権が認められることとなるのか問題となりうるが、否定的な見解が示されている（太田洋＝安井桂大「組織再編等の差止請求制度とその論点」商事法務1988号（2013年）16頁）。

確かに、❶改正法の文言は、「（簡易組織再編の要件について定める）前条（第2項）」に規定する場合に差止請求権を認めないとしており、株主総会の開催の有無自体は問題としていないこと（改正法784条の2但書、796条の2但書、805条の2但書）、❷会社が任意に株主総会を開催したとしても、当該組織再編の株主に与える影響が小さいことに変わりはないことを考えれば、株主総会の開催の有無にかかわらず、形式的に簡易組織再編の要件を満たす場合は、株主の組織再編差止請求権は否定されると解したい。

(2) 被請求者

組織再編の差止請求を受ける相手方は、組織再編の当事会社で、請求株主が株式を保有する会社である。ここで組織再編の当事会社とは、消滅株式会社等（782条1項、803条1項）または存続株式会社等（794条1項）である。

組織再編の差止請求は、「会社」を相手方とする点で、❶既存の略式組織再編の差止請求および募集株式の発行等の差止請求と共通しているが、❷「取締役」を相手方とする取締役の違法行為差止請求とは異なっている（本節②の表参照）。この点は、取締役の善管注意義務・忠実義務違反が差止事由に該当するかなど、解釈論に一定の影響を及ぼすことがありうる。

5 差止事由

組織再編の差止事由は、組織再編の「法令又は定款違反」および「株主が不利益を受けるおそれ」である。差止事由については、法制審議会会社法制部会の議論が最も集中したところであり、以下で詳述する。

(1) 法令違反

法令違反とは、会社が当該組織再編に適用される法令に違反することである（江頭・株式会社法877頁）。手続違反がこれにあたることに争いはなさそうである（飯田秀総「組織再編等の差止請求規定に対する不満と期待」ビジネス法務12巻12号（2012年）76頁、野村秀敏「組織再編等に関する差止請求権の拡充―手続法の視点から」川嶋四朗＝中東正文『会社事件手続法の現代的展開』（日本評論社、2013年）233頁）。

具体的には、❶当該組織再編に関する契約・計画の内容が会社法の規定に違反している、❷開示義務違反がある、❸当該組織再編について法定の要件を満たす株主総会等による承認がない、❹株式（新株予約権）買取請求の手続が履

行されない、❺会社債権者の異議手続が履行されない、❻簡易組織再編・略式組織再編の要件を満たさないのにその手続がとられる（株主総会決議が省略される）など会社法に違反する場合のほか、❼独占禁止法の定める手続に違反する場合等も、法令違反であるとされている（以上につき、江頭・株式会社法877～878頁）。これら具体的に考えられる法令違反のうち、実際上中心となるのは、❷のうち「合併対価の相当性に関する事項」（会社法782条1項、会社法施行規則182条1項1号・3号）の開示に不備があり、その開示義務違反が問題となる場合や、❻の簡易組織再編の要件に該当しないにもかかわらず、株主総会における承認手続を経ずに組織再編が行われようとしている場合等であろうとの指摘がなされている（太田＝安井・前掲「組織再編等の差止請求制度とその論点」19～20頁）。

　これとの関係で、興味深い主張がある。すなわち、開示事項である「合併対価の相当性に関する事項」の対象に、企業価値算定を行った第三者機関の独立性（たとえば、当該組織再編が成立することによって受け取る報酬の有無・額・条件等）に関する事項が含まれるとの立場に立ち、これが開示されていなければ法令違反として差止事由に該当するとの解釈論ないしは立法提案が主張されているのである（飯田・前掲「組織再編等の差止請求規定に対する不満と期待」80～81頁）。しかし、第三者機関の独立性に関する事項が要開示事項に該当するという立場は、実務上採用されているものではない（相澤哲ほか「合併等対価の柔軟化の施行に伴う『会社法施行規則の一部を改正する省令』」商事法務1800号（2007年）7頁は、ここまで言及していない。森本・コンメンタール<18>34頁〔柴田和史〕も、合併対価の相当性に関する事項の記載として、「実務では、合併当事会社が自発的に依頼した専門家である第三者機関の算定結果の概要を引用する例が多い」と指摘しているが、当該第三者機関の独立性の記載についてまで言及していない）。また、実務への影響等を考慮して、要開示事項に該当するか否か自体につき解釈論上争いがある事項に関して、その開示がなされていないからといって、安易に組織再編の差止めが認められることがあってはならないとする指摘もある（太田＝安井・前掲「組織再編等の差止請求制度とその論点」20～21頁）。

(2) 法令違反と対価の不当性

　対価の不当性については、条文上、組織再編の差止事由とされていない（略式組織再編以外の組織再編を差し止める場合には、改正法784条の2第2号・796条の

2第2号は適用されない)。対価の不当性を差止事由として定めるか否かについては、法制審議会会社法制部会において議論が重ねられたところである。同部会における議論では、差止めの要件の明確性を求める指摘や、単なる対価の不当性を差止請求の要件とすると、実際上、仮処分命令申立事件において裁判所が短期間で審理を行うことがきわめて困難になるとの指摘等がなされたところである（中間補足53〜54頁）。このため、対価の不当性は、条文上、差止事由から落とされるに至っている。

　このように、改正法は、対価の不当性を差止事由として規定しなかったものの、学説においては、組織再編の対価の不当性を「法令違反」と構成できる場合があるとして、その場合は差止めを認めてよいとする見解が示されている。たとえば、組織再編の承認決議において、特別利害関係株主が議決権を行使したことによって対価が著しく不当なものとなった場合、特別利害関係株主の議決権行使に基づく決議の瑕疵（会社法831条1項3号）を法令違反として差止めが認められるはずであるとする見解がある（江頭・株式会社法879頁、受川環大「組織再編における差止事由の検討」ビジネス法務14巻11号（2014年）98〜99頁）。中間試案の段階では、「特別の利害関係を有する者が議決権を行使することにより、当該組織再編に関して著しく不当な株主総会決議がされ（た）……場合」について、明文上の差止事由とするか否か検討事項とされたものの（中間試案第2部第5A案の注1）、最終的には見送られた経緯がある（岩原・要綱案解説〔V〕9頁）。しかし、上記見解は、こうした明文上の規定が置かれなかったとしても、当該場合を法令違反として差止事由とする解釈論は否定されないと主張している（江頭・株式会社法879頁）。この見解に従った場合、当該理由で組織再編を差し止めるためには、❶「決議につき特別の利害関係を有する者が議決権を行使したことにより決議が成立した」という特別利害関係の要件、および❷「決議が著しく不当である」という不当性の要件を満たす必要がある（東京地判平成22年9月6日判タ1334号117頁）。上記❶の特別利害関係の要件が求められることから、当該理由による差止めは、特に支配・従属関係の認められる会社間の組織再編で問題になるであろう。そして、対価の不当性は、上記❷の不当性の要件の評価根拠事実として主張されることになる（大江忠『要件事実会社法(3)』（商事法務、2013年）1029頁参照）。この場合、組織再編の目的の不当性（交付金合併による不当な締出し等）も認められれば、著しく不当な決議であると評価し

やすいであろうが、目的の不当性を認定できない場合であっても、従属会社にとって著しく不当な組織再編対価が決定されたときは、やはり著しく不当な決議と評価されるべきであるとの見解が示されている（受川・前掲「組織再編における差止事由の検討」99頁）。もっともな見解であるが、差止めが争われるであろう仮処分事件の短期間での審理になじむかが問題となりそうである。

　このほか、対価の不当性が法令違反を構成する場合として、たとえば、❶吸収合併契約における対価に関する事項（749条1項2号）の記載内容が株主平等原則（109条1項）に違反する場合（同一種類の株主に対して株主ごとに異なる種類の株式を交付するなど）や、❷組織再編の対価に関する定めを「算定方法」で定めたものの、その算定方法が不明確で効力発生日に一義的な算定が困難である場合等が考えられる（奥山健志＝若林功晃「組織再編における株主・債権者保護に関する規律の見直し等」商事法務1960号（2012年）18頁参照）。しかし、これらはかなりレアなケースといえ、実務に及ぼす影響は僅少であろう。

(3) 法令違反と取締役の善管注意義務・忠実義務違反

　取締役（執行役）の善管注意義務・忠実義務違反（330条、355条、民法644条）は、組織再編の差止事由である法令違反にはあたらないとされている。この点は、法制審議会会社法制部会において再三確認されてきたところである（岩原・要綱案解説〔Ⅴ〕9頁、中間補足53～54頁。なお、中間試案作成の段階で、「取締役が法令若しくは定款に違反する行為」をしたことを差止事由とする案（平23.8.31会社法制部会（第12回）資料12第4の2のA案）が採用されなかった経緯もある）。善管注意義務・忠実義務違反は、会社の法令違反とはいえないので、差止事由とはならないとの説明がなされている（江頭・株式会社法878頁）。また、法制審議会会社法制部会では、対価の不当性を差止事由として明文化しないとしても、取締役の善管注意義務・忠実義務違反が法令違反に入るとすると、価格の問題も当然ここに入りうるという懸念も指摘されていた（議事録14回33頁〔鹿子木発言〕）。

　このように、取締役の善管注意義務・忠実義務違反を法令違反に含まないとする理解は、❶会社を被請求者とする略式組織再編の差止請求および募集株式の発行等の差止請求と共通する理解であり（前者につき中間補足53～54頁。後者につき神田・コンメンタール<5-3>108頁〔洲崎博史〕）、❷取締役を被請求者とする取締役の違法行為差止請求とは異なる理解である。取締役の違法行為差止請

第6章　企業再編に関する改正　**265**

求制度においては、取締役の善管注意義務・忠実義務違反は、同制度の要件である法令違反に該当すると解されている（落合・会社<8>132頁〔岩原紳作〕。なお、本節②の表参照）。

　これに対し、差止事由としての法令違反に取締役の善管注意義務・忠実義務違反が含まれないとする解釈に疑問を呈する見解もある。この見解は、仮処分申立事件において取締役の義務違反の有無を判断することは容易ではない側面があることを認めつつも、次のように主張する。すなわち、組織再編等の場面における取締役の善管注意義務・忠実義務違反の有無につき、判断基準を明確化・類型化する試みを進展させる一方で、差止事由としての法令違反に、取締役の善管注意義務・忠実義務違反が含まれると解する余地を残すべきであると主張する（白井正和「組織再編等に関する差止請求権の拡充─会社法の視点から」川嶋四朗＝中東正文編『会社事件手続法の現代的展開』（日本評論社、2013年）218頁）。取締役の善管注意義務・忠実義務違反についての判断基準が明確化・類型化されることは、もとより望まれるところであろう。ただ、裁判所が、短期間の審理で、組織再編の場面における取締役の善管注意義務違反を認めることはほとんどないように思われるとの指摘がある（受川・前掲「組織再編における差止事由の検討」98頁）。

(4) 定款違反

　組織再編の差止請求は、組織再編に定款違反がある場合にも認められる。定款違反の具体例としては、❶組織再編によって存続株式会社等が定款所定の目的に含まれない事業を営むことになる場合、❷被支配会社が、定款で特別支配会社の要件を厳格化しているにもかかわらず（468条1項）、当該要件を満たさない略式組織再編が行われる場合等が示されている（江頭・株式会社法878頁）。

(5) 株主が不利益を受けるおそれ

　組織再編の差止請求は、株主が不利益を受けるおそれがあるとき（以下、「株主の不利益要件」という）に認められる。これも略式組織再編の要件を参考にしたものとされている（岩原・要綱案解説〔V〕9頁）。株主の不利益要件は、❶「株主」の不利益を問題とする点で募集株式の発行等の差止請求とも共通する一方、❷「会社」の損害を問題とする取締役の違法行為差止請求と異なるものである（本節②の表参照）。

　株主の不利益要件については、株主に対する通知・公告（785条3項等）が怠

られた場合には比較的容易に認められるであろうが、その他の場合については、個別に検討するとその判断が容易でないものも少なくないとの指摘がある（奥山＝若林・前掲「組織再編における株主・債権者保護に関する規律の見直し等」18頁）。もっとも、他方で、募集株式の発行等の差止請求の場合と同様に、主要な争点になるのは「法令又は定款違反」のほうで、株主の不利益要件については法令または定款違反があれば同時にこちらも認められる蓋然性が高いとして、この要件が独立して問題となる場面はあまりないように思われるとの指摘もなされている（太田＝安井・前掲「組織再編等の差止請求制度とその論点」19頁）。

なお、略式組織再編の差止請求においては、従来、株主の不利益要件について、たとえば吸収合併の場合、消滅会社の株主が有していた株式の価値に対し交付される合併対価の価値が著しく低い場合が典型的な場合であるとされていた（森本・コンメンタール<18>83頁〔柴田〕）。しかし、組織再編の差止請求においては、対価の不当性は条文上差止事由とされていないから、対価の不当性が何らかの形で差止事由（法令違反）と関係してこない限り、この典型例があてはまることはないであろう。

6 差止請求の時期

組織再編の差止めは、その性質上、組織再編の効力発生前になされる必要がある。組織再編の効力が発生した後は、無効の訴えによって効力を争うことになる（828条1項7号～12号）。組織再編の効力が発生するのは、❶吸収合併等においては契約書に記載された効力発生日（750条1項等）、❷新設合併等においては新設会社の設立の日（設立登記の日。49条、754条等）である。

差止請求をいつから行うことができるかについては、明文の規定がなく、解釈問題である。募集株式の発行等の場合、当該発行等に関する株主総会決議や取締役会決議があれば差止請求ができるとされていることからすると（神田・コンメンタール<5-3>131頁〔洲崎〕）、組織再編の契約・計画を承認する取締役会決議があれば、当該組織再編の差止請求ができそうである。ただ、実際問題として、株主が組織再編の差止請求をするには、問題となる組織再編実施の事実を知る必要がある。組織再編を行う会社が金融商品取引市場に上場している会社であれば、臨時報告書や適時開示によって、株主は比較的早期に組織再編の実施を知ることができる。これに対して、組織再編を行う会社が上場会社でな

い場合、株主は、取締役等にでも就任していない限り、❶組織再編の承認を議題とする株主総会の招集通知（783条1項等）、❷株式買取請求に関する通知・公告（785条3項・4項等）、❸新株予約権買取請求に関する通知・公告（消滅株式会社等のみ。787条3項・4項等）、❹債権者の異議に関する公告・催告（789条2項・3項等）のいずれかによって組織再編の実施を知るのが通常であろう。したがって、たとえば吸収合併等において、株主が上記❷の通知・公告（効力発生日の20日前までになされる）によって組織再編の実施を知った場合、差止めまでに与えられた期間は最短で20日間ということになる。

7　差止めの方法

(1)　仮処分

　組織再編の差止請求権は、実体法上の権利として定められているから、株主は、裁判外で、会社に対して組織再編をやめることを請求することもできる。しかし、会社がそのような請求に応じて組織再編をやめることは期待できないであろうから、株主としては、裁判上差止めを請求することが必要になる。もっとも、組織再編の差止めは、組織再編の効力発生前になされる必要があるから、通常の訴訟手続によったのでは時間的に間に合わず、もっぱら仮処分手続によって争われることになる。より具体的には、仮の地位を定める仮処分命令（民事保全法23条2項）の発令をめぐった争いとなり、いったん差止めが認められて組織再編が事実上頓挫してしまえば、当該仮処分命令の発令によって紛争は解決されることになる。

　組織再編の差止請求が仮処分手続で争われる以上、差止めを請求する株主は、会社法上の差止めの要件（被保全権利）に加え、保全の必要性について主張・疎明する必要がある。具体的には、「争いがある権利関係について債権者に生ずる著しい損害又は急迫の危険を避けるため」に仮処分命令が必要であること（民事保全法23条2項）を主張・疎明することになる。この点については、募集株式の発行等の差止請求に関する見解であるが、差止請求権の要件として、株主が不利益を受けるおそれが含まれており、募集株式の発行等がいったん行われてしまうと事後的な救済は容易ではなくなるから、差止請求権の存在を疎明できる場合には、通例、保全の必要性も認められることになろうという見解がある（神田・コンメンタール<5-3>132〜133頁〔洲崎〕）。この見解は、組織再編の

差止請求の場合にも参考になるかもしれないが、組織再編の差止請求においては、そもそも、「株主が不利益を受けるおそれ」がいかなる場合に認められるか、現段階では必ずしも明らかになっていない（本節5(5)）。

(2) 担　保

裁判所が組織再編を仮に差し止める仮処分命令を発する場合、保全命令の通則に従い、立担保を求めることが想定される（民事保全法14条1項）。組織再編の差止仮処分命令の発令に係る担保は、当初の計画どおりに組織再編が行えなかったことにより当事会社が被る損害を担保することになる。組織再編による経済的利益は高額に上る場合が多いことから、それに伴って担保も高額になる可能性が指摘されている（奥山＝若林・前掲「組織再編における株主・債権者保護に関する規律の見直し等」19頁）。

担保が高額になれば、濫用的な申立てを排除する効果を期待できそうであるが、本差止請求制度がほとんど機能しなくなることも考えられる。法制審議会会社法制部会においては、組織再編の差止事由について明確化を求める意見が出されていたが、その中には、担保について相当低額でいいという考えをとれるようにとの観点も含まれていたことを確認しておく（議事録12回37頁〔鹿子木発言〕）。今後の実務を注視したい。

(3) 仮処分命令の執行

組織再編を差し止める仮処分命令が発せられた場合、組織再編が事実上頓挫することが考えられる。しかし、組織再編差止仮処分命令は、このような「任意の履行」を期待するものにとどまらず、執行を認めてよいとする見解が示されている（野村・前掲「組織再編等に関する差止請求権の拡充─手続法の視点から─」237頁）。この見解は、組織再編の差止仮処分においては不作為義務が問題になることから、その執行は間接強制か代替執行によることになると指摘している（野村・前掲237頁）。

8　差止めの効果

組織再編の差止めは、実際上仮処分命令として発令されるが、その執行方法として間接強制を認める立場に立てば、仮処分命令に反して組織再編を強行する不作為義務違反に対しては、一定額の金銭の支払いが命じられることになるであろう。ただし、強制金の予告決定は、「云々の組織再編をしてはならない」

との包括的な仮処分命令についてではなく、それを具体化した個別的行為（組織再編契約の締結、組織再編に関する書面等の開示、株主総会の承認決議、債権者保護手続等）のうち特定の「云々の行為をしてはならない」との命令を前提としてなされるべきではないかとの指摘がなされている（野村・前掲238頁）。いかがであろうか。この指摘は、組織再編行為は単一の行為ではなく、組織再編契約の締結、組織再編に関する書面等の開示、株主総会の承認決議、債権者保護手続等一連の行為からなるから、一個の包括的な組織再編に対する差止請求権とともに、上記の個々の行為に対する個別的な差止請求権が集積的に存在するとの考えを前提としている（野村・前掲236〜237頁）。

また、組織再編の差止仮処分命令に基づく代替執行を認める立場に立てば、組織再編を組成する個別的な行為によってもたらされた違反物（組織再編の契約書、開示の対象となる組織再編行為に関する書面、組織再編をする旨の通知書、債権者保護手続の一環としての催告書等）が現存している場合に、その除去についての授権決定を申し立てることができるし、間接強制の強制金の予告決定を求めることもできるとされている（民事執行法173条1項、171条1項）（野村・前掲239〜240頁）。

では、差止仮処分命令に反してなされた組織再編自体の効力についてどのように考えるべきであろうか。組織再編の差止仮処分命令が任意の履行を期待するものであると解した場合はもちろん、その執行として間接強制や代替執行を認めたとしても、差止仮処分命令を無視して組織再編が強行されてしまうことは一応想定しうる。不作為を命じる仮処分命令に違反した行為の効果については、❶取締役の違法行為差止仮処分命令違反の場合には、取締役の会社に対する不作為義務違反として損害賠償責任の問題を生じさせるが、行為の効力には影響しないとの見解が多いようである（江頭・株式会社法495頁、太田＝安井・前掲「組織再編等の差止請求制度とその論点」19頁、東京高判昭和62年12月23日判タ685号253頁）。他方、❷新株発行の差止仮処分命令に違反した新株の発行については、無効原因になると判断した判例が出されている（最判平成5年12月16日判時1490号134頁。この判例後に仮処分命令違反の新株発行について無効原因を認めた裁判例として、東京高判平成7年5月31日判タ901号227頁）。組織再編の差止請求は、❶会社を被請求者とする点で募集株式の発行等の差止請求（新株発行差止請求）と共通しており、❷組織再編も募集株式の発行等と同様に事後的な

救済手段として無効の訴えの制度を設けていることを考えれば、組織再編差止仮処分命令違反についても上記判例の考え方が及び、組織再編の無効事由を生じさせる（事後的な救済を図る）と考えてよいのではないだろうか（本節②の表参照。江頭・株式会社法880頁も、組織再編差止仮処分命令違反を無効事由としてあげている）。

⑨ 組織再編の差止請求と無効の訴え

組織再編の差止請求制度が設けられたことによって、組織再編の無効の訴えに影響が及ぶであろうか。すなわち、差止請求が可能であった場合、組織再編の無効事由は現在考えられているところよりも限定されることになるであろうか。

当初から、差止請求と無効の訴えの両制度が備わっている募集株式の発行等の場面では、差止請求が株主の主要な救済手段となっている。通説によれば、募集株式の効力発生後にこれを無効とすることは、当該株式の譲受人や会社債権者等の利益を害するおそれがあるから、制限的にしか認めるべきではないとされている（江頭・株式会社法757頁）。判例も、特に公開会社の場合には、株主の差止請求権を不当に奪うかのような手続違反の場合（募集事項の通知または公告が怠られる場合）を除いて、無効をなかなか認めない（最判平成9年1月28日判時1592号134頁等）。

組織再編の場面においても、今後の差止請求制度の運用状況等にもよるのかもしれないが、法的安定性が重視され、組織再編の無効事由が限定されることはありうるところと思われる。

⑩ 実務への影響

最後になるが、組織再編の差止請求制度は、組織再編の実務にどのような影響を及ぼすであろうか。一口に組織再編といっても、当事会社の属性や関係によって影響の度合いは異なってきそうである。

特別の資本関係のない上場大会社等の間で行われるような組織再編であれば、明白な手続違反が認められるケースはまずないであろう。さらに、こうした組織再編では、判例は、一般に公正と認められる手続により組織再編の効力が発生した場合、特段の事情がない限り、組織再編の対価は公正なものとみること

から（最決平成24年2月29日金判1388号16頁）、対価の問題を絡めることができたとしても、裁判上、差止めを争うことは困難で（受川・前掲「組織再編における差止事由の検討」100頁参照）、本差止請求制度による影響はまずないように思われる。

　これに対して、中小会社を当事会社とする組織再編のような場合、法令・定款違反の認められるケースは否定しきれないように思われ、差止めが認められる事例も現れるかもしれない。また、中小会社のみならず上場会社等の大会社であっても、支配・従属関係の認められる会社間の組織再編においては、特別利害関係株主の議決権行使による著しく不当な決議が行われる可能性は否定しきれないとの指摘がある（受川・前掲100頁）。このため、支配・従属会社間の組織再編において、対価の不当性が法令違反（特別利害関係株主の議決権行使に基づく決議の瑕疵）にあたるなどとして差止めが争われた場合、裁判所がどのような判断を示すかは興味深い。

　この他、実務への影響を左右するものとして、❶組織再編の差止めを求める仮処分事件が実際どれくらいの件数申し立てられるかという事実面のほか、❷差止めを認める仮処分命令が発令される際の担保の額を定める基準がどのように設定されるか、❸組織再編の差止請求と無効の訴えの関係がどう整理されていくかといった運用上・理論上の問題をあげておきたい。今後の適切な実務の蓄積を期待する。

VI　いわゆる人的分割における準備金の計上の廃止

1. 改正の要点

　会社分割においては、分割会社が、自社の株主に対して、会社分割の効力発生日に、❶対価として得た承継会社・設立会社の株式（持分）を交付すること、または、❷それ以外の金銭等を交付することがありうる。このうち、上記❶は、平成17年改正前商法（以下「旧商法」という）において人的分割と呼ばれた形である。上記❶については、会社法の下においても、旧商法時代の人的分割と同様の規律を維持することとして、分割会社が株主に株式（持分）を交付する

場合、財源規制（458条、第2編第5章第6節）を課さないものとしている（相澤哲＝細川充「組織再編行為（上）」商事法務1752号（2005年）10頁）。他方で、会社法は、上記❶の場合であっても、分割会社が株主に株式（持分）を交付するに際して、準備金の計上を義務付ける会社法445条4項を適用除外としていなかった。

しかし、445条4項の趣旨は、一定の金額の利益を留保させることによって、他日の損失に備えることにあると考えられる。したがって、財源規制の適用を受けることなく株式（持分）の交付ができる（すなわち、利益の有無に関わらず株式（持分）の交付ができる）としておきながら、他方で、交付に際して一定の金額の利益を留保すること（準備金を計上すること）を求めるというのは不整合である。

そこで、平成26年改正会社法は、上記❶の場合において、準備金の計上を不要としたものである（792条、812条による445条4項の適用除外）。

なお、本改正については、法制審議会会社法制部会の議論および中間試案のパブリックコメント双方において、特段の異論は唱えられなかったようである（議事録15回26頁、坂本ほか・分析〔下〕48頁）。また、上記❷（分割会社株主に株式（持分）以外の金銭等を交付する場合）については、もとより財源規制の及ぶところであり、今回の改正の対象外である。

2. いわゆる人的分割について

旧商法においては、会社分割の中に、分割対価が分割会社に割り当てられる場合と、分割会社の株主に割り当てられる場合があった（旧商法374条2項2号、374条ノ17第2項2号、旧有限会社法63条ノ6第1項、63条ノ9第1項）。前者が物的分割、後者が人的分割とよばれており（森本・コンメンタール<18>193頁〔伊藤靖史〕）、人的分割は、主に企業グループ内再編の方法として用いられることが予定されていた。

しかし、会社法においては、会社分割の対価は分割会社に対して割り当てられるものとされ（758条4項、760条4項5号、763条6号8号（改正法763条1項6号8号）、765条1項6号）、人的分割は、「物的分割＋剰余金の配当（又は全部取得条項付種類株式の取得対価）としての株式等の交付」という法律構成に改められ

た。これは、会社法の下において、これまでの人的分割の対価が柔軟化され、特に、金銭が対価とされた場合、分割会社の株主に交付される金銭についても何らかの財源規制を課すべきであると考えられたことによる。

ただ、人的分割を上記のような法律構成にしたとしても、旧商法上認められていた人的分割と同様の場合、つまり、分割会社の株主に交付される対価が「株式（持分）」である場合については、例外的に、これまでの人的分割の規律をそのまま維持することとした。すなわち、この場合、財源規制を課さない代わりに、債権者への影響に配慮し、分割会社のすべての債権者に対して異議手続を求めることとした（789条1項2号括弧書、810条1項2号括弧書）（以上の経緯につき、法務省民事局参事官室「会社法制の現代化に関する要綱試案補足説明」第4部第7の5参照）。しかし、会社法においては、財源規制を課さないとする一方で、株式（持分）の交付に際して準備金の計上を除外していなかったことから、今回の改正に結びつくこととなっている。

3. 条　文

本改正に関わる条文は、改正法792条および812条である。前者が吸収分割の場合、後者が新設分割の場合の規定である。

1　剰余金の配当による人的分割

■改正法792条2号

改正法792条2号は、吸収分割における758条8号ロまたは760条7号ロの剰余金の配当については、次の規定は適用しないとしている。

❶準備金の計上に関わる445条4項
❷剰余金の配当の制限（財源規制）である458条および第2編第5章第6節の規定

このうち、上記❶が、今回の改正で追加されたものである（新たに適用除外として規定された）。

758条8号ロの剰余金の配当とは、吸収分割承継会社を株式会社とする、剰余金の配当による人的分割を指している。すなわち、吸収分割会社が、効力発生日に、対価として得た吸収分割承継株式会社の株式を、現物配当として株主

に交付する場合である。これに対し、760条7号ロの剰余金の配当とは、吸収分割承継会社を持分会社とする、剰余金の配当による人的分割を指している。

なお、758条8号ロまたは760条7号ロは、配当財産について、吸収分割承継会社の「株式又は持分のみ（吸収分割で得たものに限る）」と規定しているが、厳密には、「株式又は持分」には、一定のいわゆる分割交付金が含まれてもよいこととされている（758条8号イ括弧書または760条7号イ括弧書、施行規則178条）。これは、旧商法の人的分割の場合に、分割会社の株主に分割対価に加えて分割交付金を交付することが認められていたこと（旧商法374条ノ17第2項4号、旧有限会社法63条ノ9第1項）を、会社法の下でも維持しようとしたものである（森本・コンメンタール<18>194〜195頁〔伊藤〕）。

■改正法812条2号

改正法812条2号は、新設分割における763条1項12号ロまたは765条1項8号ロの剰余金の配当については、次の規定は適用しないとしている。

❶準備金の計上に関わる445条4項
❷剰余金の配当の制限（財源規制）である458条および第2編第5章第6節の規定

このうち、上記❶が、今回の改正で追加されたものである（新たに適用除外として規定された）。

763条1項12号ロの剰余金の配当とは、新設分割設立会社を株式会社とする、剰余金の配当による人的分割を指している。すなわち、新設分割会社が、効力発生日に、対価として得た新設分割設立株式会社の株式を、現物配当として株主に交付する場合である。これに対し、765条1項8号ロの剰余金の配当とは、新設分割設立会社を持分会社とする、剰余金の配当による人的分割を指している。

なお、763条1項12号ロまたは765条1項8号ロは、配当財産について、新設分割設立会社の「株式又は持分のみ」と規定しているが、厳密には、一定のいわゆる分割交付金が含まれてもよいこと（763条1項12号イ括弧書または765条1項8号イ括弧書、施行規則179条）、先の改正法792条2号の箇所で述べたとおりである。

2 全部取得条項付種類株式の取得による人的分割

■改正法792条1号

改正法792条1号は、吸収分割における758条8号イまたは760条7号イの全部取得条項付種類株式の取得については、次の規定は適用しないとしている。

❶準備金の計上に関わる445条4項

❷剰余金の配当の制限（財源規制）である458条および第2編第5章第6節の規定

このうち、上記❶が、今回の改正で追加されたものである（新たに適用除外として規定された）。

758条8号イの全部取得条項付種類株式の取得とは、吸収分割承継会社を株式会社とする、全部取得条項付種類株式の取得による人的分割を指している。その具体例として、会社が発行する複数の種類の株式のうち、ある種類について全部取得条項を付し、その全部取得条項付種類株式の取得対価として吸収分割承継株式会社の株式を交付することがあげられている（トラッキング・ストックの対象になっている事業を分割する場合に、当該トラッキング・ストックの株主に吸収分割承継株式会社の株式を交付するなど。森本・前掲会社法コンメンタール18の195頁〔伊藤〕）。

これに対し、760条7号イの全部取得条項付種類株式の取得とは、吸収分割承継会社を持分会社とする、全部取得条項付種類株式の取得による人的分割を指している。

なお、758条8号イまたは760条7号イのそれぞれの括弧書は、配当財産について、吸収分割承継会社の「株式又は持分のみ（吸収分割で得たものに限る）」と規定しているが、厳密には、一定のいわゆる分割交付金が含まれてもよいこと（施行規則178条）、先の改正法792条2号の箇所（本節3.①）で述べたとおりである。

■改正法812条1号

改正法812条1号は、新設分割における763条1項12号イまたは765条1項8号イの全部取得条項付種類株式の取得については、次の規定は適用しないとしている。

❶準備金の計上に関わる445条4項

❷剰余金の配当の制限（財源規制）である458条および第2編第5章第6節の規定

このうち、上記❶が、今回の改正で追加されたものである（新たに適用除外として規定された）。

763条1項12号イの全部取得条項付種類株式の取得とは、新設分割設立会社を株式会社とする、全部取得条項付種類株式の取得による人的分割を指している。これに対し、765条1項8号イの全部取得条項付種類株式の取得とは、新設分割設立会社を持分会社とする、全部取得条項付種類株式の取得による人的分割を指している。

なお、763条1項12号イまたは765条1項8号イのそれぞれの括弧書は、配当財産について、新設分割設立会社の「株式又は持分のみ」と規定しているが、厳密には、一定のいわゆる分割交付金が含まれてもよいこと（施行規則179条）、先の改正法792条2号の箇所（本節3.①）で述べたとおりである。

■執筆者一覧

＜編　者＞

上田　純子（うえだ じゅんこ）

　九州大学大学院法学研究院教授

　主な著作：『新基本法コンメンタール会社法3』日本評論社・2009年（分担執筆）、『専門訴訟講座⑦会社訴訟―訴訟・非訟・仮処分―』民事法研究会・2013年（分担執筆）、「Trusteeship－系譜と素描」法政研究81巻3号（2014年）　ほか

　執筆担当：第2編第1章Ⅰ、Ⅱ、Ⅳ、第4章Ⅰ

菅原　貴与志（すがわら たかよし）

　弁護士、慶應義塾大学法科大学院教授

　主な著作：『新しい会社法の知識〔全訂版〕』商事法務・2006年、『詳解 個人情報保護法と企業法務〔第5版〕』民事法研究会・2014年、『不正競争防止の法実務〔改訂版〕』共編、三協法規・2013年

　執筆担当：第2編第2章Ⅰ、第3章Ⅰ、Ⅲ、Ⅳ

松嶋　隆弘（まつしま たかひろ）

　日本大学法学部教授、弁護士（みなと協和法律事務所）

　主な著作：『法人税法の理論と実務』共編、第一法規・2014年、『非公開化の法務・税務』共編、税務経理協会・2013年　ほか

　執筆担当：第1編、第2編第3章Ⅱ、第6章Ⅰ

＜執筆者＞　五十音順

植松　勉（うえまつ つとむ）

　弁護士（日比谷T＆Y法律事務所）、立教大学大学院独立研究科講師

　執筆担当：第2編第6章Ⅴ、Ⅵ

岡田　陽介（おかだ ようすけ）

　愛媛大学法文学部講師

　執筆担当：第2編第2章Ⅲ、Ⅳ、Ⅴ

尾形　祥（おがた しょう）

　高崎経済大学経済学部准教授

　執筆担当：第2編第5章、第6章Ⅱ、Ⅲ

金澤　大祐（かなざわ だいすけ）
　日本大学大学院法務研究科助教、弁護士（堀口均法律事務所）
　執筆担当：第2編第6章Ⅳ

鬼頭　俊泰（きとう としやす）
　日本大学商学部助教
　執筆担当：第2編第3章Ⅴ、Ⅵ、Ⅶ

重田　麻紀子（しげた まきこ）
　青山学院大学大学院会計プロフェッション研究科准教授
　執筆担当：第2編第2章Ⅱ

高岸　直樹（たかぎし なおき）
　高崎経済大学地域政策学部非常勤講師、大東文化大学法学部非常勤講師、東京理科大学経営学部非常勤講師、日本大学通信教育部非常勤講師、税理士（税理士高岸俊二・直樹事務所）
　執筆担当：第2編第4章Ⅲ

牧　真理子（まき まりこ）
　大分大学経済学部准教授
　執筆担当：第2編第1章Ⅲ、Ⅴ、Ⅵ、Ⅶ

深山　徹（みやま とおる）
　弁護士（深山法律事務所）
　執筆担当：第2編第4章Ⅱ、Ⅳ

改正会社法　解説と実務への影響

平成27年3月15日　印刷	定価　本体4,000円（税別）
平成27年3月25日　発行	

編著者　　　上田　純子
　　　　　　菅原貴与志
　　　　　　松嶋　隆弘

発行者　　　野村　哲彦
発行所　　　三協法規出版株式会社

本　　社　〒160-0022　新宿区新宿1-27-1
　　　　　　　　　　クインズコート新宿2階
　　　　　　　　　　TEL 03-6772-7700（代表）
　　　　　　　　　　FAX 03-6772-7800

綜合営業所　〒502-0908　岐阜市近島5-8-8
　　　　　　　　　　TEL 058-294-9151（代表）
　　　　　　　　　　FAX 058-294-9153

　　　　URL　http://www.sankyohoki.co.jp/
　　　　E-mail　info@sankyohoki.co.jp

企画・製作　　有限会社　木精舎
〒112-0002　文京区小石川2-23-12　5階

印刷・製本　　　　株式会社　穂積

落丁・乱丁本はお取り替えいたします。
ISBN 978-4-88260-269-9 C2032

Ⓡ本書を無断で複写複製することは、著作権法上の例外を除き、禁じられています。
本書をコピーされる場合は、事前に日本複製権センター（03-3401-2382）の許諾を受けてください。また、本書を請負業者等の第三者に依頼してスキャン等によってデジタル化することは、たとえ個人や家庭内の利用であっても一切認められておりません。